帝释众

比丘众

西北方天王

梵王衆

中国佛教美学典藏

总主编

高建平　尹　佃

各分部主编

佛教绘画部　丁　方

佛教造像部　张　总　王敏庆

佛教书法部　何劲松

各分卷作者

造像经典与仪轨	王敏庆　昔　能　著
石窟造像（上下）	何　莹　全　薇　著
地面寺院造像	宋伊哲　著
出土及传世造像	王敏庆　杨晓娟　吴源虹　著
经卷佛画	张建宇　著
石窟壁画	张俊沛　著
绢帛佛画	刘　韬　著
禅意绘画	陈粟裕　著
禅德墨迹	聂　清　著
佛教碑刻	胡吉连　著
敦煌写经	李逸峰　著
佛塔建筑	王　耘　著
伽蓝建筑	徐　磊　著

主要编辑、出版人员

社　　长　刘祚臣

副总编辑　刘金双

主任编辑　曾　辉

编　　辑　（按姓氏笔画排序）

于淑敏　马　蕴　王一珂　王　绚

王　廓　王慕飞　刘金双　邬四娟

李玉莲　李　静　宋焕起　林思达

帖慧祯　易希瑶　胡春玲　郭银星

黄佳辉　曹　来　盛　力　曾　辉

鞠慧卿

特约审稿　汤凌云　韩　伟　陈丽丽　王怀义

装帧设计　今亮后声

排　　版　博越设计

经卷佛画

内容简介

古代艺术家曾创造过难以计数的经卷佛画，或绘制于绢帛、纸张，或契刻于枣梨，付梓于世，即便大量实物早已湮佚于历史长河，爰及当世，世界各大博物馆、图书馆或佛教寺院中，仍保存着数量可观的插图本佛经珍品，是宝贵的历史遗产。本书将经卷佛画作为佛教艺术的一个独立品类加以处理，讨论其定义、分类、功能、图文关系、佛画内容、图像格套、风格流变等问题，旨在将经卷佛画的特殊性，特别是与佛教壁画、卷轴画等品类的共通性和差异性揭示出来。

张建宇

清华大学博士，中国人民大学艺术学院教授，中国人民大学佛教艺术研究所副所长，美国波士顿美术博物馆高级访学学者（2018—2019）。主要研究中国艺术史、佛教艺术及丝绸之路中外艺术交流，出版著作《枕带林泉——苏州园林之宅园关系研究》（2015）、《汉唐美术空间表现研究——以敦煌壁画为中心》（2018），曾获北京市第十二届、第十六届哲学社会科学优秀成果奖（2012、2021）、第八届胡绳青年学术奖（2018）。

高建平　尹　佃
－总主编－

中国佛教美学典藏

佛教绘画部
主编·丁　方

经卷佛画

张建宇 — 著

中国大百科全书出版社

图书在版编目（CIP）数据

中国佛教美学典藏. 经卷佛画/高建平，尹佃，丁
方主编；张建宇著. —北京：中国大百科全书出版社，
2023.11

ISBN 978-7-5202-0975-5

I.①中… II.①高…②尹…③丁…④张… III.
①佛教—美学—研究—中国 IV.① B948

中国版本图书馆 CIP 数据核字（2021）第 093532 号

出 版 人	刘祚臣
策 划 人	曾 辉
责任编辑	郭银星　邬四娟
责任印制	魏 婷
装帧设计	今亮后声
排　　版	博越设计
出版发行	中国大百科全书出版社
地　　址	北京市阜成门北大街 17 号
邮政编码	100037
电　　话	010-88390969
网　　址	http://www.ecph.com.cn
印　　刷	北京雅昌艺术印刷有限公司
开　　本	889 毫米 ×1194 毫米　1/16
印　　张	24.75　拉页 4 面
字　　数	273 千字
印　　次	2023 年 11 月第 1 版
	2023 年 11 月第 1 次印刷
书　　号	ISBN 978-7-5202-0975-5
定　　价	680.00 元

本书如有印装质量问题，可与出版社联系调换

总　序

这部多达十四卷的佛教美学和艺术的总汇，是聚数十名专业研究者，积八年之功，完成的一项宏大工程。在过去的这些年里，各位参与者都很辛苦。现在，终于苦尽甘来，欣喜之感油然而生。

当前，我们正处在中国式现代化建设的进程之中。要建设中华民族现代文明，就要将现代理论与优秀传统文化遗产结合。中国佛教艺术是中国传统文化和美学的一个重要组成部分。古人给我们留下了许多精美的艺术珍品，值得我们花大力气去整理、总结，站在现代的立场进行思考、研究。

在五千年的中华文明史中，最初一千多年，中华美学思想的萌芽可从巫史传统和工艺创造中体现。当时的人留下了丰富的实物，给我们提供了对那个时代文化状况的丰富的想象空间。其后，从商到周，出现和形成了精美的青铜器皿和发达的礼乐文化，在实物、操作和观念这三个层面，推动了中华美学思想的形成和发展。佛教是发源于印度的宗教，传入中华大地以后与中国原有的礼乐文明碰撞交融，经历了一次外来思想中国化的过程，由此造就了文明的更新。

中国的礼乐文化在周朝兴盛，历经春秋战国，尽管礼崩乐坏，但还是有人竭力保存，到秦汉时仍有所传承。礼乐文化服务于周王室，通过等级制度，实现以上化下、以夏化夷的政治设计。秦汉以后，分封逐渐消失，大一统的帝国逐步形成。这一时期，社会的上层与下层相距遥远，礼乐仍在上层社会的一些礼仪性活动中施行，这时就需要宗教在下层起到填补审美需求空间的作用。

在欧洲，希腊式的城邦制度解体，原来的希腊—罗马宗教体系只在上层社会被维持；而基督教则从社会的下层开始发展，吸引广大民众的支持，最终迫使罗马皇帝改宗，同时也在巨大的罗马帝国范围内流传，成为世界性的宗教。在中国，佛教在一定意义上也起着这样的作用。从汉代到唐代，普通民众的审美需求成为佛教兴盛的土壤。正是由于这一原因，通过满足社会中下层的审美需求，佛教的审美理想和艺术创造在文明的深处扎下了根。

中国佛教美学有着一些突出的特点。第一是理想性。这种理想性与非现实性、虚无和出世的观念结合在一起。这在华严宗和净土宗等宗派的思想中有明显的表现。它们所追求的净土，并非存在于现实的此岸世界，而是在理想的彼岸世界。它们的美，也从属于那个世界。现实的美只是彼岸世界美的影子。

第二是通过悟来感受世界。通过悟获得真美，或是苦修而悟道，或是禅宗所主张的顿悟，机缘触发，瞬间就能得道，即达到真美的境界。

第三是偶像崇拜。各种源于犹太经典的宗教，无论是犹太教、基督教，还是伊斯兰教，都流传逃出埃及的以色列人由于崇拜偶像而引起摩西震怒的故事，从而形成各种反偶像崇拜的传统，有的弃绝一切形象，有的不准造圣像。在这其中，即使后来最热衷造像的天主教，也是依据一套"愚人的《圣经》"的说辞，即运用图像给不能阅读的人演绎《圣经》故事，提供图像存在的理由。这样一来，天主教的图像只是神圣故事的演绎，其本身不具有神性；圣徒所崇拜的不是偶像，而是通过图像感受神的道理。与此不同，尽管佛教早期也有过一段无佛像时期，但后来很快就有了对佛像的普遍接受。佛教的造像被认为其本身就有神性，是神的化身。

第四是宏阔的时空观。源于犹太经典的各种宗教都具有关于世界起源的传说和关于世界末日的预言。佛教则不同，不认为有起源和末日，而认为世界在时间上是无限的，循环往复，以至无穷；在空间上也是无限的，无所谓中心、边缘；体现在美学和艺术上，佛教就具有一种超越时空、追求无限的美学观念。

第五是和谐圆融的审美境界。美的理想是一种圆，但这不是毕达哥拉斯的数学上的圆，而是圆融的生存境界。佛教讲世界和谐，这又是通过圆的意象得到体现。

本套书共分四部十四卷，涉及书法、绘画、造像、建筑等。

佛教书法部共有四卷，即《敦煌写经》《佛教碑刻》《禅德墨迹》和《禅意绘画》。

在印刷术流行之前，佛经的流传主要靠人工抄写。在这方面，敦煌藏经洞给我们留下了大批人工抄写的佛经。在当时，传抄佛经是保存和流传的需要，同时佛教徒们也将抄写佛经当成一种修行，通过艰辛的抄写工作以积累功德。这不仅给我们留下了大量的经典，同时也为我们留下了重要的对当时的书写进行研究的材料。绝大多数佛教徒在抄写佛经时，都保有一种虔敬的心态，他们书写认真，字迹清楚、容易识读。在字体上，楷、行、草三体均有，但以楷书为主。

佛教碑刻包括佛经碑刻、造像题记及寺塔碑碣。这些碑刻用途不同，风格上也有差异，但大体上是以隶书和楷书为主，风格上庄严静穆，偶有装饰意味。

禅德墨迹包括具有文人趣味的禅僧的书法作品，以及受禅宗思想影响的文人的书法作品。这些作品风格自由活泼，字体多为行书和草书，通过笔墨直抒胸臆，表现内在的情感。

禅意绘画，最初是画者致力于表现禅理，强调直觉性和感悟性，并以此使绘画超越形象的描绘。这种绘画追求推动了中国绘画意识的发展，并且与文人绘画结合，对中国绘画观念的发展和转折起到了关键作用。

佛教绘画部共有三卷，分为《石窟壁画》《绢帛佛画》《经卷佛画》，各有其鲜明的特点。

石窟壁画是指画在石窟壁上的绘画。壁画是人类最为古老的一种绘画形式。中国佛教石窟壁画主要存在于西域地区，以佛像和佛教故事为主要题材，也包括对佛国之境的描绘，其中乐舞飞天的壁画穿越千年，给人以惊艳之感，成为当代众多艺术创作的灵感来源。石窟壁画大多受印度绘画人物造型的影响，又开始具有中原绘画的元素，成为中西艺术风格结合的最早范例。

绢帛佛画以敦煌藏经洞绢画为主，现多藏于英、法、俄、德等国的博物馆中，日、印、韩等国也有保存。这些绢画所画的形象不同，有佛、菩萨、罗汉、武士，以及供养人。从这些画中可看出中国绘画中线条之美的来龙去脉，中国绘画色彩的源与流。宗白华区分了中国艺术的错彩镂金之美与芙蓉出水之美，绢帛画大体属于错彩镂金一类。

经卷佛画，即佛经中的插图或附图，包括佛教经卷的卷首画（也称扉画）、随文插图、卷末的拖尾画。从制作技艺来看，经卷佛画分墨绘佛画和版画，雕版印刷繁盛时代出现了讲述各种佛经故事的版画。对经卷佛画的研究很有价值，但过去研究不多，本卷是对此研究领域的开拓。

佛教造像部的内容最为丰富，分《石窟造像》《地面寺院造像》《出土及传世造像》，还有一卷《造像经典与仪轨》。

《石窟造像》分上下两卷。上卷讲新疆和中原北方石窟，下卷讲南方和藏传佛教造像。将这些不同地域、不同时代所创作的造像放在一起来对比，可以清晰地看出这些造像的造型和艺术风格在文化交流中留下的痕迹和在时代变迁中造像的沿革。

地面寺院造像则呈现出多样性和变动性。遍布西域和中原大地的佛寺中的造像，以及在藏地的藏传佛教在佛寺中的造像，呈现出各自的地域特点；经过千年变化，又呈现出不同的时代特点。尽管佛像有"千佛一面"的说法，但不同地域、不同时代佛像的差别，仍鲜明地体现出来。

出土及传世造像可称为前两种佛教造像的补充。这些造像被发现和保存，具有极大的偶然性。它们不像石窟造像，可系统发掘；也不像现存寺院里的造像，原本就有完整布局，具有系统性。这种出土和传世造像相对零散，其系统性需要研究者构建。

《造像经典与仪轨》是很特别的一卷。该卷对佛教造像特点和主要菩萨、天王等形象的基本框架做了概述，还对佛教活动的空间、所用法器等做了叙述。

佛教建筑部共两卷，一卷讲伽蓝，一卷讲佛塔。《伽蓝建筑》一卷主要讲历代的中土佛寺以及藏传佛教的佛寺。正像欧洲历史上的建筑集中体现于教堂一样，佛教寺庙成为中国古代建筑的典范。本卷分朝代展示中国古代的寺庙，并对藏传佛教的寺庙做了专门的论述。

《佛塔建筑》一卷专门论述佛塔。塔的造型精美，是中国古代建筑精华所在。佛塔近可与寺庙组成一个整体，高耸的塔在建筑群中起画龙点睛的作用；远可装点河山，在自然山水中加上人工点缀。佛塔原本是瘗埋高僧圆寂后遗体和珍藏舍利的地方。它既是死亡之所，又是涅槃和超越之地。生死之事，永远是最大的事，这与僧人生活有了密切关联，也使塔有了人情、人性、理想等多种意味。

佛教美学和艺术的内容丰富多彩，包含各个艺术门类。除本套丛书所介绍的之外，还包括诗词、音乐、歌舞等。我们的想法是，在现阶段能做什么，就先做起来。希望这套典藏为更全面地研究中国佛教美学起奠基作用；也希望将来在此基础上，借助新媒体，使中国佛教美学的精华得到更为全面的展示。

在最初组织这一课题组之时，我们的计划是，从几个主要的佛教艺术门类中，选取最有代表性的作品，给予精要的说明，以形成佛教美学的一个总汇。其目的在于，将佛教美学的精华，在一个选本系列中汇总起来，将一些平时很难见到，只有专家才掌握的佛教艺术作品的图片，加以集中，配以解说，从而使这些作品受到人们的关注。佛教从两千多年前开始传入中国，带来了佛教美学和艺术，在中国大地上生根、开花，与中国原有的传统结合，再经过历代僧俗信众的传承和创新，形成了璀璨多彩的中国佛教文化，成为中华文化的一个组成部分，在世界文化史上也具有重要意义。在今天，加强佛教美学的学术研究，对佛教艺术的普及，让大众熟悉和了解佛教文化，对传承和弘扬中华优秀传统文化，都是一件功德无量的事。

记得第一次开编纂工作会，任务是明确大脉络的分工，确定各卷的主持人和基本研究队伍，划定各卷内容的边界。各位参编者的热情都很高。大家一方面认为，这件事很重要，编出的书会很宏伟壮观，成为一个大制作；另一方面也认为，这方面的书过去很少，有了一个好的立意，再加上选对了人，编起来不会费多大的劲，不过是将相关领域的专家集中起来，将原本就熟悉的材料以一个新的、对读者更具有亲和力的形式，重新组织一遍而已。

到了真正上手去做才发现其中的种种艰难。材料难找，解说不好写。历史事实考证清楚，解说内容正确，这是基本的要求。这方面的要求，说说容易，做起来就有难度。不仅如此，由于这套书冠名美学，在选材时体现美学视角，在解说中体现美学阐释就很重要，对于长期致力于事实考证的专家来说，这种工作也有一定的难度。在撰写过程中，有人畏难退缩，有人赶不上进度要求，但是，这样一个庞大的工程，开弓没有回头箭，再艰难也要做下去，并且要保质保量地完成。

在这几年的工作中，撰稿和编辑人员都付出了巨大的努力。他们不仅研读既有的书籍、史料和画册，还要遍访全国各地的代表性寺院。最使我感动的是，他们跋山涉水，带着沉重的拍摄器材，到现场拍摄。为了获得最佳的拍摄角度，课题组还购置了无人机，以便在人无法到达的角度进行拍摄。他们的努力，为这套书提供了大量精美的独家图片。

在此期间，课题组多次在北京开会；还远赴广东、山西等地，举行各种工作会议。每次会议都力求实效，解决编写过程中所出现的各种具体问题，包括工作分工、人员配备、文字质量、图片规格和要求、工作进度，以及编撰者与编辑如何相互配合以加快进度，等等。为了深化这套书的美学特色，我们还邀请了几位对中国古代美学有研究的学者对文字内容进行了审阅，提出了许多具体的修改意见。

现在，书稿终于付印了。感谢参加撰写《中国佛教美学典藏》的各位作者，各位均为对佛教美学和艺术有深厚研究基础的专家。他们不辞辛劳，集中精力，终于使这项巨大的工程得以完成。更令我们感动的是，著名佛门高僧尹佃法师自始至终参与我们的策划立项、内容框架研讨和后期编纂工作，多次参加编纂工作会议，提出重要意见。中国大百科全书出版社的郭银星和曾辉两位接力领导的编辑团队，对这项工作极为负责，在编辑出版过程中提供了周到而贴心的服务。本书是各位辛勤劳动的结晶。

佛教艺术和文化是中华美学的一个重要组成部分。中国佛教之美是先人留给我们的一笔宝贵遗产。同时，它又是在当代充满生命力的活的美学。我们带着对文化传统的虔敬之心来整理这份遗产，又以面向当代、面向世界、面向未来的态度，带着责任感和使命感，以激发传统在当代的生命力为目的，来审视并引领中国美学的辉煌未来。

总 论

"佛教美学典藏"，顾名思义，"佛教"自不待言，不仅是丝绸之路上古老的宗教，也是中华优秀传统文化的有机组成部分。"佛教美学"，特指关于佛教艺术的美学理论与审美价值判断。"典"指经典与典范，"藏"则指收藏与藏品。其中，"典"字值得认真研究，它决定了价值判断的准绳以及艺术收藏的标杆。

下面对"经典"展开讨论。"经典"，原是文学中的一个概念。在汉语中，"经典"中的"经"从"系""巠"二字而来，按照《说文解字》段注的解释，"巠"乃川在地下之象，后来与"系"结合，才表示织物的纵线，并引申出"规范""标准"等义。"典"原是册在架上的意思，指"五帝之书"，即所谓的"三坟五典"。"经"与"典"二者结合，经过漫长时间的演化，才有了"经典"的现代意义。在汉语文化域，"经典"一语大约从汉魏时期就开始使用了，主要用来指儒家典籍。譬如，《汉书》第七十七卷"孙宝传"中就使用了这一名词，是指先秦至当时的史书和典籍。后来"经典"的范围从儒家典籍扩大到宗教经籍，包括了佛道诸教的重要典籍。再后来，凡一切具有权威、能流传久远并包含真知灼见的典范之作都被人称为经典，《文心雕龙》的作者刘勰给经典下了一个明确的定义："恒久之至道，不刊之鸿教。"

"经典"在国际学界的渊源要更为深厚复杂。经典源自古希腊语"kanon"，它的原意为"棍子"或"芦苇"，逐渐衍变成度量的工具，引申出"规则""律条"等义。在希腊语成为东罗马帝国官方语言之后，该词专门指《圣经》或与《圣经》相关的各种正统的、记录了神圣真理的文本。英语的经典"canon"是从古希腊语经典"kanon"演变而来，大约18世纪之后，"canon"的使用范围逐渐超越了宗教而扩大到文化的各个领域，于是有了文学的经典（literary canon）。就文学经典而言，classic（意为古典）似乎是一个更为恰当的词，因为它没有 canon 那样浓厚的宗教意味。classic 源自拉丁文的 classicus，原意为"头等的""极好的""上乘的"，是古罗马税务官用来区别税收等级的一个术语。公元 2 世纪的罗马作家格列乌斯（Aulus Gellius）用它来区分作家的等级；到文艺复兴时期，人们开始较多地采用它来评价诗人、作家和文艺家，并引申为"出色的""杰出的""标准的"等义。以上对"经典"一词的历史溯源，是为了说明本丛书的特质——"关于佛教艺术具有强烈审美价值判断诉求的经典珍藏"；或者换句话说，此书的写作初衷是从审美判断视角出发，分析佛教艺术中具有历史美学关联性的经典，使读者对那些值得珍藏的审美典例有一个明确概念，以区别于目前市场上比比皆是的编年体、考古体、叙史体等佛教艺术图书。

佛教绘画是佛教艺术的重要组成部分，传道史上素来有"像教"之说，也就是"经书"与"佛像"在传道功能上等量齐观。对佛教美学造型的溯源，要归结到佛像的诞生地——印度河、阿姆河流域的巴克特里亚（Bactriana）、索格底亚那（Sogdiana），亦称为犍陀罗地区；它们原来属于波斯帝国的远东行省，具有深厚的历史文化积淀。从造型视角来看，佛像的诞生成长过程浸濡着希腊化文明的影响，因此，犍陀罗佛像可视为两个伟大文明——古印度和古希腊文明相遇的结晶产物，也是后来东传、南传佛教艺术的最早源头，我们将在后面继续叙述。

公元前 258 年，一代高僧大德目犍连子帝须受阿育王委托主持了佛教史上第三次结集，即"华氏城结集"，其最大成果是向世界各地派出 18 位传道师。英国著名人文学者史密斯评价"这是人文史上最伟大的事件"。传道师们以不惜生命的非凡勇气弘扬"佛法"，召唤人心，敬佛向善。随着传道师脚步的西去东来、南下北上，奇迹终于发生：18 位传道师之一摩诃勒弃多在巴克特里亚希腊王国进行了极为成功的传道，此地原是波斯帝国的东方行省，是祆教的大本营。摩诃勒弃多去宣教的时间，正是巴克特里亚太守狄奥多托斯宣布脱离塞琉古王朝，建立以"狄奥多托斯一世"为纪元的巴克特里亚希腊王国的转折时期。据史料记载，赤手空拳的摩诃勒弃多以信仰的真诚和传道的无畏一次次走上论法道场，与祆教僧侣进行论辩，赢得听众的欢呼，最后传道大获成功，共得 17 万信徒，1 万余人在宣讲过程中当场剃度为僧，以至于当时的巴克特里亚国王狄奥多托斯一世也被摩诃勒弃多所讲佛法感动，驱逐祆教而扶植佛教。对于希腊人来说，信仰便意味着建筑与造像，于是，波斯太阳神密特拉、希腊太阳神阿波罗与佛像"佛像背光""澄明之境""火中琉璃"的成像精神互为照应；就这样，佛教美学以"背光圣像"的形态为基础，在与各种文化的碰撞中不断完善成熟，形成后来的蔚为大观。

从佛像面容的造型来看，佛像之美与希腊雕像之美密切相关。德国美学家、艺术史家温克尔曼（Johann Joachim Winckelmann）曾评说希腊雕像是"高贵的单纯，静穆的伟大"，若再深入剖析，就可发现这种美妙的视觉感受也是与希腊造型三原则"心身至善""体液平衡""黄金比例"相共通的，就如同雅典阿克罗波利斯山顶的伊瑞克提翁神庙——四尊女像柱的酮体支撑起一座审美经典殿堂。细心的研究者还可发现，犍陀罗佛像虽渗透着希腊造型因素，但也并非是上述三个造型原则的简单翻版，而是有所改变，这种变化正是希腊化时代最鲜明的特征。我们看到，犍陀罗佛像艺术家们发展出一种不朽的感性形态——"垂睑颔首"。这一动姿将佛陀的悲悯情怀与希腊的高贵端庄糅合于一体，创造出人类艺术史上最初的圣像典范，其标志是佛陀－圣人背后的光轮。

自公元前1世纪的德米特里时代起始，巴克特里亚希腊王国皈依了佛教，佛陀"众生平等""慈悲心肠""救度苦难"的思想使希腊人深受感动，他们认识到：佛陀不仅是超过希腊世界所有神祇的圣人，而且是比阿胡拉·马兹达神、密特拉神等更为真实的圣人。可以想象，希腊的造型与佛陀的思想在希腊佛教徒那里发生了神奇的化学反应，一种崭新形象从他们心中喷薄而出，这个崭新形象就是佛像。在他们看来，佛陀的面部应具有希腊"数理明晰"的端庄，神情具有"心身至善"的宁静，身体被光环绕在后，象征佛陀慈悲救度精神的光辉永驻。

背光、光轮，折映出人类历史在公元前后时期思想的巨大动荡和裂变，其结果是圣像的诞生。圣像作为这一时期最重要的形象，它的出现一举改变了"国家王道史"的正统叙述，而进入"心灵信仰史"的层面。在图像学意义上，光轮作为圣像的决定性因素，超越了东西方的地域而成为圣者的标识。圣像将人类悠久的面具／图腾文化远远抛在身后，而进入道德理性的阶段，按照德国思想家卡尔·雅思贝尔斯（Karl Theodor Jaspers）轴心时代理论，"它象征着人类从童年期间迈向青年时代"，犍陀罗佛像可被视为这一巨大转折期的形象标志。

公元 2 世纪左右，以犍陀罗地区为起点，佛像向四周传播，向西北，它循着费尔干纳盆地进入伊朗高原，向其最初来路溯源而行；向东南，它跨过印度河与温迪亚山脉向恒河流域迈进；向东北，它越过兴都库什山脉的瓦罕走廊与葱岭古道、青藏高原的克什米尔与拉达克，经广袤西域与河西走廊而进入中土大地。当犍陀罗佛像与中国石刻传统相遇时，激发出东方美学的又一奇迹，佛像"拈花微笑"心境悄然转换为线性审美奇葩："春蚕吐丝"与"高古游丝"，"湿水衣褶"与"曹衣出水"，"薄衣透体"与"屈铁盘丝"，"行云流水"与"吴带当风"……

公元 412 年，一代高僧法显取海路从天竺归来，漂泊至青州崂山上岸时被猎户搭救，八十高龄老人双手紧护三件东西——佛经、佛像与《龙华图》，这一事件深具意义，象征着造像在信仰领域的滥觞。法显千辛万苦带到中土的佛像，正是笈多时代的马图腊佛像，它是印度传统的"仿生造型""管状肢体""三道弯式"的协奏加变奏，虽然受到希腊式造型准则的约束，但仍然带有印度本土艺术原始性力的痕迹。雕刻工匠们将犍陀罗古典佛像中的男性形象改造为中性形象，笈多时代的佛像更多具有女性特征，这是通过独特的肢体造型和衣纹处理来暗示的；"湿水衣褶"式的半透明袈裟从双肩至胯间垂下数道平行的 U 形纹，它纤细如丝，犹如睡莲池中被微风吹拂起的层层涟漪。以上这些要素在佛像东传的过程中，被一位来自中亚曹国的天才艺术家曹仲达加以想象与发挥，创造出"曹衣出水"的伟大样式。魏晋的"褒衣博带"经典风格与"曹衣出水"的美学价值相映生辉，架构起一座印度"立体雕刻"向中土"平面书写"绘画艺术语言转换的桥梁。

齐高佛像之横空出世，恰恰是中印度佛像风格对中原佛像的反哺，同时也是对早期主导性犍陀罗风格的某种校正；因为追根究底，希腊式"数理的明晰"，并非远东诸民族的气质所在。随之，马图腊中印度的"管状肢体"风格与两汉魏晋的"混沌圆融"风格两相结合，生成以浑圆为基础、以线性为表征的中土佛像 / 佛画的新型风格。这种风格在隋唐、五代时期完成了本土的转移过程，为两宋时期佛画的繁盛奠定了基础。两宋佛画，特别是南宋佛画达到一个美学高峰，令人略感酸楚的是，它主要由海外藏品来印证。当隋唐时代宏伟壮丽的寺观佛教壁画毁于战火时，绢帛佛画反而得以存活，它们因轻盈柔韧的材质而便于携带流转。

尤其是那些诚心虔敬学习的邻邦僧人，为这些佛画作品远渡大洋流传后世付出了极多辛苦。在造型方面，两宋绢帛佛画的风格特点，一眼望去似乎并不突出，甚至有某种程式化的取向；但细细品味，这种程式化并不简单，其中渗透着"澄怀观道"的禅意与"古拙愁眉"的趣味，再加上一丝不苟的细节，最后形成一种十分复杂的风格。在技法方面，绢帛佛画将起始于唐代大小李将军的工笔重彩画法进行了发挥，尤其是在以晕染技法表现光影明暗、空间距离感方面，达到了一个玄妙境界，与古印度钵陀布画、苯教卷轴画、波斯细密画、君士坦丁堡的坦培拉技法、达·芬奇的晕涂法有异曲同工之妙。许多佛画中体现的高超晕染技法与拜占庭圣像画的宗教神秘感类似，但更为曼妙与悠远，创造了一个具有中国农耕文明特色的经典样式。要真正弄清个中究竟，显然会遇到一系列历史缄默的铁锁符码，它们应该与海上丝绸之路——即从东南亚—南亚—西亚—地中海多种文化域的多维度交流有关联，犹如南海一号沉船的奥秘，尚待进一步探险发掘。

现存东京国立博物馆的《玄奘像》，画家描绘的是身负塞满典籍的竹笈、缚着绑腿、脚踏草鞋的玄奘形象。他服装行头的上部盖有大型的圆形笠，香炉从此处垂下，脖子上戴着骷髅串成的项链，腰上配刀，右手执拂尘，左手持经卷，举步向前。背景是绵延的崇山峻岭，象征性地表现出玄奘为求法从中国越过中亚沙漠抵达印度的艰难之旅。在技法方面，人物的眼鼻及口唇处刻画细微、栩栩如生，肌肤部分的轮廓线条采用柔和的褐色，沿着线条施敷同色系的淡暖色，由多层晕染技法衬托出肌肤的立体感。衣服及背笈等部分则采用绿、群青、褐色等冷色系的色彩，用白色的薄透色彩图案，配以深入的细节刻画，形成一种经典风格。这类绢帛佛画代表了宋元时期制作于中国宁波，再舶至日本的系列佛画通常样式。

一方面，中土的石窟寺观佛教壁画、绢帛纸本佛像作为印度犍陀罗佛像的平面化转移，标志着佛像从崇高庄严到优美飘逸的过渡，比较符合中国文化的审美理想；另一方面，中土的道家有羽化升仙意识，借助灵魂升腾之力而化为悬浮于苍宇间的优美线条，并以飞天徜徉的视角俯瞰现世大地。这种灵魂姿态便是中土佛像美学价值所在。支撑中土佛画本体的绘画要素是线性，和它同行的是书法与篆刻。中国本土的书法、篆刻成功地将佛陀实体造型转变为线的审美形象，由此形成中土佛像景观。

从佛像的物质材料与绘制技艺的角度来看，无论是五彩斑斓的重彩佛画，还是黑白单纯的水墨僧画，都囊括了东方绘画艺术的所有要素——点、线、面，晕涂皴法、水墨渲染，画家们以丰富多彩的手法描绘了修身者、修禅者、舍身者、发宏愿者，以及各种菩萨与罗汉的形象。在绢帛重彩的佛像方面，较为完整的物质传承是被称为"唐卡"的佛画类型，它与西藏白居寺壁画中类似坦培拉胶性壁画技巧有着亲缘关系，严谨的图式与工整的描绘是其显著特点。佛像画家们从兴都库什南麓到葱岭北麓，从石窟墙壁到精织帛绢，从粗粝彩绘到柔韧纸本，佛画立足于由中国农耕文明导出的材质美学庙宇，而铺陈出一片五彩缤纷的世界。

总体来看，佛像的风格演变仿佛高山流水，初期汹涌澎湃，盛期美妙绝伦，至近现代渐趋疲软，最终在迟缓流动中扩散于中原大地，精华绵延。如今我们将佛像的美学价值置于"一带一路"的历史文化视野中予以审视，不仅是为了澄清诸多因视野狭窄而造成的判断评价误区，更是为了在"东方文艺复兴"理念所勾画的愿景中，再度复兴中土佛像艺术的昔日辉煌。

丁方

2023 年 4 月

这种典型的"垂睑颔首"菩萨造型，是犍陀罗佛像美学价值的集中体现，它历经时空洗礼，仍然渗透在中土绢帛佛像的造型意识深处

目 录

图片目录

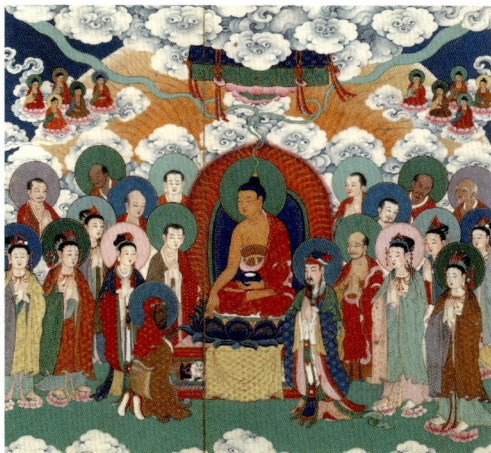

《金刚经》扉画，胤禛，清康熙五十三年（1714），绢本彩绘，高 38.5 厘米，宽 57 厘米，北京匡时国际拍卖有限公司 2009 年拍卖品

第三章
灵山法雨

第四章
契经连相

第五章
山水梵音

第六章
汉藏合璧

第七章
经塔考略

经卷佛画，也称佛经插图，是佛教艺术的重要组成部分。古代艺术家曾创造过难以计数的经卷佛画，或绘制于绢帛、纸张，或契刻于枣梨，付梓于世，即便大量实物早已湮佚于历史长河，爰及当世，世界各大博物馆、图书馆或佛教寺院中，仍保存着数量可观的插图本佛经珍品，是宝贵的历史遗产。此外，经卷佛画涉及书籍演进、绘画技艺、雕版印刷、宗教义理、文化传播和接受（从外来佛经到中国汉文经籍）、图像文化与文本文化关系等诸多问题，其中蕴含着丰富的文化内涵。

然而，迄今学界对经卷佛画的研究颇为不足。首先就佛教艺术研究内部看，对经卷佛画的研究远滞后于石窟寺、佛教造像和寺院美术这三大经典研究领域。其次横向比较亦可发现，同样是宗教经典的图像诠释，在欧洲艺术史学中，学者们对《圣经》及相关宗教插图的关注由来已久，涌现出大量学术成果。反观中国艺术史学界对经卷佛画的研究，明显逊色于欧美学者对基督教书籍插图的研究。

有鉴于此，我们感到有责任对经卷佛画进行系统的整理和研究。可以这样讲，经卷佛画既属于古代优秀文化遗产，同时又是学术成果明显薄弱的研究领域，具有相当的开拓性和创新性价值。因此，本书选择经卷佛画这个课题进行考察，具体以古代汉文佛教典籍中的绘画作为研究对象。在地理范围上，本书所论及的为汉传佛教地区，以中国为主体，兼及朝鲜半岛和日本。在时间起止上，由于目前公布的经卷佛画，唐以前的材料仅寥寥几件，且不可靠，所以笔者选择的时间范围，始自唐代，迄至于清。

第
一
节

🌾

契
经
与
佛
藏

经卷佛画，是绘制或刊印在佛经中的绘画，也被称为"佛经插图"或"佛经附图"。这里所说的"经卷"或"佛经"，可分作契经和佛藏两大类，以下分别述之。

一、契经插图

契经，指单本的佛经。广义上，它还包括律典和论典，即所谓"三藏"。古人书写或刊刻佛教典籍时，有时会在经卷中绘制或刊印出诠释经典内容的佛画，特别是诸如《法华经》《华严经》《金刚经》《阿弥陀经》《药师经》等广为人知的经典，往往经卷中出现图像。其中某些插图的形式逐渐定型，形成较为固定的模式，并广为传播。这方面的实例，以《金刚经》扉画说法图和宋元时流行的七卷本《法华经》版画最为典型（图 0-1）。

进一步讲，契经插图还包括如下这种情况，由于某佛经中的某一品内容普及程度极高，因此会单独发行，即所谓"别行"。别行的经卷也会出现绘制或刊印的图像，最具代表性的实例是《法华经》第二十五品《观世音菩萨普门品》，简称《普门品》。古代的插图本《普门品》非常普及，别行时有的改称《观音经》，往往呈现出图文并茂的形式。此外还有出自四十卷《华严经》的《入不思议解脱境界普贤行愿品》，简称《普贤行愿品》。内蒙古黑水城遗址曾出土过 6 件卷首有雕版扉画的《普贤行愿品》汉文刊本，其中 4 件属西夏刊本（图 0-2）、2 件为金刊本，可见插图本《普贤行愿品》曾经的流行。

图0-1 元重刊陈道荣本《法华经》第二卷扉画，元代，台北故宫博物院藏

　　现存数件元代前后的插图本《法华经》，七卷卷首各有一幅木刻扉画。不同版本的扉画，除供养人像有别外，主体图像部分几乎完全相同，存世的有中国国家图书馆藏"大字本"和"顾逢祥大字本"，台北故宫博物院藏"元刊苏体本""陈道荣刊苏写本"和"元重刊陈道荣本"等数个版本，说明该扉画系统的普及。在这批插图本《法华经》中，"陈道荣刊苏写本"

是一件有纪年的经卷，拖尾题记有元至正六年（1346）和至正九年（1349）题记，并可知制作于浙江嘉兴。上图为"元重刊陈道荣本"第二卷扉画，经折装，扉画占四折面，右半部刻释迦说法图，左半部为《譬喻品》之"火宅喻"和《信解品》之"穷子喻"。

图 0-2　TK98《普贤行愿品》扉画，西夏桓宗天庆三年（1196），
内蒙古黑水城遗址出土，圣彼得堡俄罗斯科学院东方文献研究所藏

　　黑水城出土佛经有汉文和西夏文两种，这是一部汉文《普贤行愿品》刊本，经折装，刊于桓宗天庆三年（1196），是皇太后罗氏为纪念去世的仁宗皇帝（1140—119 年在位）而施印的，卷首扉画品质上乘，必是由一流匠师绘制并雕版而成。扉画占六折面，高 16 厘米、横 54 厘米，左、右分为两部分。右侧两折面为说法图，出现七处榜题，分别是："教主毗卢遮那佛""文殊菩萨""普贤菩萨""声闻众""梵王众""帝释众""天龙八部众"和"善财童子"。中部和左侧四面刻"十大愿王"，从第三折面右上部的"一（者）礼敬诸佛"到扉画左下部"十（者）普皆回向"，大致按从上到下、从右向左的顺序进行构图，与古人的阅读顺序一致。扉画左上角刊刻"行愿经变相"五字。

　　与佛经相比，佛教律典和论典中则很少出现图像。本书用"经卷佛画"这个概念，取其广义，把经、律、论"三藏"都涵盖进来，但"疑伪经"则被排除在外，尽管从艺术角度其中亦不乏精品之作，如浙江黄岩灵石寺塔出土的五代插图本《佛说预修十王生七经》。

二、佛藏插图

　　第二类是佛藏，又名大藏经、一切经，即将卷帙庞大的佛教典籍汇总而成的大型佛教丛书。佛藏又可分为写本和刻本两大类，从目前可见的材料看，写本大藏经并不流行绘制插图的做法。

到了刻本大藏经时代，很多汉文刻本大藏经都出现了雕版插图，譬如北宋的《开宝藏》、金代《赵城金藏》、南宋至元代的《碛砂藏》、元代《普宁藏》，以及明代《永乐南藏》、清代《乾隆版大藏经》（俗称《龙藏》）等。除上述汉文大藏经外，元代至元年间刊刻于杭州万岁寺的西夏文大藏经（又称"河西字大藏经"）也有雕版佛画。

佛藏中的图像，又可细分为两种情况。

第一种情况，佛画位于大藏经中的某部特定佛典之前或之中，图像内容也与这部特定佛典相对应。这种情况下，无论从内容、形式还是功能上考察，该佛画都与单行契经中的插图并无实际性区别，只不过该佛典及插图被收入佛藏之内。一个典型的早期实例，是北宋《开宝藏》中的《御制秘藏诠》木刻版画，对此本书第五章第二节将加以介绍。再如，《碛砂藏》中有鸠摩罗什（343—413）所译七卷本《法华经》，原本各卷经首并无版画。民国时上海"影印宋版藏经会"影印《碛砂藏》，选用西安卧龙、开元二寺藏《碛砂藏》为底本，但该本的罗什译《法华经》部分残破，只得以具有七幅扉画的南宋陆道源本《法华经》来替代，从而形成了如今"碛砂藏影印本"的面貌（详阅第六章第二节）。

第二种情况，佛画不属于某部特定的佛典，而是位于此部佛藏各卷（如《赵城金藏》）或每帙首册之卷首（如《碛砂藏》）。在这种情况下，佛画的内容不能仅对应某部特定的佛经，而是力求具有更强的适用性，通常刊刻出通行的"释迦说法图"。就以著名的《赵城金藏》为例，[①]这部佛藏各卷均有一幅卷首佛画（图0-3），它是元代补雕而成的，然后再与已然印出的经卷装裱在一起。

还要特殊说明一点，佛藏中的插图要谨慎甄别一类材料，它是否属于经卷佛画或佛经插图范畴，需要具体分析。1922年至1934年，日本编修了卷帙浩繁的《大正新修大藏经》，简称《大正藏》，这是目前学术界最常用的汉文大藏经。全藏100册，分正

---

① 关于《赵城金藏》，详阅蒋唯心：《金藏雕印始末考》，原刊《国风》第五卷12号（1934年12月），南京支那内学院单独发行，1935年；宿白：《赵城金藏和弘法藏》，《现代佛学》，1964年第2期，第13—22页。

赵城金藏本《大般若经》是一部由民间雕版的佛藏，皇统九年至大定十三年（1149—1173）刊刻于山西解州（今运城）静林山天宁寺，因发现于赵城（今洪洞县）广胜寺而得名，现藏中国国家图书馆。为卷轴装，各卷之首均有一幅精美的扉画，它并非金刻，而是在元代由赵城"庞家经坊"补雕并装裱成卷。扉画中，居中的半侧面佛陀似在说法，周围有十大弟子，两侧各有一身金刚力士，右上角刊刻"赵城县广胜寺"字样。

图 0-3 赵城金藏本《大般若经》卷首画，元代，赵城庞家经坊刊刻，中国国家图书馆藏

藏、续藏、别卷三大部。其中别卷 15 册中，有"图像部"12 册，专门收录日本所藏古代佛画，共 363 种，是研究佛教美术的重要资料。然而尽管被《大正藏》所收录，但这些佛画显然只是被整理、保存在佛藏之中，并非是专为某部佛教典籍或佛藏制作的。因此《大正藏》"图像部"中的佛画是否属于佛教插图，判断的关键在于这些图像的原初性质是什么，如果其最初不属于经卷佛画，那么即便后被《大正藏》所收入，也不宜算作经卷佛画。

第二节 ⚘ 绘制与刊刻

一、总论

既然经卷佛画是佛教典籍（经卷）的组成部分，那么这些佛画的制作技艺，自然也与佛教书籍的成书方式紧密相关。

古代的佛教书籍，主要有两种成书方式，这是仅针对文字部分而言的。第一种是手书，即所谓抄经或写经，书写而成的经卷称为"写本"。第二种是刊刻，其中雕刻在石头或山崖上的刻经摩崖，本书不拟做讨论，这里仅指那些雕版印刷的书籍，即"刊本"。印刷术大约是从唐代逐渐发展起来，[①]并远传至新罗、日本等近邻国家。入宋后，中国的印刷术进入黄金期，印刷术具有增加产量、降低成本、形式统一、流传广远、易留后世等诸多显著优势，[②]然而这时传统的"写本"并没有完全被印本所取代，正如朱鸿林所指出的那样：

> 尽管版刻早已得到广泛采用，因审美及宗教虔诚之故，写本依然在延续自己的传统。……许多名声显

[①] 学界通常认为雕版印刷术始于唐代，但具体起源时间尚有歧义。作为印刷史权威学者，张秀民、钱存训均主张印刷术发明于 7 世纪。张秀民《中国印刷史》根据邵经邦（1491—1565）《弘简录》，认为雕版印刷术始于贞观年间，钱存训评价这一论点"相当合理"，他在《中国纸和印刷文化史》中总结："6 世纪已出现印本之说难以成立；8 世纪已有印刷品实物，无须辩论；至于 7 世纪的说法，文献较多而可信度较高。"与之不同，宿白则认为，"明代人没有根据地说唐初的事，是不能轻易相信的"。他注意到 9 世纪中期以后印刷术已较流行，并结合日本神护景云四年（770）《陀罗尼经》，推论印刷术之始"可能在唐玄宗时代"。详阅张秀民著，韩琦增订：《中国印刷史（插图珍藏增订版）》，浙江古籍出版社，2006 年，第 8—17 页；钱存训：《中国纸和印刷文化史》，广西师范大学出版社，2004 年，第 134 页；宿白：《唐宋时期的雕版印刷》，文物出版社，1999 年，第 1—4 页。

[②] 详阅钱存训：《钱存训文集》第一卷，国家图书馆出版社，2012 年，第 390—392 页。

赫的书法家抄写经典，这些抄本的价值在于融虔信、美学与哲学动机于一体。[①]

既然书籍制作分为书写、刊印这两种方式，与此相对应，佛教经卷中的图像也有两种主要制作方式：由画师在经卷中绘制而成的佛画，即"绘本"，这是一种工序简单的图像制作方式；相比而言，雕版印刷的工序要比人工绘制复杂不少，用这种工艺印制出来的插图称"刻本""刊本"或"木刻版画"。

佛教书籍中的文字部分有书写、刊刻两种主要方式，图像也分绘本、版画两类，那么它们之间的配合关系，是严格的单向对应关系，还是可以自由混合使用？大量古代插图本佛经告诉我们，答案是前者：写本经卷和绘本插图相对应，刊本佛经和木刻版画相对应，这两对组合关系严格而清晰，几乎没有例外。[②]

在绘制和刊刻以外，古代中国也出现过其他佛经插图制作方式，譬如刺绣，元末江南地区制造过多套刺绣品《法华经》，[③] 卷首画、经文和拖尾护法均以刺绣方式制作，但数量毕竟十分有限，远远无法和上述两种技艺相比。

二、绘本插图

在绘本插图中，最单纯的绘制方式是墨绘，不设色，古代称"白画"或"白描"。由于没有色彩，从材质和视觉效果角度看，墨绘佛画与版画区别不大。在法国收藏的敦煌藏经洞所出文物中，有一件很小的插图本《金刚经》册，[④] 时代为晚唐，纸本，册中插图以单纯的墨线加以描绘，用笔具有一定提按变化，各身金刚像旁书写出墨书榜题，整体效果简洁明快（图0-4）。10世纪前后，仅以墨线绘制出来的佛经插图较为常见，出自藏经洞的就有数例，经文部分也都是墨书。在敦煌，相同主题的插图还有设色的实例，同为《金刚经》，藏经洞出土不止一件墨绘并设色的插图本小册子（图0-5）。都是墨书经文，插图部分则有白描和

① ［美］车复礼、朱鸿林：《书法与古籍》，毕斐译，中国美术学院出版社，2010年，第81、82页。
② 本书在第四章第二节中，举出一则特例，是南宋景定二年（1261）陆道源本《法华经》第二卷扉画。这是一部佛经刊本，共有七幅扉画，笔者发现第二卷扉画右侧三折面是绘制出来的，非常特殊，推测是扉画破损后补绘所致。
③ 详阅庄恒：《元代刺绣〈妙法莲华经〉卷》，《文物》，1992年第1期，第83—85页；黄春和、同国藩：《元代刺绣〈妙法莲华经〉》，《收藏家》2000年第6期，第40—43页。
④ 东京国立博物馆：《丝绸之路美术展》（シルクロード大美術展），读卖新闻社，1996年，图版224。

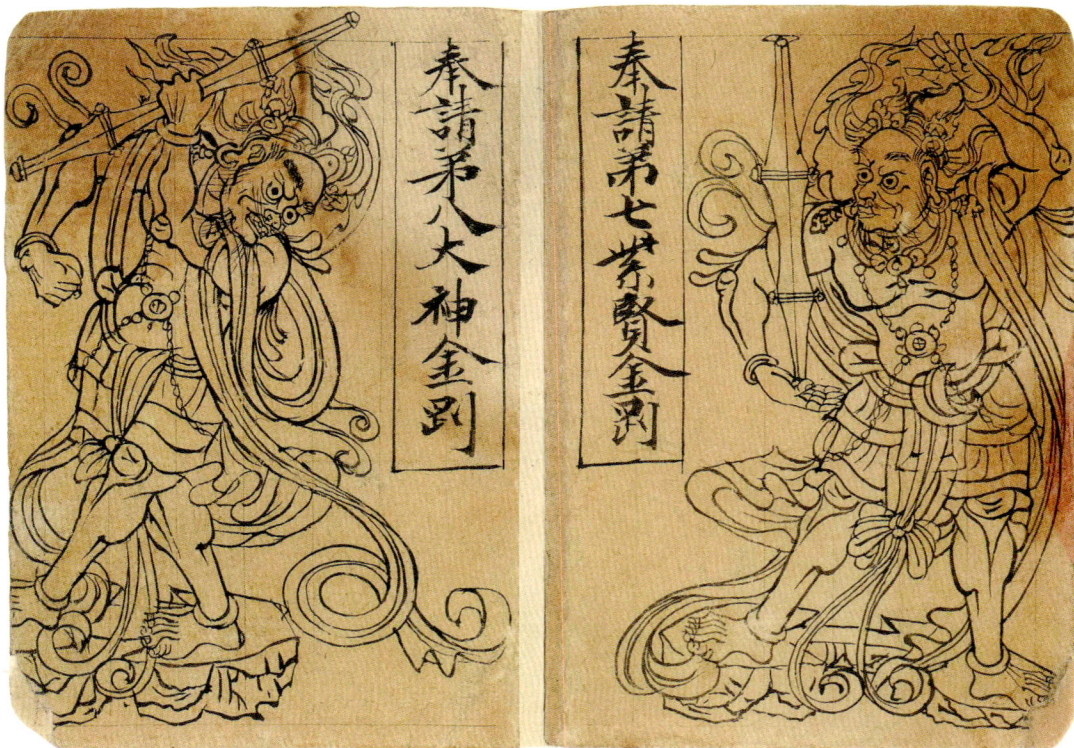

奉請弟八大神金剛

奉請弟七紫鹭金剛

奉請赤鹭火金剛

奉請之除穢金剛

奉請黄随求金剛

奉請白浄水金剛

上：图0-4　敦煌藏经洞《金刚经》册之
金刚像，晚唐，纸本墨绘，每面高15.9
厘米，宽11.5厘米，法国国家图书馆藏

下：图0-5　敦煌藏经洞 P.4098《金刚
经》册之金刚像，晚唐，纸本墨绘设色，
法国国家图书馆藏

白描设色两种画法的并行。

还有一些佛经，文字部分以泥金或泥金银书写，与之相应，此类经卷中的绘本插图，也同样以泥金或泥金银进行绘制。

金银二色，特别是金，具有神圣性，乃色之极致。佛教绘画常用金色，如南宋邓椿《画继》卷十"杂说"谓："西天中印度那兰陀寺僧，多画佛及菩萨、罗汉像，以西天布为之。……先施五藏于画背，乃涂五彩于画面，以金或朱红作地。"[①]邓椿所述为印度佛画，中国佛画用金色的实例也不鲜见，而佛经插图的特点在于，多数时候只单纯用泥金一色，或泥金银二色，不再"涂五彩于画面"，绘制插图和书写经文的材质一致。如何子芝本《法华经》，这是北宋庆历四年（1044）在"果州西充县"（今四川南充）制作的插图本经卷。卷轴装，经文用泥金银书写，凡经名、译者名，以及佛、菩萨名号均为金书，其余银书。七卷经卷前各有一幅长卷形式扉画，同样以泥金银绘制，扉画中描绘释迦及观音、普贤等大菩萨时，头、手部分均用金色，其余人物则间用金、银，以避免雷同，最终效果既沉稳统一，又不失变化。（图0-6）

以泥金书写或作画，不仅昂贵，而且对技艺要求很高，要用金箔（俗称"飞金"）以胶研磨后使用，比用墨麻烦得多。清人邹一桂（1686—1772）在《小山画谱》中详细记述了用金之法：

> 金有青、赤二种，俱要真金。将飞金（金箔——笔者案）抖入碟内，以两指蘸浓胶磨之，干则济以热水，俟极细后以滚水淘洗，提出胶而锈未去，则不能发亮。洗锈之法，以猪牙、皂芙子泡水冲入，置深杯内，文火烘之，翻滚半刻后，置杯于地而纸封其面，少顷揭开，则金定而去其黑水，如此洗烘三四次，则水白而金亮矣。去水之法，用纸捻引出，挤干复入，谓之白龙取水，若倾倒则精华随去矣。蘸笔时略用清胶，用过后仍用皂汤磨洗，则发亮如前。[②]

用泥金或泥金银书写、绘制的经卷，需要用深色纸张与之配合。古代写经用纸，大致分浅色和深色两种。浅色纸以白、米黄或黄色为主，如黄麻纸、硬黄纸、金粟山藏经纸等，通常用墨书写；深色纸张则以泥金银书写，色彩夺目，颇具气象。其中深色纸最多见的颜色是深蓝色，唐宋时称"碧纸"，价格高昂，

---

① 卢辅圣主编：《中国书画全书》第2册，上海书画出版社，1993年，第724页。
② 邹一桂：《小山画谱》，王其和点校、纂注，山东画报出版社，2009年，第94页。

图0-6　何子芝本《法华经》第一卷卷首画局部，北宋庆历四年（1044），碧纸，金银，即墨市博物馆藏

西北方天王

阿修羅衆

梵王衆

这是何子芝本《法华经》第一卷扉画的中间部分，以释迦说法图表现"法华法会"。画师绘出宽敞华美的高台，正在说法的释迦位于画面中部偏右处，以半侧面角度呈现，周围有"闻法众"，显得庄严气派。该段画面共出现6处榜题，均为银框金书，从右到左依次是："阿修罗众""梵王众""西北方天王""比丘众""帝释众"和"东南方天王"。

以桑皮纸为原纸，用靛青（indigo）多次浸染而成，然后加蜡研光，质地厚实、坚韧、岁久不蛀、入水不濡。到了明代，出现"瓷青纸"或"磁青纸"。除中国外，以泥金银配深蓝色纸的经卷佛画在日本也很常见，特别是平安时代（794—1185）（图0-7）。日本的深蓝色写经纸称"绀纸"，比中国的碧纸和瓷青纸都要薄很多。以上所叙乃材质通则，也有少数特例。如江阴北宋孙四娘子墓出土插图本经卷，其中3件以浅色纸张和泥金相配合。北宋写本《心经》和《佛说观世音经》选用黄纸、墨和金的材质组合，至和元年（1054）《金刚经》完全用泥金银和黄纸，其结果是墨迹部分清晰可辨，而泥金银部分，由于和纸张在色调上拉不开距离，最终效果欠佳。

绘本插图用泥金银并设色的实例虽不多，但也还能找出一些，譬如藏在纽约大都会艺术博物馆的12世纪写本《维摩诘经》卷首画（图0-8）。这是一件难得的大理国（今云南）插图本写经，[①]经文以泥金银书写，卷首佛画除用金、银外，再以鲜艳的红、蓝、绿等色点染细节，效果有若镶嵌的宝石，装饰性很强，再加上经卷所用的紫色绢帛，使这幅画作色彩上显得格外别致，在经卷佛画中很难找出其他相似之例。

通常经卷上的绘本插图由"无名工匠"绘制，很少留下姓名，写经和绘图也不是由同一人所为，然而在个别情况下也会有名家从事佛经插图的绘制，甚至一人独立完成写经与绘图两项任务。明初无锡画家王绂（1362—1416）是元明间重要的过渡性画家，曾参与编纂过《永乐大典》。他性情高傲，能诗善画，尤以墨竹著称，画格高迈。[②]辽宁省博物馆收藏一卷王绂手书《金刚经》卷，纸本墨笔，行楷书，书风温雅圆转、含蓄内敛（图0-9）。卷首有一幅横卷形式水墨观音图（图0-10），也是王绂亲笔，观音菩萨和善财童子以白描形式绘出，不事点染，背后山崖翠竹则用笔遒劲、墨色丰富、高旷超然，带给观者一种高洁空灵的美感，很好地诠释出"菩萨清凉月，游于毕竟空"的意境。辽宁省博物馆将该卷命名为《画观音书金刚经合卷》，认为它是王绂书画合卷之佳作。

---

① ［美］方闻：《超越再现：8世纪至14世纪中国书画》，李维琨译，浙江大学出版社，2011年，第265—267。
② 关于王绂生平及艺术成就，详阅［美］方闻：《心印：中国书画风格与结构分析研究》，李维琨译，陕西人民美术出版社，2004年，第148—151页。

大般若波羅蜜多經卷第三百二十五

毗盧大藏經印板一副計五百餘函和七未藏青日勸緣沙門行崇 謹題

福洲泉寿開元寺雕造都會蒼僅陳詢陳靖劉漸與證會任持沙門奉明 恭為

今上 皇帝祝延 聖壽文武官僚同資 禄位雕造

初分菩薩住品第四十八之二

三藏法師 玄奘奉 詔譯

善現若菩薩摩訶薩欲得無上正等菩提應

自趣無忘失法亦勸他趣無忘失法恒正稱

揚趣無忘失法歡喜讚歎趣無忘失法者

图0-7 日本平安时代《大般若经》卷首画，1175年，绀纸，金银，高25.6厘米，纽约大都会艺术博物馆藏

这是日本平安时代写经《大般若经》第三二五卷的卷首画。画面在重山中展开，主尊坐佛在插图左上角，两侧有二胁侍菩萨，均呈四分之三侧面，七人跪在佛陀面前，六人呈供物，最后一人双手合十。卷首画以泥金银绘制，泥金为主，银色辅助，文字部分则皆以泥金书写。

图 0-8 大理国《维摩诘经》卷首画，1119 年，紫色绢帛，
金银设色，高 27.9 厘米，纽约大都会艺术博物馆藏

　　据卷末题记，这卷《维摩诘经》书写于"文治九年戊戌季冬旦日"（已入 1119 年），乃
"大理国相国高秦明致（至）心为大宋国奉使钟□"所造，并由"佛顶寺主僧尹辉富监造"。
若要了解这幅扉画的独特性，可将其同两类作品进行比较。首先和其他佛经插图比，这幅卷
首画没有描绘常见的佛说法图。尽管也有大量菩萨和护法围绕，但主尊却是文人学者形象的
维摩诘居士。他手持麈尾，凭几而坐，身前是撒花的天女，体现出《维摩诘经》的特色。再
与同主题的敦煌壁画或者宋元卷轴画比照，此幅经卷插图只描绘出维摩诘居士，而文殊菩萨
并未出场。

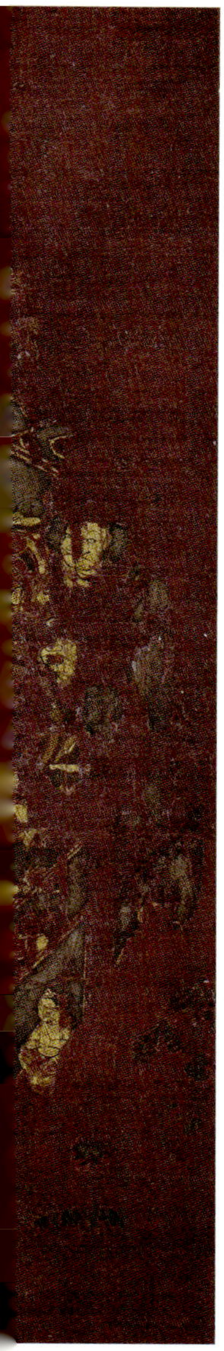

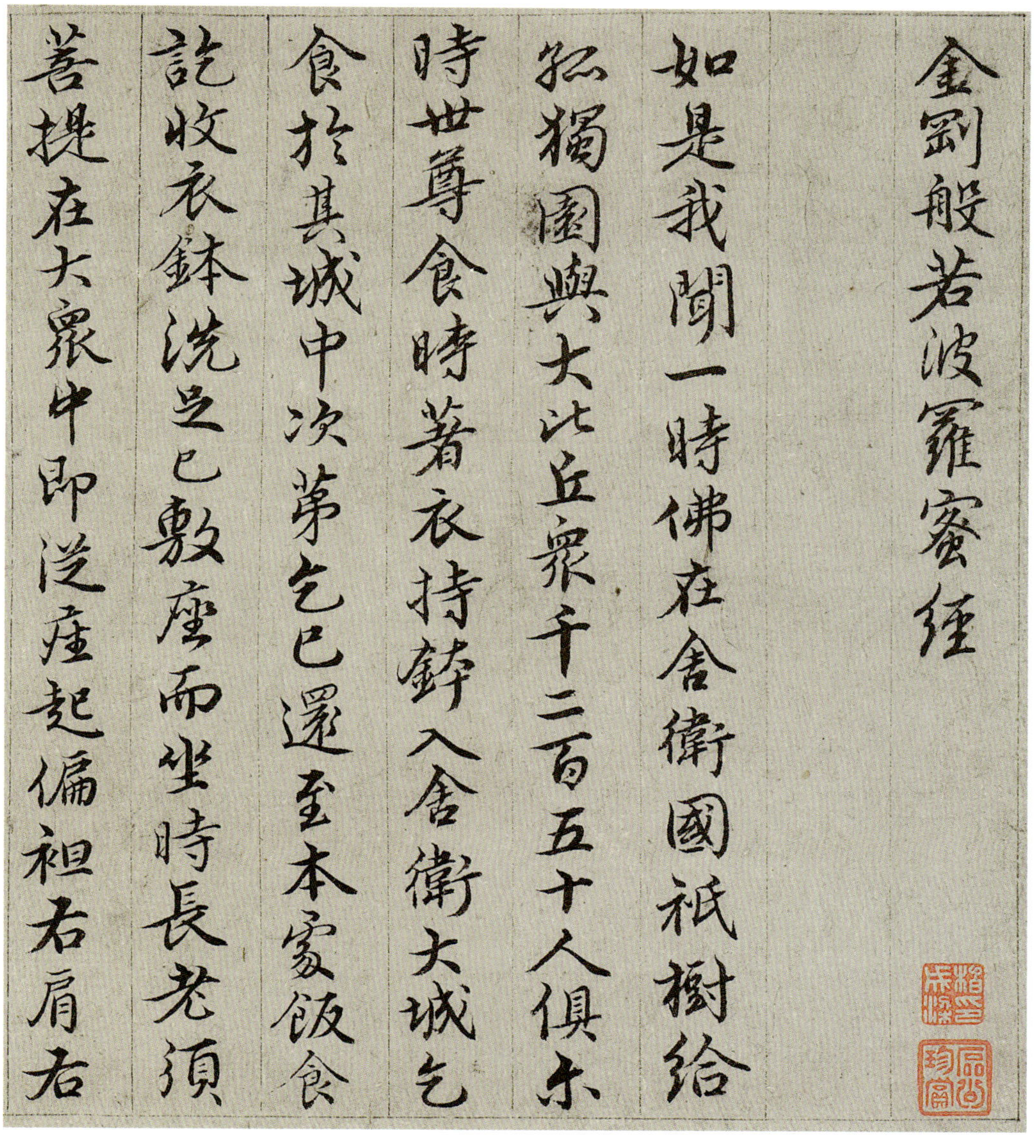

金剛般若波羅蜜經
如是我聞一時佛在舍衛國祇樹給
孤獨園與大比丘衆千二百五十人俱爾
時世尊食時著衣持鉢入舍衛大城乞
食於其城中次第乞已還至本處飯食
訖收衣鉢洗足已敷座而坐時長老須
菩提在大衆中即從座起偏袒右肩右

图 0–9 《金刚经》局部，王绂，明代，纸本墨笔，高 24.6 厘米，
辽宁省博物馆藏

图 0-10 《金刚经》卷首观音图，王绂，明代，纸本墨笔，高 24.6 厘米，横 78 厘米，辽宁省博物馆藏

　　此卷《金刚经》的卷首画不是常见的"释迦说法图"，画面以白描形式的观世音菩萨为中心。菩萨端坐在岩石上，具头光，神态超然；右后方地面上放置着净瓶，内插杨枝；左前方是双手合十的善财童子。这是一幅典型的文人画作，从内容到风格，都与其他《金刚经》插图（详阅本书第一章）差异很大，但其性质仍属经卷佛画。

三、雕版刊本

同绘本相比，雕版印刷的工序要复杂很多。其工序大致如下：画师先在纸上绘制图样，继而由刻工设法将画稿复制到木板上，进行刊刻（图0-11）。在木料选择上，刻制版画以质地坚硬、易于雕刻精细线条的梓木和皂荚木最为适宜，这与刊刻文字多选梨木和枣木略有不同。[①] 然后加工木板，要经过解材成版、浸泡或水煮、晒干、刨光、打磨等多道工艺。雕版完毕后，再用纸张、墨（通常用煤烟墨）、刷子等工具将图像印制出来。工序虽繁，印制却有批量成书等显著优势，从现存实例看，采用这种方式制作的经卷佛画数量较多。

和绘本插图相比，刊印出来的经卷佛画往往形式单纯，图像仅由墨线构成，基本没有色彩，但却能做到样式考究、古香古色，令观者赏心悦目。如唐山市

① 钱存训：《钱存训文集》第一卷，国家图书馆出版社，2012年，第284页。

图 0-11　唐咸通九年王玠本《金刚经》雕版（复制品），
中国国家图书馆"中国古代典籍简史"展出

丰润区文物管理所藏辽刻本《佛说阿弥陀经》卷，[①] 卷轴装，纸本，高 29.9 厘米，长 246.4 厘米，卷首画雕出一身天王立像。天王具头光，外饰火焰纹，身着铠甲，手持兵器，足踏祥云，左上角榜题刻"护法善神"四字。画幅虽小，图像也只有墨线一种元素，但却充满着短与长、硬朗与柔婉的变化，毫无单调平淡之感。卷首画之后紧接着就是经文，书风古雅雄强，刻镂精致，与佛画浑然天成（图 0-12）。

　　中国发明多色套印技术的时间很早，古人称"套版"或"饾版"。在插图本佛经中，运用彩色套印技术的实例并不多，偶然一见。最重要的实例，是元至元六年（1340）中兴路（今湖北江陵）资福寺刊本《金刚经注》，[②] 经卷中文字和插图部分均以墨、朱砂两色印制（图 0-13）。该卷是现存世界上最早有纪年的彩色套印书籍，对于印刷史和书籍史来说，这都是一件极重要的材料。

---

① 中国国家图书馆、中国国家古籍保护中心编：《第三批国家珍贵古籍名录图录》第 2 册，国家图书馆出版社，2012 年，第 42—43 页。
② 李之檀：《中国版画全集·佛教版画》，紫禁城出版社，2008 年，图版一六一。

图 0-12　辽刻本《佛说阿弥陀经》局部，辽，纸本，高 29.9 厘米，长 246.4 厘米，唐山市丰润区文物管理所藏

《佛说阿弥陀经》主要讲释迦不请自说，向弟子宣讲阿弥陀佛极乐国土的种种功德庄严。照理说，《佛说阿弥陀经》卷首表现释迦说法图或弥陀净土图都很适宜。此外还有部分唐宋插图本《佛说阿弥陀经》采用"上图下文式随文插图"，其中有绘本（如浙江龙泉出土的唐代《佛说阿弥陀经》写本，卷轴装，浙江省博物馆藏），也有雕版刻本（如宋刻出相本《佛说阿弥陀经》，经折装，周绍良旧藏）。此卷辽刻本卷首画仅雕一尊护法善神，从图像内容看，较为特殊。

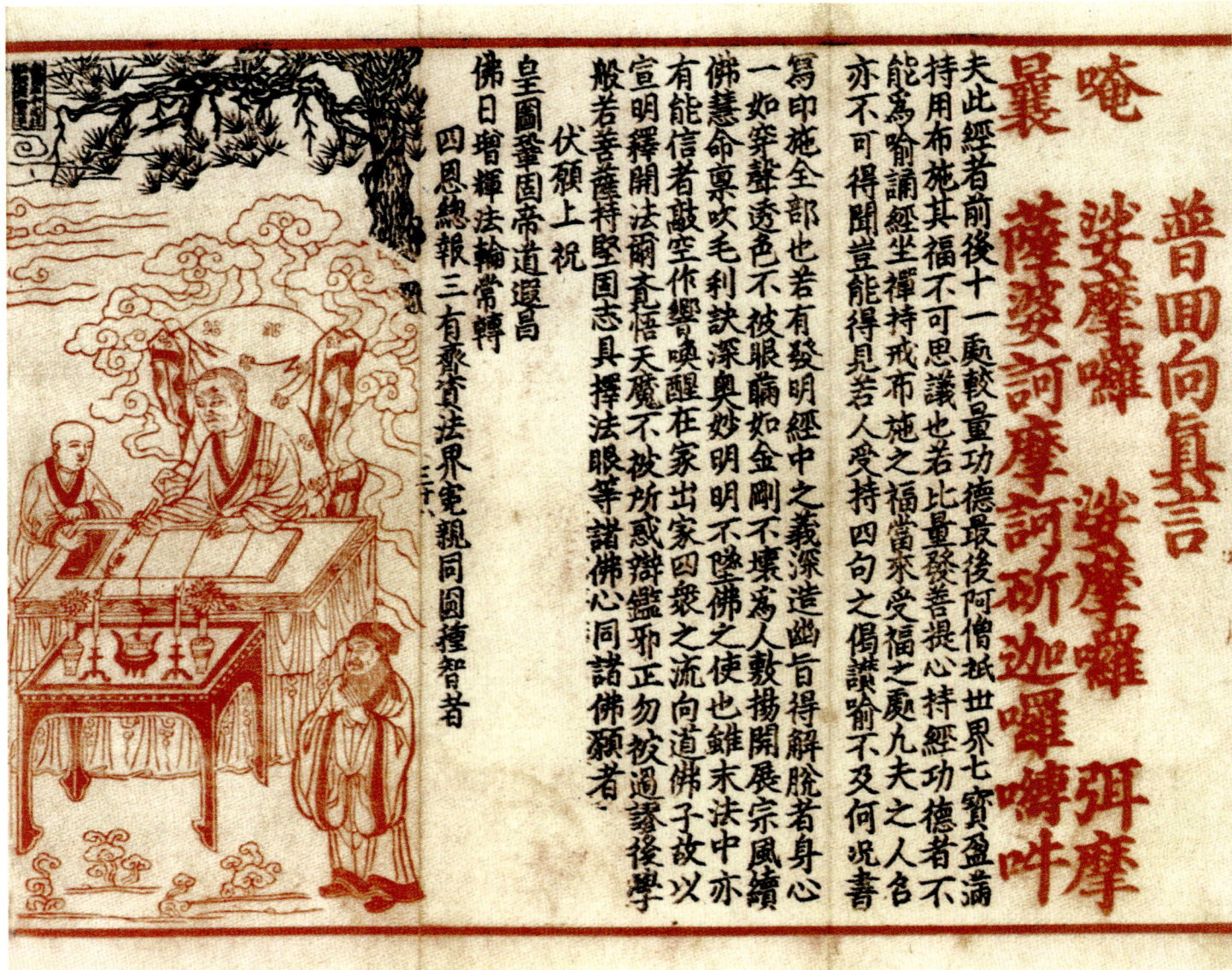

图 0-13 中兴路资福寺刊本《金刚经注》注经图，元至元六年（1340），纸本，朱墨套印，插图高 27.3 厘米，宽 12.5 厘米，台北"中央图书馆"藏

这卷为经折装，全经以朱、墨两色套印，书名为朱色《金刚般若波罗蜜经》。经文大字、朱色，经注小字、墨印，经末题记有"至元六年岁在庚辰解制日寓中兴路"字样。书中有三幅插图，分别是说法图、注经图及韦陀像。在注经图中，居中者是注经的无闻和尚，身旁有一研墨侍者；前侧有一老者，叉手示敬；书案和方桌前有数朵灵芝，均为朱色，唯上部松树用墨色。左上角有墨色题记："无闻老和尚注经处产灵芝"。

第
三
节

分类与组合

一、分类

经卷佛画有三项基本要素：经卷（书籍）、经文（文字）和佛画（图像）。研究经卷佛画，首先应以佛典形制（如卷轴装、经折装、册页装等）、经文和佛画形式这三者的"结构关系"与"联动关系"作为出发点，全面考察现存实物，弄清佛经插图的内在发展脉络，进而再考察外部规定性，寻找形式变迁背后的宗教内涵、思想观念与历史情境。根据上述三项基本要素的"结构关系"，可将经卷佛画分作三大类：卷首扉画、随文插图、卷末拖尾。

（一）卷首扉画

扉画，位于整部佛经卷首，在经文的前面，开卷可见，位置显著，也称"卷首画"或"经首画"。在三类经卷佛画中，扉画最常见，内容大多是佛说法图。

扉，本义指门扇，许慎《说文解字》"扉，户扇也，从户，非声"①，引申为像门扇的事物，如"窗扉""心扉"或"扉页"。扉页，如今通常指书籍封面后的首页，又称内中副封面，这其实是针对册装书的称谓。某些词典对"扉页"的解释是"紧挨衬页、位于图书卷首或卷尾的空白页"，至少这不符合"扉画"中"扉"的含义，扉画仅指卷首之画，并不包括卷尾。

---

① ［汉］许慎撰，［清］段玉裁注：《说文解字注》，浙江古籍出版社，1998年，第586页。

"扉页"和"扉画"都是晚出的概念，而古老的卷轴装并无扉页，用"卷首画"或"经首画"的称谓更为合适。一般情况下，本书对"扉画"和"卷首画"这两个概念加以区分，分别用于不同经卷形制：在卷轴装佛经中，经首佛画称"卷首画"，经折装和册页装则称"扉画"。

佛教传入中国以前，汉文书籍的主要形式是"竹木简编"；佛教传入中国后，卷轴装逐渐成为常见的书籍形式。卷轴装，又称卷子装，这种形式受简编成册和帛书的影响，将若干张纸前后粘接，形成长卷，卷末端装上轴（通常是木轴）以便展收。魏晋南北朝至五代，卷轴装广为流行（图0-14），中国首部刻本大藏经《开宝藏》也采用卷轴装。

中国古代的文字阅读顺序，遵循从上到下、从右向左的原则，阅读卷轴装佛经时，也势必符合该原则，因此要从右向左依次展开经卷。佛经最右端即是卷首，卷首画就位于这个位置。以唐咸通九年王玠本《金刚经》（图0-15）为例，这是一件出自敦煌藏经洞的卷轴装刻本，卷首画主题为"释迦说法图"，主尊是释迦牟尼，释迦呈四分之三侧面，面向经卷左方，周围的弟子、菩萨、力士和世俗人物也都与主尊角度保持一致。这种构图形式让观者感到，说法图后面的经文如同释迦亲口讲出来的一般。对于这幅著名的雕版佛画，第一章将做深入讨论。

卷轴装经卷并不便于读诵，后来对其进行改良，沿纸面长边按固定的宽度

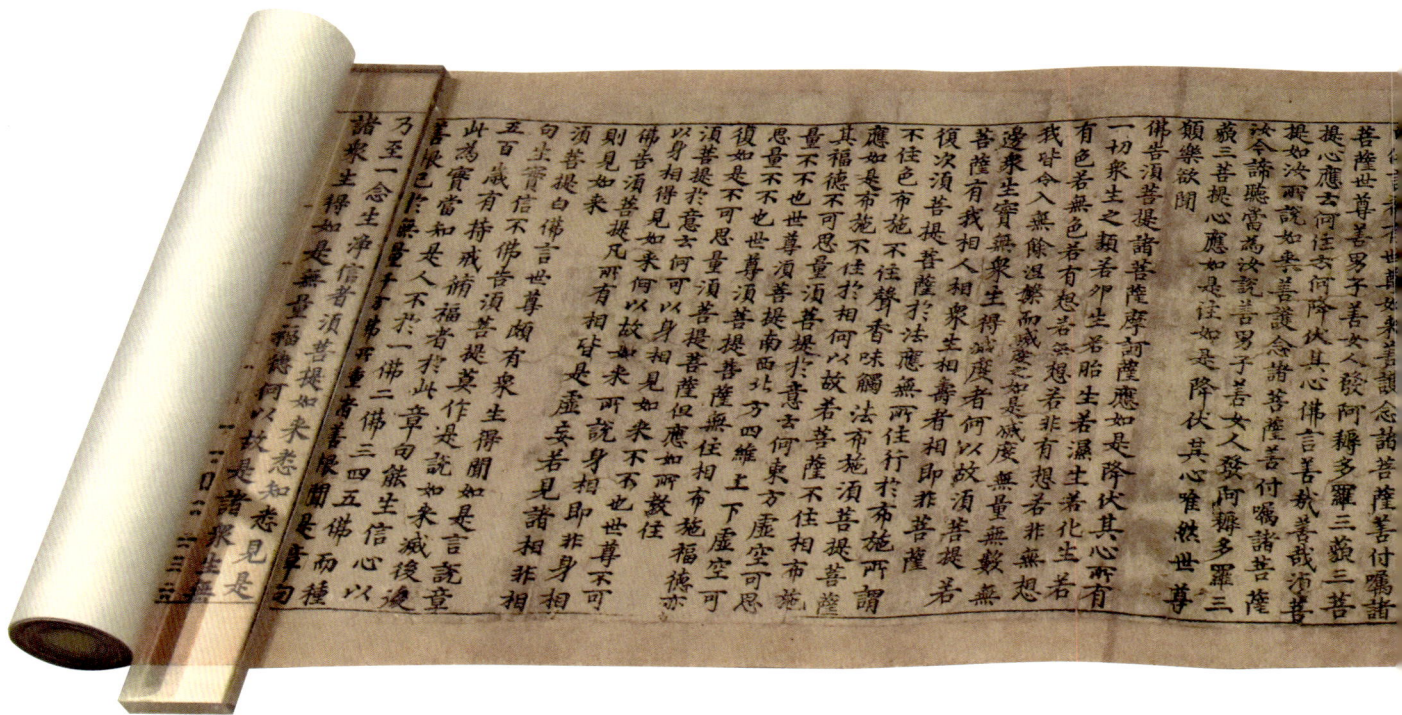

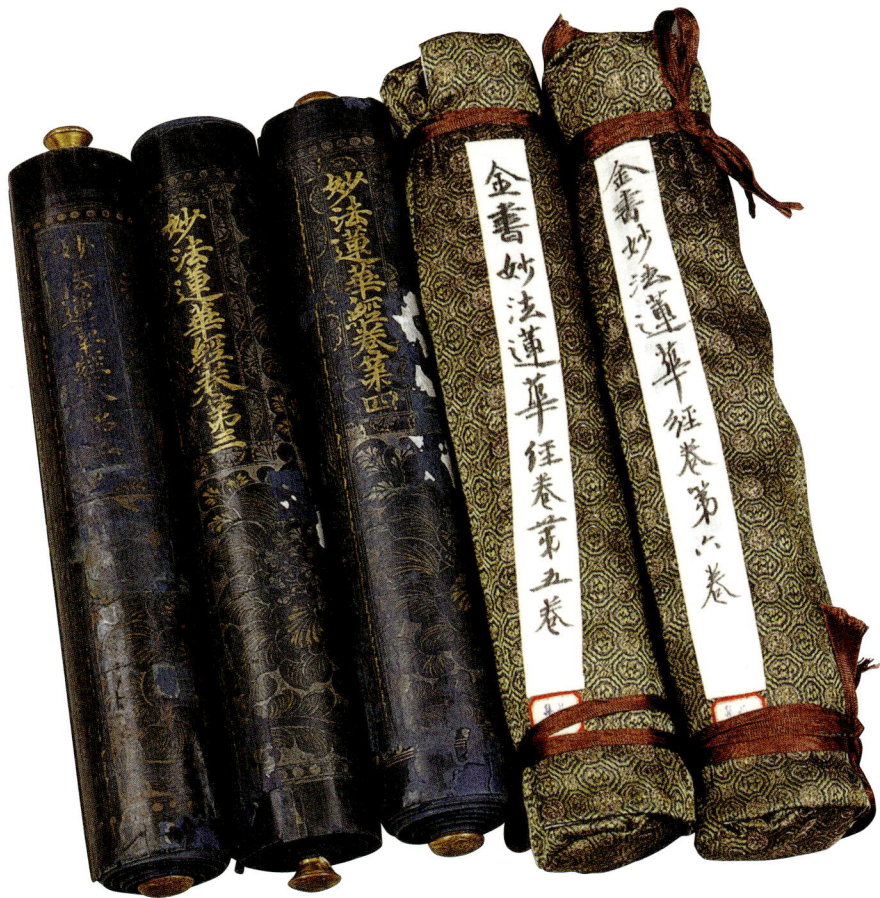

图 0-14　碧纸金书《法华经》，唐五代，卷轴装，苏州瑞光寺塔天宫出土，苏州博物馆藏

图 0-15　唐咸通九年王玠本《金刚经》（复制品），卷轴装，中国国家图书馆"中国古代典籍简史"展出

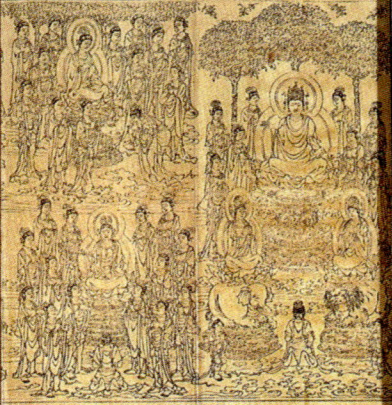

大方廣佛華嚴經卷第一

大方廣佛華嚴經卷第一

大方廣佛華嚴經卷第二

大方廣佛華嚴經卷第八十

大方廣佛華嚴經卷第一

世主妙嚴品第一之一

三藏沙門實叉難陀新譯

如是我聞一時佛在摩竭提國阿蘭若
法菩提場中始成正覺其地堅固金剛
所成上妙寶輪及眾寶華清淨摩尼以
為嚴飾諸色相海無邊顯現摩尼為幢
常放光明恒出妙音眾寶羅網妙香華
纓周匝垂布摩尼寶王變現自在雨無
盡寶及眾妙華分散於地寶樹行列枝

大宋杭州龍興寺結華嚴社沙門　可欵智海
廣化四眾率淨財選良工雕造
大方廣佛華嚴經大字印版一部并
普賢十大願王品共八十一卷起淳化
庚寅終咸平庚子凡十一載功畢復召

彌陀輔　父音　潏狄音
反度華
反反反

大方廣佛華嚴經卷第八十
第八十卷

懶　落旱　僟　更檢　悶　初六　嬪　毗賓
反　　　反　　　反　　　　反
背　蒲昧　嬉　許其　蔭　於禁　奪　徒活
反　　　反　　　反　　　反

剎塵心念可數知　大海中水可飲盡
虛空可量風可繫　無能盡說佛功德
若有聞斯功德海　而生歡喜信解心
如所稱揚悉當獲　慎勿於此懷疑念

圖 0-16　杭州龍興寺刊本《華嚴經》，北宋淳化年間（990—
994），經折裝，台北故宮博物院藏

028

图 0-17　明刻本《大宝积经》扉画，明永乐年间（1403—1424），
每面高 30.9 厘米，宽 11.3 厘米，拍卖品

反复折叠，左右交替，通常还要在前后加装硬板封面，这样就形成了"经折装"
（图 0-16）。经折装主要用于佛教典籍，诵经时便于开合，自宋至清一直是佛经最
常用的形制。除单本佛籍外，诸如宋代《崇宁藏》和《思溪藏》、元代《普宁藏》、
明代《永乐南藏》和《永乐北藏》，以及清代《乾隆版大藏经》等佛藏都采用了经
折装。

　　经折装出现后，保留了卷轴装在卷首制作图像的做法，只不过经折装的扉画
很少为单折页，最少也要两折面，因此必然出现图像跨页的现象（图 0-17）。根
据笔者的观察，四折面的经折装经卷扉画最多见，而超过七个折面的扉画就很少
见了。内蒙古黑水城遗址出土过两件西夏汉文《观弥勒菩萨上生兜率天经》，编
号 TK058、TK081—83，两件扉画相同，都占八折面。明洪武二十八年（1395）
沙福智刊本《普门品》扉画说法图场面宏大，有十折面之多，日本藏宣德八年
（1433）《普门品》扉画说法图达到十一面，[①] 这是笔者迄今所见折面最多的经折装
扉画。

① 町田市立国际版画美术馆：《中国古代版画展——中国版画二千年展》，町田市立国际版画美术馆，
1988 年，第 97 页，图版七。

（二）随文插图

第二类是随文插图，图像位于经文之中，彼此配合，也称"经中插图"。

随文插图的类型，根据"图"与"文"的不同关系，分为上图下文式、右文左图式两个主要类别，此外还有少量特殊形式，此处不叙。

从佛经形制上看，出自敦煌藏经洞带有随文插图的佛经，就有卷轴装和册页装两种形制（图0-18）。到经折装佛经流行之际，随文插图又出现在经折装中。除中国外，有随文插图的佛经在古代的朝鲜半岛和日本也很常见，形制有卷轴装和经折装（图0-19）。关于随文插图，本书将在第二章中详加讨论。

（三）卷末拖尾

拖尾，位于全经最末，也称"拖尾画"或"经尾画"。

卷末拖尾画的内容基本都是护法神像，与这部经文的内容关系并不十分紧密，笼统取其护持佛法、保护经书的意涵，因此放到任何一部佛经的经尾，基本都适用。元代以前，护法像有时置于卷首，如何子芝本《法华经》各卷卷首画均有一尊或坐或立的"护法善神"，再如前述唐山丰润区文物管理所藏辽刻本《阿弥陀经》，也将护法像刊刻在卷首。大约在元代前后，护法像才逐渐固定到卷末拖尾处。

拖尾的护法天神，大多绘制或刊刻韦陀像，偶尔出现韦陀与四大天王的组合。在汉传佛教寺院中，韦陀是重要的护法，功能上同经卷中的拖尾韦陀一样。以北京智化寺藏明代佛经版画为例，[1] 在30余例拖尾护法天神中，除一例拖尾采用藏传护法神外，其余全部为韦陀像（图0-20）。拖尾画中的韦陀往往形象十分固定，立姿，全身盔甲，双手合十，胸前横金刚杵。还有一点很重要，韦陀像通常取四分之三侧面，面向右方，即朝向佛经正文的方向。有时，拖尾画中还出现经牌赞，在韦陀或左或右的位置，并无一定。

写本佛经卷末的绘本佛画，同样描绘拖尾韦陀像。辽宁省博物馆收藏的赵孟頫（1254—1322）行书《心经》册，原是清宫旧藏。这件作品是赵孟頫写给禅师中峰明本（1263—1323）的，最初为手卷，明万历三十七年（1609）以后改装成册。[2] 清乾隆时入藏内府，前后各装上了檀香木夹板，并加绘白描形式的扉画观音像及拖尾韦陀像（图0-21）。绘者佚名，应是宫廷画师。可知明清之际，拖尾造韦陀像，已是宫廷和民间、绘本及刊本、单本契经与佛藏插图的通行做法。

---

① 北京文博交流馆编：《智化寺藏元明清佛经版画赏析》，北京燕山出版社，2007年。
② 刘正成主编：《中国书法全集·元代编·赵孟頫（二）》，荣宝斋出版社，2002年，第483页。

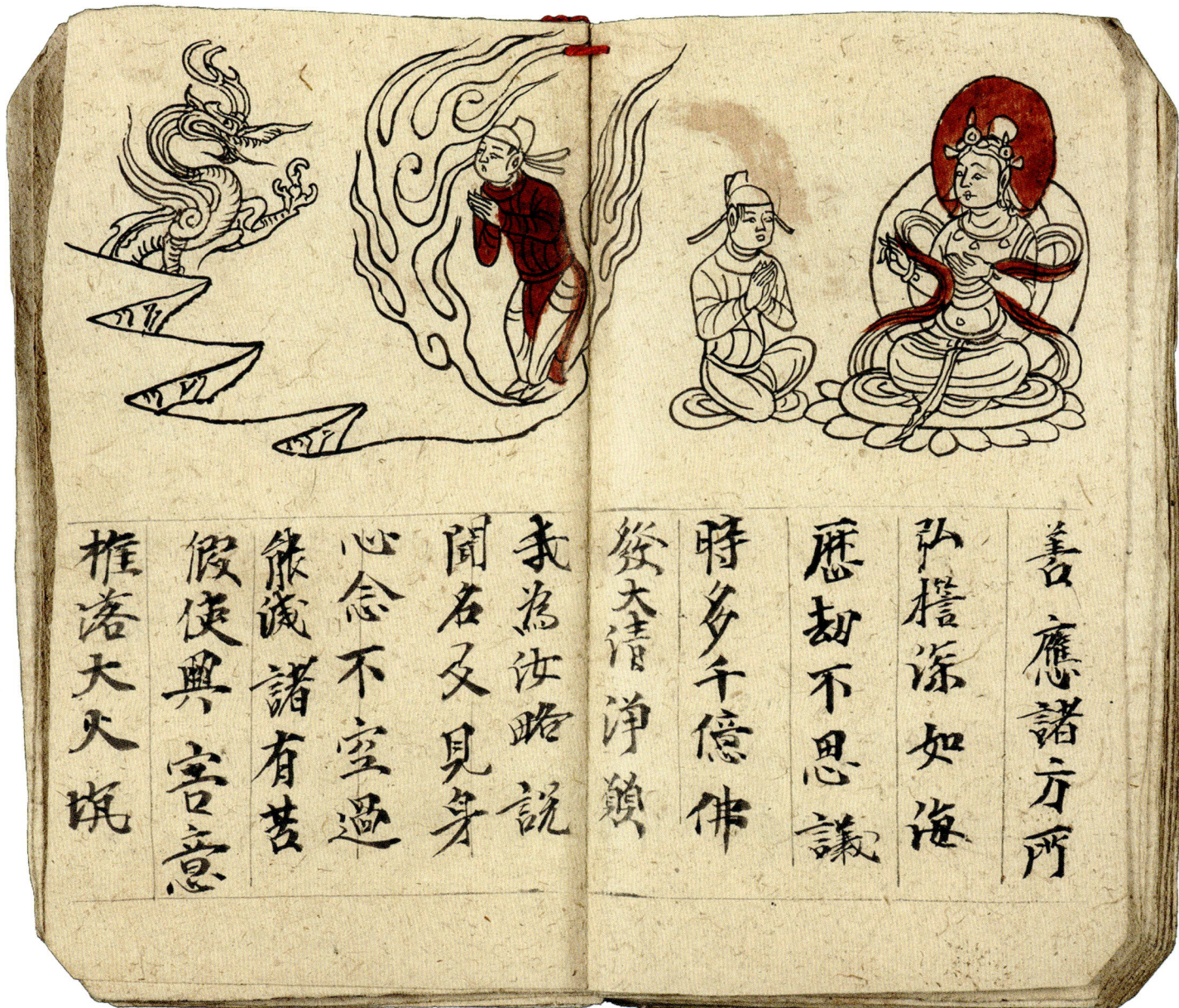

推落大火坑
假使興害意
能滅諸有苦
心念不空過
聞名及見身
我為汝略說
發大清淨願
侍多千億佛
應劫不思議
弘誓深如海
善應諸方所

图 0-18 《观音经》册局部,晚唐五代,敦煌藏经洞出土,大英图书馆藏

　　别行的《普门品》,有时改称《观音经》。这是敦煌藏经洞出土编号 S.6983《观音经》册。上半部为插图,右侧绘一菩萨(可能是无尽意菩萨),左侧绘"救十二难"之火难。下半部经文为偈颂开头部分:"……善应诸方所,弘誓深如海,历劫不思议。侍多千亿佛,发大清净愿。我为汝略说,闻名及见身,心念不空过,能灭诸有苦。假使兴害意,推落大火坑……"

图 0-19　日本镰仓时代《观世音菩萨普门品》局部，13世纪，纸本设色，
纽约大都会艺术博物馆藏

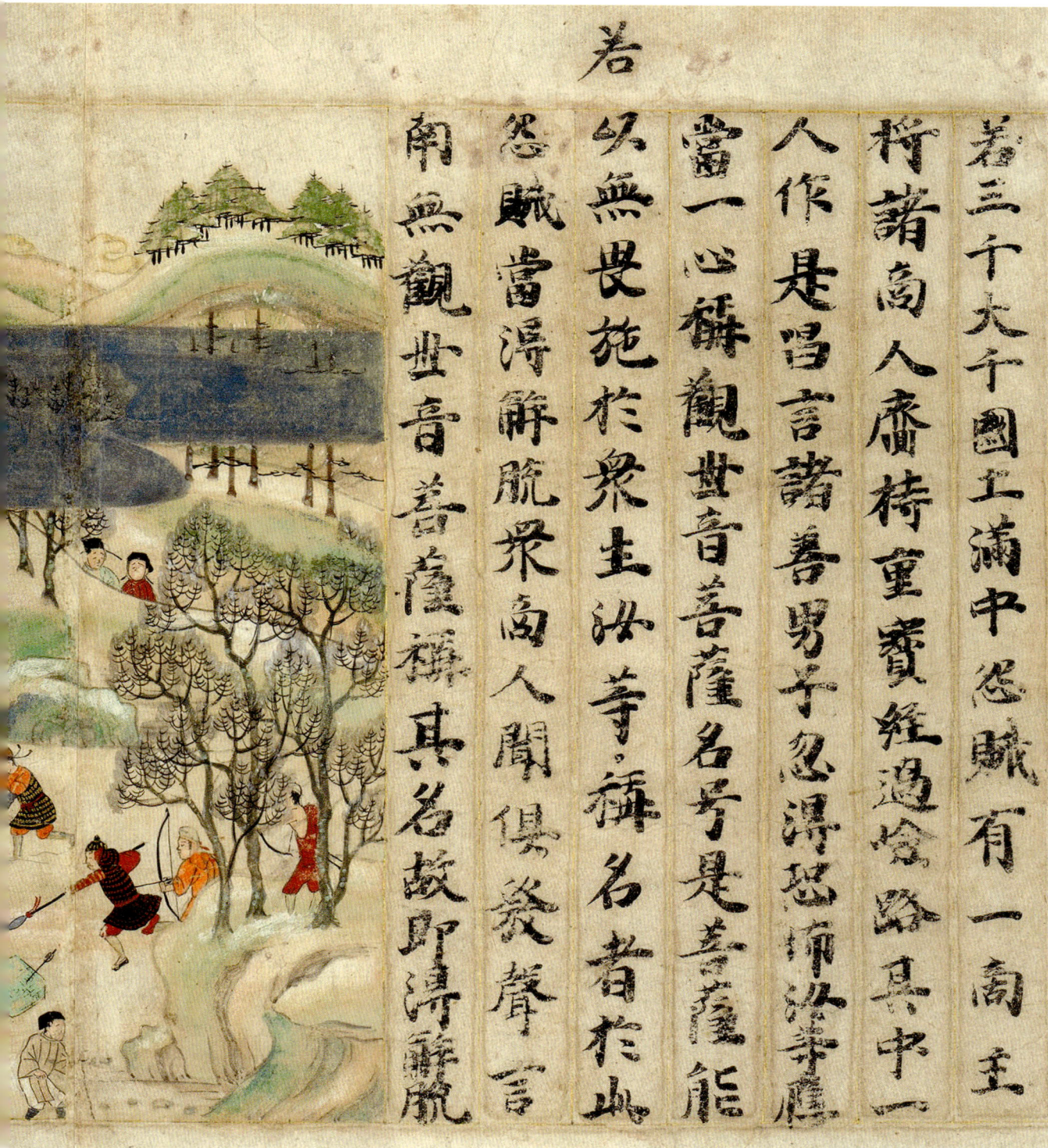

若三千大千国土满中怨贼有一商主

将诸商人赍持重宝经过险路其中一

人作是唱言诸善男子勿得恐怖汝等应

当一心称观世音菩萨名号是菩萨能

以无畏施于众生汝等若称名者于此

怨贼当得解脱众商人闻俱发声言

南无观世音菩萨称其名故即得解脱

若

这卷镰仓时代的《普门品》插图由日本画师绘制，但据题记可知，乃摹自更早的南宋刻本插图。这幅插图描绘了《普门品》长行中"救七难"之"冤贼难"内容，经文书写在插图右侧："若三千大千国土，满中怨贼，有一商主，将诸商人，赍持重宝，经过险路，其中一人作是唱言：'诸善男子！勿得恐怖，汝等应当一心称观世音菩萨名号。是菩萨能以无畏施于众生，汝等若（补在天头——笔者案）称名者，于此怨贼当得解脱。'众商人闻，俱发声言：'南无观世音菩萨。'称其名故，即得解脱。"

这四尊韦陀像，均来自北京智化寺所藏明代雕版佛经的拖尾画。四例韦陀像高度一致，说明该形象的固定化。从左向右，依次取自永乐九年（1411）《金刚经》、宣德八年（1433）《心经》、正统五年（1440）《中阿含经》，以及天顺七年（1463）《观世音菩萨普门品》，其中正统五年《中阿含经》为明代官刻的《永乐北藏》版（1421—1440年刊刻于北京）。

图0-20 拖尾韦陀像一组，明代，纸本版画，北京智化寺藏

二、组合

（一）仅有卷首扉画

第一类是只在卷首出现佛说法图，或者以其他主尊（如观世音菩萨、维摩诘居士）为中心的图像。这是最常见的一类，实例如前举之唐王玠本《金刚经》、赵城金藏本《大般若经》、明王绂绘《金刚经》卷首观音像，以及明永乐刻本《大宝积经》扉画说法图等。

第二类，在描绘佛说法图之余，还表现出其他内容的图像，特别是叙事性图像。以《法华经》为例，这是一部常出现插图的佛经，除别行之《普门品》情况不同外，整部的《法华经》

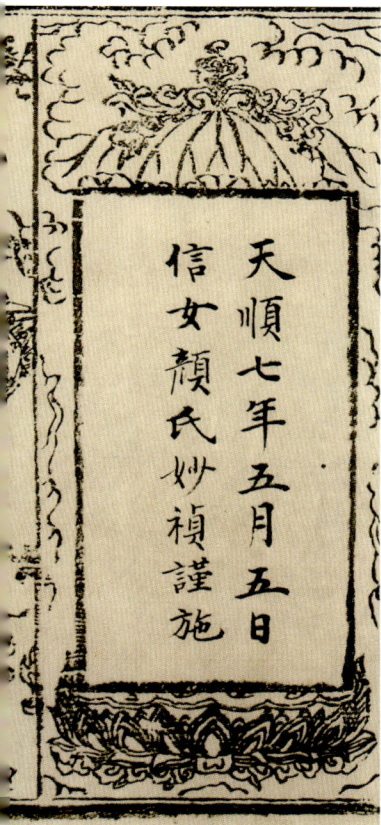

图 0-21　赵孟頫《心经》册拖尾画韦陀像，清代，纸本，辽宁省博物馆藏

　　同智化寺明代版画比，这幅清人绘制的拖尾画更简洁明快，略去了韦陀身后的头光和云气，而韦陀像本身却区别不大。其身躯略有转动，微微转向画面左侧，而头部仍偏向右侧经文方向。拖尾画左上角，依稀可见数字，是写在纸背而透过来的，所以左右反转，其中有"韦陀"二字。

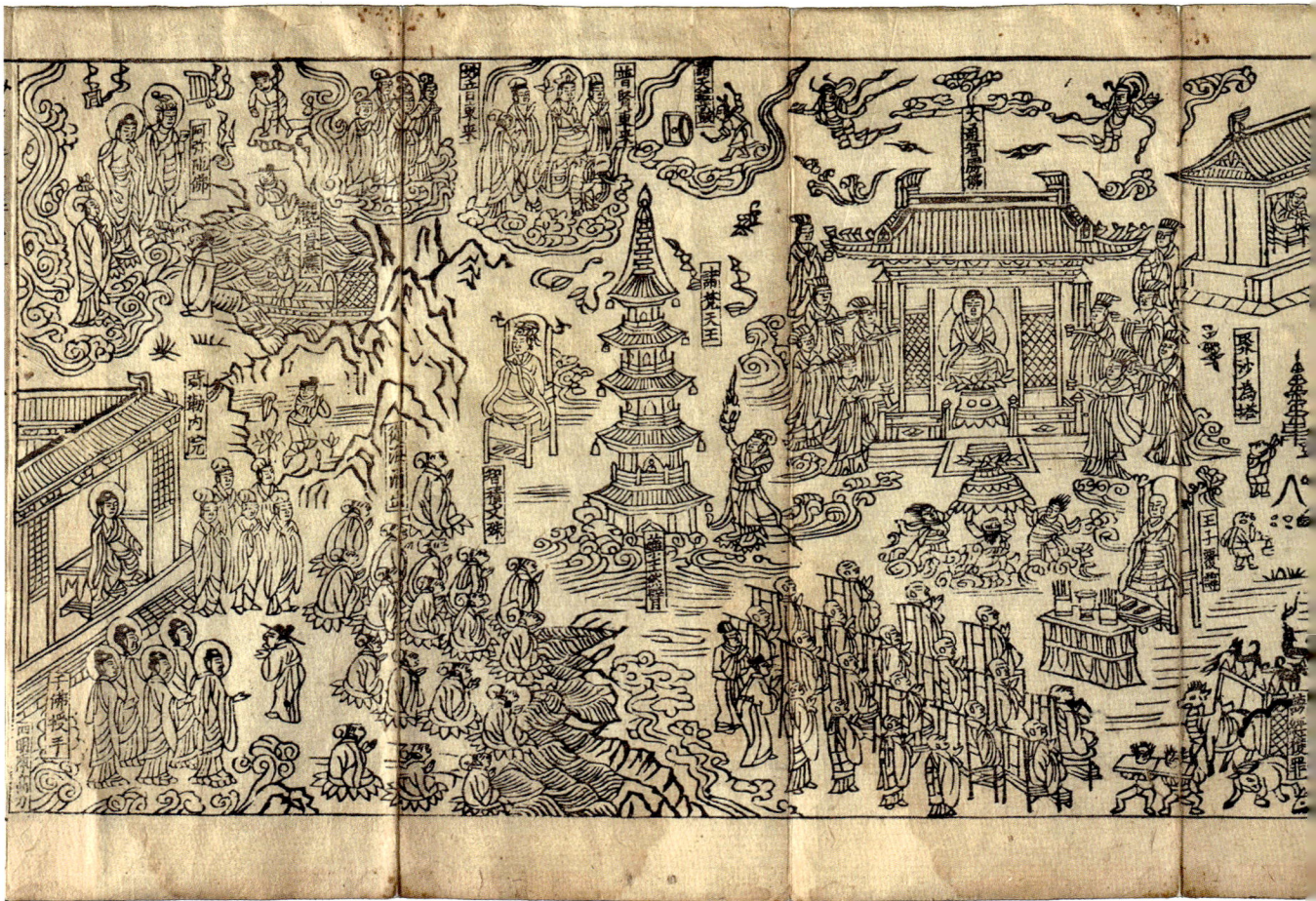

图 0-22　南宋细字《法华经》扉画，经折装、纸本、每折
面高 20.6 厘米、宽 8.6 厘米，美国国会图书馆藏

　　该卷《法华经》在一尊日本 1292 年（镰仓时代）制造的木质圣德太子两岁立像内被发现。太子像现藏哈佛大学艺术博物馆（Harvard Art Museums），经卷则被送往华盛顿的美国国会图书馆（Library of Congress）收藏。这幅《法华经》扉画有七折面之多，然而佛说法图却仅占极小的幅面，位于扉画右上角，榜题"灵山妙会"。其余幅面表现《法华经》各品内容，如"三车出宅"（火宅喻）、"三草二木"（药草喻）等。最显著的图像是第三、四折面中间的一座高耸入云的七级佛塔，下方榜题刊刻"分身诸佛"，说明该图像表现的是第十一品《见宝塔品》。扉画左下角留下刻工姓名"四明陈高刀"，四明是今之浙江宁波。

　　若有插图，无一例外都出现在卷首位置。《法华经》扉画往往图像复杂，不仅有释迦说法图，还要描绘出各品中的叙事性内容，如"法华七喻""见宝塔品""龙女献珠""普贤菩萨劝发品"等，这些丰富的法华图像，也仅在卷首扉画中加以呈现。因此《法华经》扉画通常幅面较长、内容丰富。譬如，南宋曾雕过一件细字《法华经》（图0-22），刊本今藏日本奈良传香寺和般若寺、美国国会图书馆、哈佛大学艺术博物馆等处。[①] 经折装，卷首扉画占七折面，图像异常丰富，共表现《法华经》15品中30个有榜题的图像。[②]

　　第三类，其他，即未出现佛说法图，这类很特殊。比如上文论及的唐山丰润区文物管理所藏辽刻本《阿弥陀经》，扉画只有一尊护法善神。再举一个高丽佛画的例子，日本京都国立博物馆藏一卷高丽忠烈王（1274—1308年在位）手书的《文殊师利问菩提经》，绀纸泥金银书，卷

---

① 范邦瑾《美国国会图书馆藏中文善本书续录》，上海古籍出版社，2011年，第256、257页；町田市立国际版画美术馆：《中国古代版画展——中国版画二千年展》，町田市立国际版画美术馆，1988年，第86页。
② 详阅李翎：《南宋刊〈法华经〉卷首印画研究》，《中国国家博物馆馆刊》2014年第6期，第63—87页。

图0-23 高丽《文殊
师利问菩提经》卷首
护法像,高丽忠烈王
二年(1276),绀纸泥
金银,高25.8厘米,
长357.3厘米,京都国
立博物馆藏

　　卷末银书题记:"至元十三年丙子高丽国王发愿写成银字大藏"。可知这是高丽国忠烈王(1274—1308年在位)的手书,那么卷首画也应是高丽一流画师所绘。高丽忠烈王名王昛,至元十三年(1276)为忠烈王二年,这时高丽是元朝藩属国,用元朝年号。

首有一尊护法立像(图0-23),呈四分之三侧面,朝向左侧,手捧金刚杵,跣足立于莲座上。这种卷首仅出现护法善神的做法,在朝鲜半岛相对多见。

(二)仅有随文插图

　　这种情况并不多见,可举出三个典型实例:

　　1.晚唐五代《观音经》册,绘本,敦煌藏经洞出土,大英图书馆藏(编号S.6983);

　　2.宋刻出相本《阿弥陀经》,经折装,周绍良旧藏;

　　3.宋刻本《普门品》,经折装,中国国家图书馆藏。

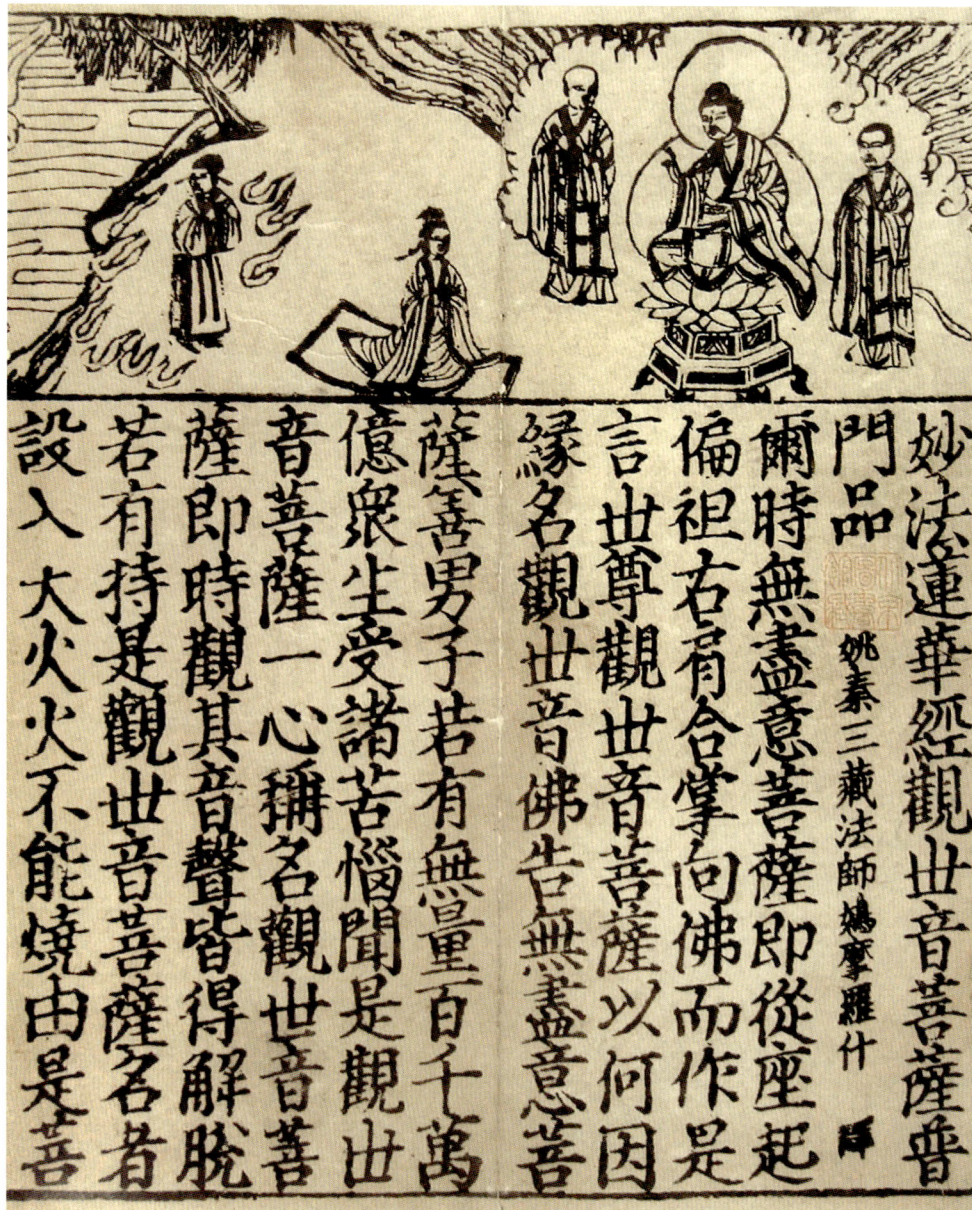

图 0-24　宋刻本
《普门品》插图，
南宋绍定年间
（1228—1233），中
国国家图书馆藏

　　这三件作品的基本特点是，都采用上图下文式结构。以宋刻本《普门品》
插图为例（图 0-24），^①尽管首幅图像也是佛说法图，但图像位于经文上方，图
与文同步，图文互释，因此该图像属于随文插图，不能算作扉画。

（三）扉画与随文插图

　　以扉画与随文插图二者配合的佛经实例并不算多，以下对属于此种组合的
一件高丽刊本《金刚经》（图 0-25）略加介绍。这件经卷藏于日本京都大学，经
折装，全经有图像或文字的折面共 88 页。

---

① 　国家图书馆古籍馆：《西谛藏书善本图录》，中华书局，2008 年、第 153 页。

奉請金剛菩薩　奉請金剛愛菩薩　奉請金剛索菩薩　奉請大神金剛　奉請紫賢金剛　奉請定除災金剛

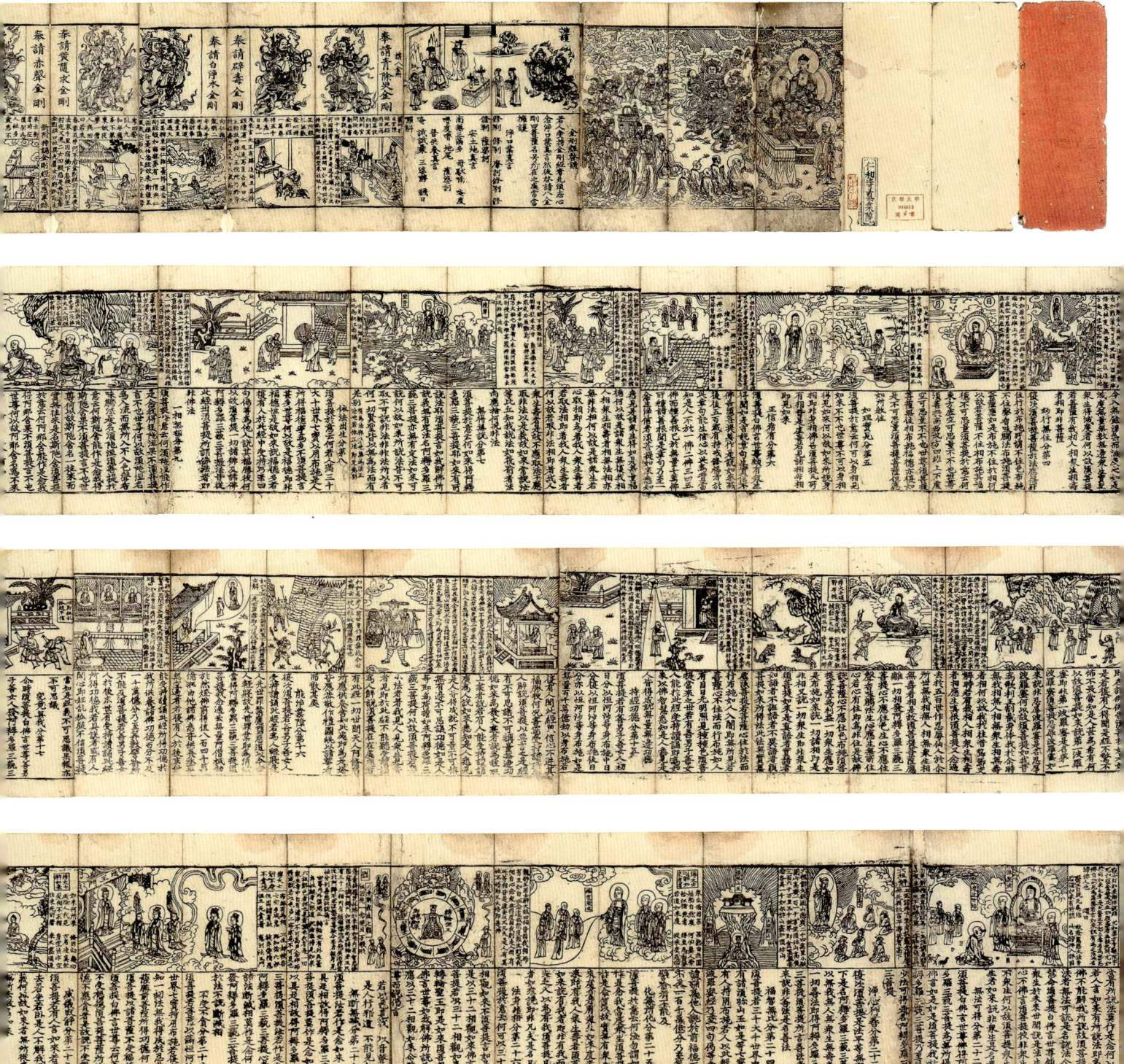

图 0-25 高丽刊本《金刚经》全卷，14世纪，经折装，纸本，日本京都大学藏

卷首是扉画释迦说法图，占 3 折面。

说法图与《金刚经》正文之间有 16 个折面，均呈上下结构，为配合诵经仪轨，以图文并茂的形式表现出"金刚经启请"与三段真言（上图下文）、"奉请八金刚"与"四菩萨"（上栏）、"持诵金刚经感应事迹"（下栏）以及"发愿文"和"云何梵"（上图下文）。这些内容是《金刚经》的特色所在，其他佛经并无类似的插图或文本。

接下来正式进入经文部分，经文共有 69 个折面，均为上图下文配置，上半部以图像为主，同时还有大量辅助诠释的榜题文字。经末并无拖尾护法，可能由于经前配合"奉请八金刚"仪轨绘制了八大金刚像，已有护法之故。

这件京都大学藏高丽插图本《金刚经》缺乏纪年，然而在韩国和中国都能找到和它插图样式相同的《金刚经》刻本。比如韩国诚庵古书博物馆藏一件《金刚经》刊本（宝物 696 号），[①]有高丽恭愍王十二年（1363）纪年，两件《金刚经》插图完全一致，由此可推知京都大学藏本的雕版时代。

（四）扉画与拖尾

前有扉画（卷首画）、后有拖尾画的佛经非常多见。特别是在明清之际，无论是写本（绘本）还是雕版刊本，都常采用这种图像配置，往往在佛经卷首绘制或刊刻佛说法图，卷末造拖尾韦陀像，图像程式化倾向显著。

雕版刊本，举永乐二十一年（1423）《御制〈金刚经〉集注》插图（图 0-26）为例。[②]这件

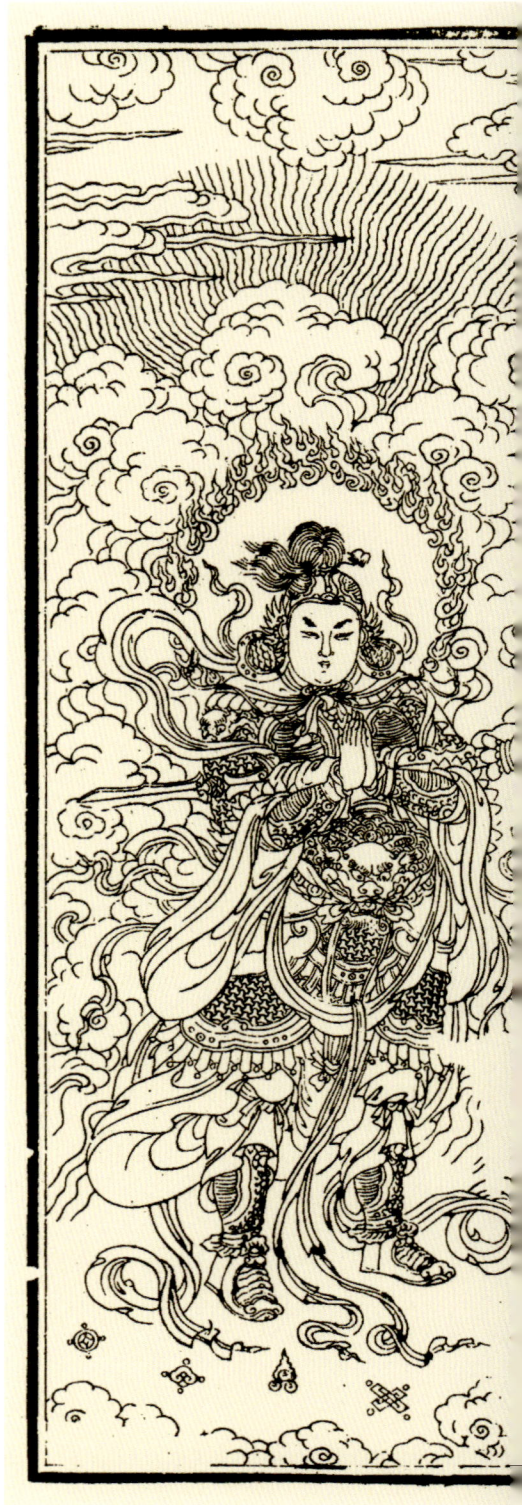

---

① ［韩］千慧凤：《韩国典籍印刷史》，汎友社，1990 年，第 135 页。
② 李之檀：《中国版画全集·佛教版画》，紫禁城出版社，2008 年，第 65 页。

金剛般若波羅蜜經

入頌曰。飢得食渴得漿病得差熱得涼。貧人遇寶嬰子見娘。飄舟到岸孤客還鄉。旱逢甘雨國有忠良。四夷拱手八表來降。頭頭總是物物全彰古今几聖地獄天堂東西南北。不用思量剎塵沙界諸群品盡入金剛大道場。

图 0-26　明刻本《御制〈金刚经〉集注》插图，明永乐二十一年（1423），线装书，每折面高 28.8 厘米、宽 19.5 厘米，复旦大学图书馆藏

图 0-27　明代金书《法华经》扉画说法图，宣德七年（1432），
磁青纸、泥金，浙江平湖报本塔出土，平湖市博物馆藏

文物为明代内府刻本、线装书。卷首有扉画说法图，居中的释迦为正面角度，左手托钵，右手抚膝，结跏趺坐，周围有二弟子、二菩萨、四天王等。跪在释迦面前的是须菩提，他左右有帝后二人。经文一页，左半侧刻护法韦陀像，为明代常见样式。

　　再举一个绘本实例。浙江平湖市博物馆藏明代金书《法华经》，据题记可知，经卷书于宣德七年（1432），是郑和（1371—1433）第七次航海之际出资所造的。经卷用泥金书写在 42 张磁

青纸上。经文之前一纸绘扉画，为佛说法图（图0-27），佛陀正面居中，身旁围绕着众多弟子与菩萨，面前跪着一位请法者。经末一纸绘拖尾韦陀（图0-28）。尽管这卷佛经用材昂贵、制作精良，但是佛画内容与宋元《法华经》插图相比，显得过于简单，程式化倾向严重，完全没有表现出《法华经》的特有内容。

图 0-28　明代金书《法华经》拖尾韦陀，宣德七年（1432），
磁青纸，泥金，浙江平湖报本塔出土，平湖市博物馆藏

　　这件经卷出土于浙江平湖报本塔塔刹。卷末题记："大明国奉佛信官郑和，法名福吉祥，发心铸造镀金舍利宝塔一座……宣德七年九月初三日意。"据卷尾跋文，书经者为高僧圆瀚。宣德七年（1432），正值郑和第七次下西洋之间（1431—1433），出海前郑和出资造《法华经》"共五千四十八部，散施十方"，由于这样的因缘，圆瀚书写了此卷。

（五）扉画、随文插图与拖尾

卷首扉画、随文插图与卷末拖尾三者俱全的佛经并不少见，绘本和刊本都有。

下面举一件清代宫廷写经。清康熙帝（1654—1722）笃信佛教，钟爱写经，晚年尤甚。《秘殿珠林》卷一记录了乾隆帝（1711—1799）的追忆："皇祖圣祖仁皇帝自癸未（1703）至壬寅（1722），每遇朔望、万寿节日、浴佛日并书《心经》一卷。大内宝藏甚多，按日编次，殆无间缺。偶尔违和，异日补书者，亦有先期预书者。"[①] 美国国会图书馆收藏一件康熙帝御笔《药师经》册，书写于康熙五十三年（1714）浴佛日，经折装。册中绘白描形式扉画、随文插图与拖尾画，描绘工致雅丽，必出自宫廷画师之手。

扉画共6折面，分三部分（图0-29）。第一部分为佛说法图，有3折面，居中的结跏趺坐佛右手触地，应是释迦；周围有弟子、菩萨及天王等众。接近的两折面描绘"九横死"，以及其对治法——"然（燃）灯立幡""放生"和"布施"。扉画第六折面绘一龙纹牌记，上书发愿文及"康熙五十三年四月初八日"纪年题记，顶部钤"康熙御笔之宝"朱文方印。

随文插图分散在经卷各处，总共25折面，分为四部分。

第一部分是药师佛因地所发"十二大愿"，每一大愿占1折面，插图绘制在相对应的经文之后（图0-30）。

第二部分，当《药师经》书写至"于其国中，有二菩萨摩诃萨：一名日光遍照，二名月光遍照"时，画师绘出了日光遍照和月光遍照菩萨坐像，二菩萨各占1折面（图0-31）。

再下来，当经文出现八大菩萨名号时，画师在随后的8折面上依次描绘出了这八大菩萨的坐像（图0-32），这是随文插图的第三部分。

最后，《药师经》偏后段，有"尔时，众中有十二药叉大将，俱在会坐"一句，接下来的3个折面上绘制"药师佛会"，构图与扉画释迦说法图无异，居中的药师佛左手托钵，身旁围绕着十二药叉大将（图0-33）。

经文书毕，末行复书一次经题，亦是皇帝手书，宫廷画师在接下来的1折面上绘出拖尾韦陀立像，作为全经之末（图0-34）。

---

① ［清］张照、梁诗正等：《秘殿珠林》，《景印文渊阁四库全书》，台湾商务印书馆，1986年，第484、485页。万寿节，即皇帝的生日，取万寿无疆之义。

弘慈正覺　顧立無過　惟瑠璃光　朗照大千
功德普徧　法象昭宣　寒衣飢食　佑善辭愆
介壽錫福　燕翼蟬聯　家敦忠孝　俗化薰偏
兵銷刑措　樂利安全　敷天率土　賴是因緣
清寧鞏固　萬禩延綿
　　　　　康熙五十三年四月初八日

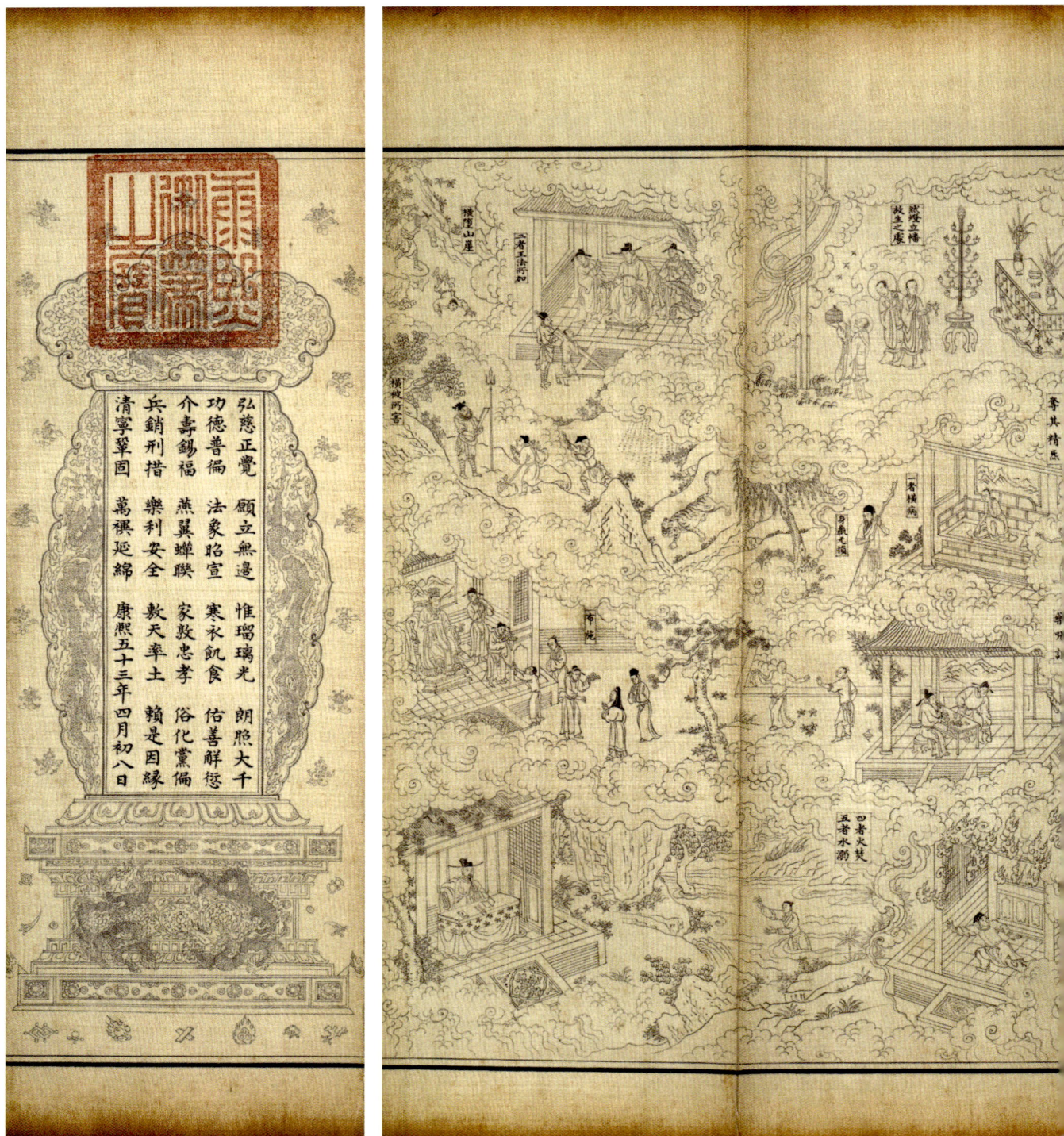

图 0-29　康熙帝御笔《药师经》扉画，康熙五十三年（1714），经折装，
美国国会图书馆藏

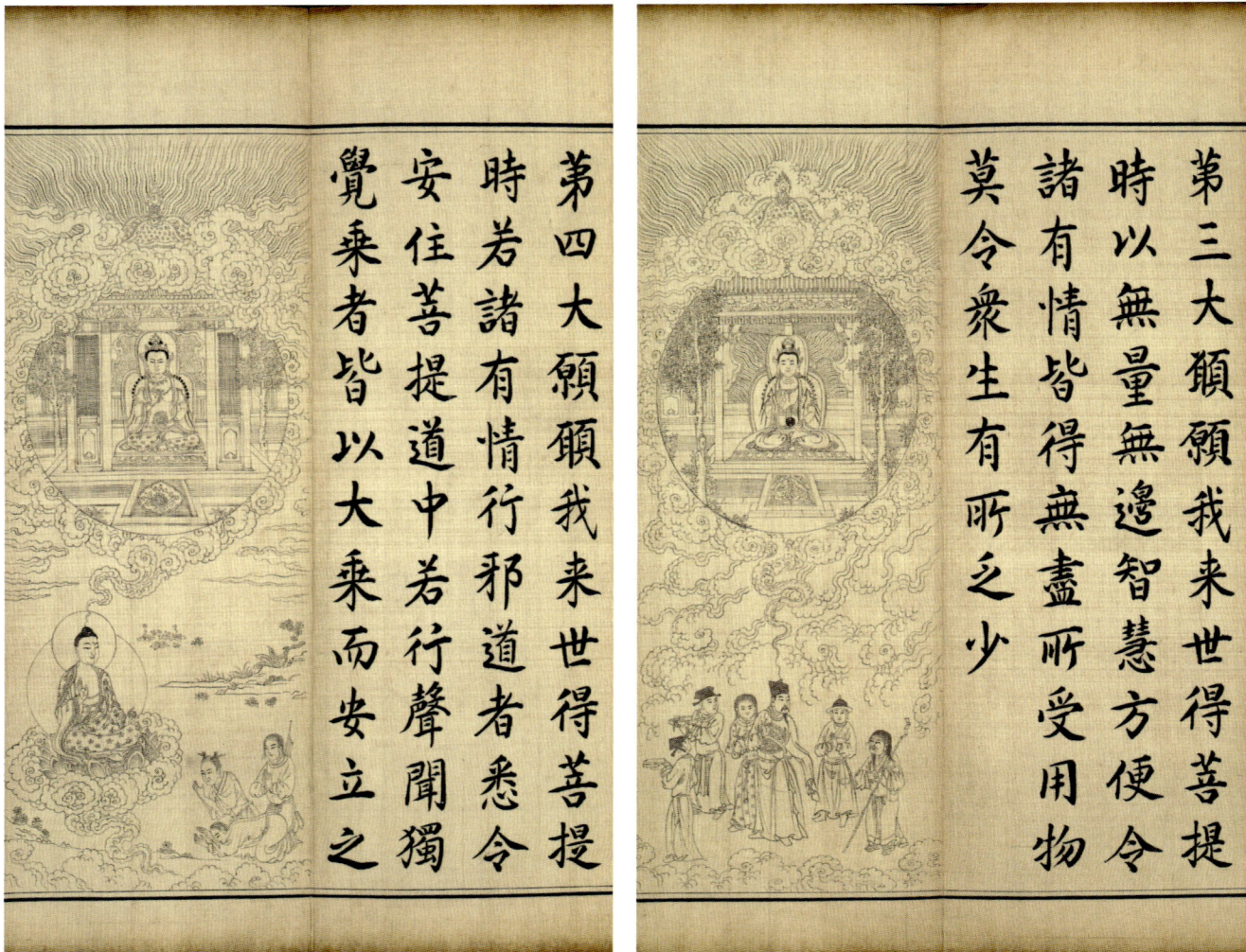

图 0-30　康熙帝御笔《药师经》随文插图一，康熙五十三年（1714），
经折装，美国国会图书馆藏

　　这是"十二大愿"中第三、四大愿："第三大愿：愿我来世得菩提时，
以无量无边智慧方便，令诸有情皆得无尽所受用物，莫令众生，有所乏少。
第四大愿：愿我来世得菩提时，若诸有情行邪道者，悉令安住菩提道中；若
行声闻独觉乘者，皆以大乘而安立之。"经卷中"十二大愿"插图，均为上
下结构，上部绘药师佛尚在菩萨时的形象，下部绘各愿的内容。

諸有信心善男子善女人等應當
光如來正法寶藏是故曼殊室利
補佛處悉能持彼世尊藥師瑠璃
是彼無量無數菩薩眾之上首次

月光遍照菩薩

界道城闕宮閣軒窓羅經皆七寶
成亦如西方極樂世界功德莊嚴
等無差別於其國中有二菩薩摩
訶薩一名日光遍照一名月光遍照

日光遍照菩薩

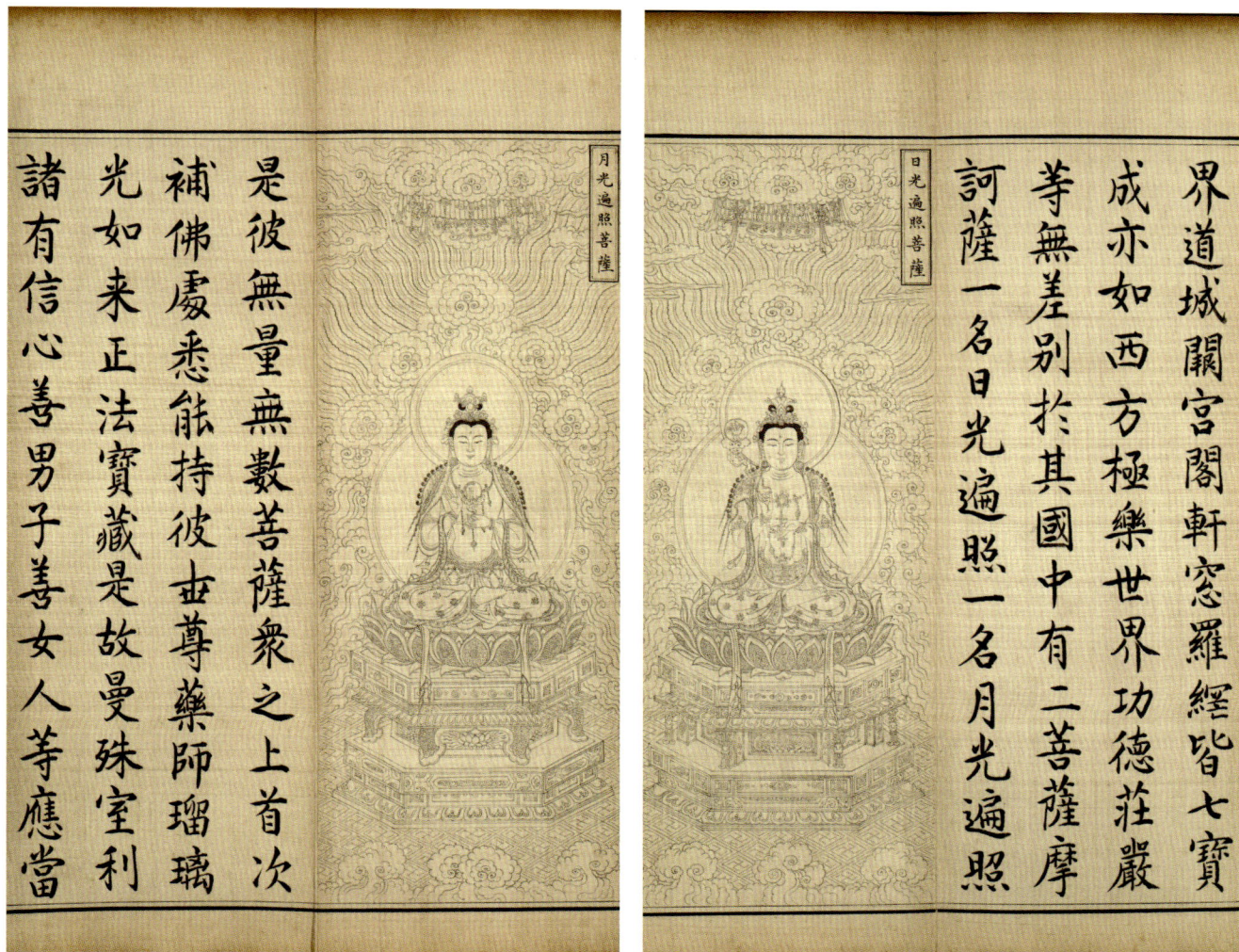

图0-31　康熙帝御笔《药师经》随文插图二，康熙五十三年（1714），
经折装，美国国会图书馆藏

图 0-32　康熙帝御笔《药师经》随文插图三，康熙五十三年（1714），
经折装，美国国会图书馆藏

南無文殊師利菩薩

南無觀世音菩薩

南無得大勢菩薩

南無無盡意菩薩

南無寶檀華菩薩

南無藥王菩薩

南無藥上菩薩

南無彌勒菩薩

文殊師利菩薩

图 0-33　康熙帝御笔《药师经》随文插图四，康熙五十三年（1714），
经折装，美国国会图书馆藏

王随罪轻重考而罚之是故我今
劝诸有情然灯造幡放生修福令
度苦厄不遭众难尔持众中有十

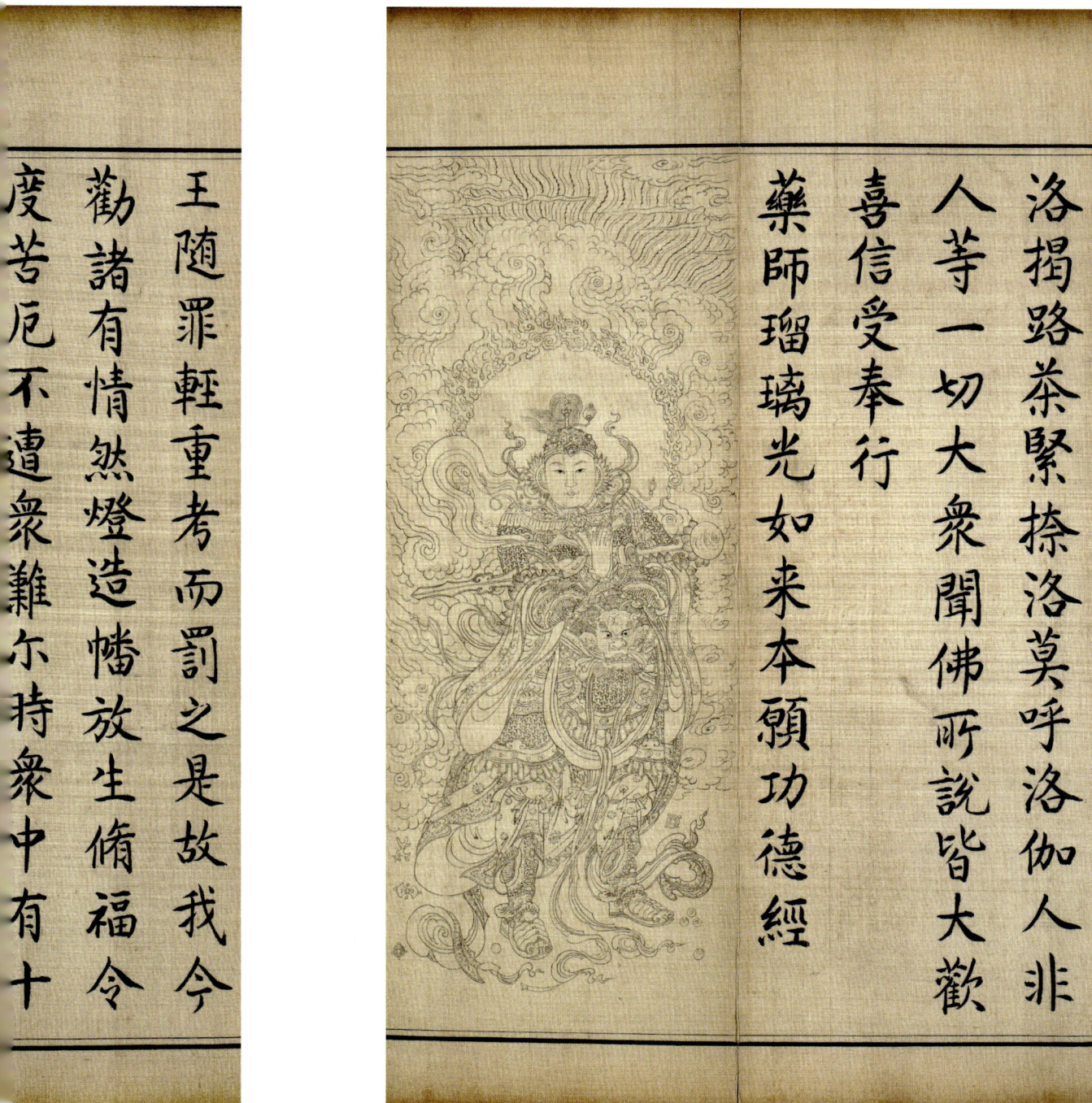

洛揭路荼紧捺洛莫呼洛伽人非
人等一切大众闻佛所说皆大欢
喜信受奉行
药师瑠璃光如来本愿功德经

图 0-34　康熙帝御笔《药师经》拖尾画，康熙五十三年（1714），
经折装，美国国会图书馆藏

图 0-35 《药师经》"十二大愿"插图局部比较（上：智化寺藏明宣德九年刊本；下：清康熙五十三年宫廷写本）

　　这件清宫廷本《药师经》册中的插图形式整饬、造型成熟、用线朗润，图像与经文结合得亦很恰当，然而它并非清代画师的原创。通过比较可发现，此件经卷佛画与北京智化寺藏明宣德九年（1434）刊本《药师经》的插图一般无二，那也是一件经折装经卷，①两件作品无论是扉画、随文插图，还是拖尾韦陀

---

①　北京文博交流馆编：《智化寺藏元明清佛经版画赏析》，北京燕山出版社，2007年，第70—87页。

像，从佛画内容到图像样式几乎完全相同（图0-35），显然是清代宫廷画师套
用了更早的同主题雕版插图样式。如上的比较，涉及两件扉画、随文插图和拖
尾俱全的经卷，一为雕版佛经，一为写本经卷，这则实例充分显示出经卷佛画
的传承性。

第四节 功能与意义

在经卷中绘制或刻印插图，费工耗时、增加成本，除了美观之外，它是否具有实际功能以及美学意涵呢？以下举其要者，从四个方面略做阐发。

一、图释文本

经卷佛画作为插图的一类，其最显著、表层的功能是以图像诠释文本。图像和文字属于不同的媒介，各有自身的逻辑与优长，可以互为补充、相得益彰。对此，宋代学者郑樵（1104—1162）在《通志·图谱略·索象》中说得十分透彻，鞭辟入里：

> 图，经也。书，纬也。一经一纬，相错而成文。……见书不见图，闻其声而不见其形；见图不见书，见其人不闻其语。图至约也，书至博也，即图而求易，即书而求难。古之学者为学有要，置图于左，置书于右，索象于图，索理于书，故人亦易为学，学亦易为功，举而措之，如执左契。[①]

文字的优势在于说理，善于表达义理性内容，即所谓"索理于书"，如《华严经》之义海赡博、微妙渊深，般若类经典

---

① ［宋］郑樵撰，王树民点校：《通志二十略》，中华书局，1995 年，第 1825 页。

之破斥诸相、空有双遣，以"遮诠法"明乎实相，[①]难于诉诸形象。相反，图像的优势在于"一目了然"，令人"披图可鉴"，特别适于表现尊像、场景以及叙事性内容，这时便可以"索象于图"。以尊像为例，最常见的实例是《观世音菩萨普门品》（简称《普门品》）中的"普现三十三种应化身"。在诠释这段文本时，往往以随文插图形式，根据经文中提到的各种化身，描绘出相应的形象来，如佛身、辟支佛身、声闻身、梵王身等，这几乎成为《普门品》插图的定式（图0-36）。同理，图像还长于表现场景和叙事性内容，前者如净土类经典中描绘出极乐世界，后者如日本流行的《绘因果经》，即在《过去现在因果经》中绘出类似连环画的佛传图，这些都是经卷佛画的常见主题。

二、示法传承

佛教特别重视佛法之传承，经卷佛画的另一项功能就是显示该法本的传承。首要因素在于表现"说法者"。还举上一节介绍的康熙帝御笔《药师经》册这个实例。众所周知，《药师经》主要讲药师佛的本愿、功德及其国土情况，但是该册插图并不仅仅描绘药师佛及其眷属，而是首先在扉画部分描绘出"释迦佛会"。这是因为《药师经》乃释迦宣讲的，经文是"所说之法"，释迦是"能说之佛"，需要格外强调，以示法本之源头。遍观佛经插图，特别是卷首扉画，最多见的题材为"释迦说法图"，就是为了显示佛经的来源。

另外，经卷佛画有时还表现佛经的翻译者。明代初刻《洪武南藏》（又称《初刻南藏》），其中《大乘百法明门论疏》（现藏四川省图书馆）扉画为"玄奘法师译经图"。画面上居中者为"三藏法师"玄奘（602—664），两侧分别是"慈恩疏主"窥基（632—682）和"惠沼法师"（或慧沼，651—714），显示

---

① 遮，遮遣、否定；诠，诠释、说明。遮诠法，以遮遣（否定）的方式，对难于正面说明的道理加以说明。遮诠法常用"不""非"或"无"等字，如《心经》"是诸法空相，不生不灭，不垢不净，不增不减"，再如《金刚经》"如来说世界，即非世界，是名世界"。

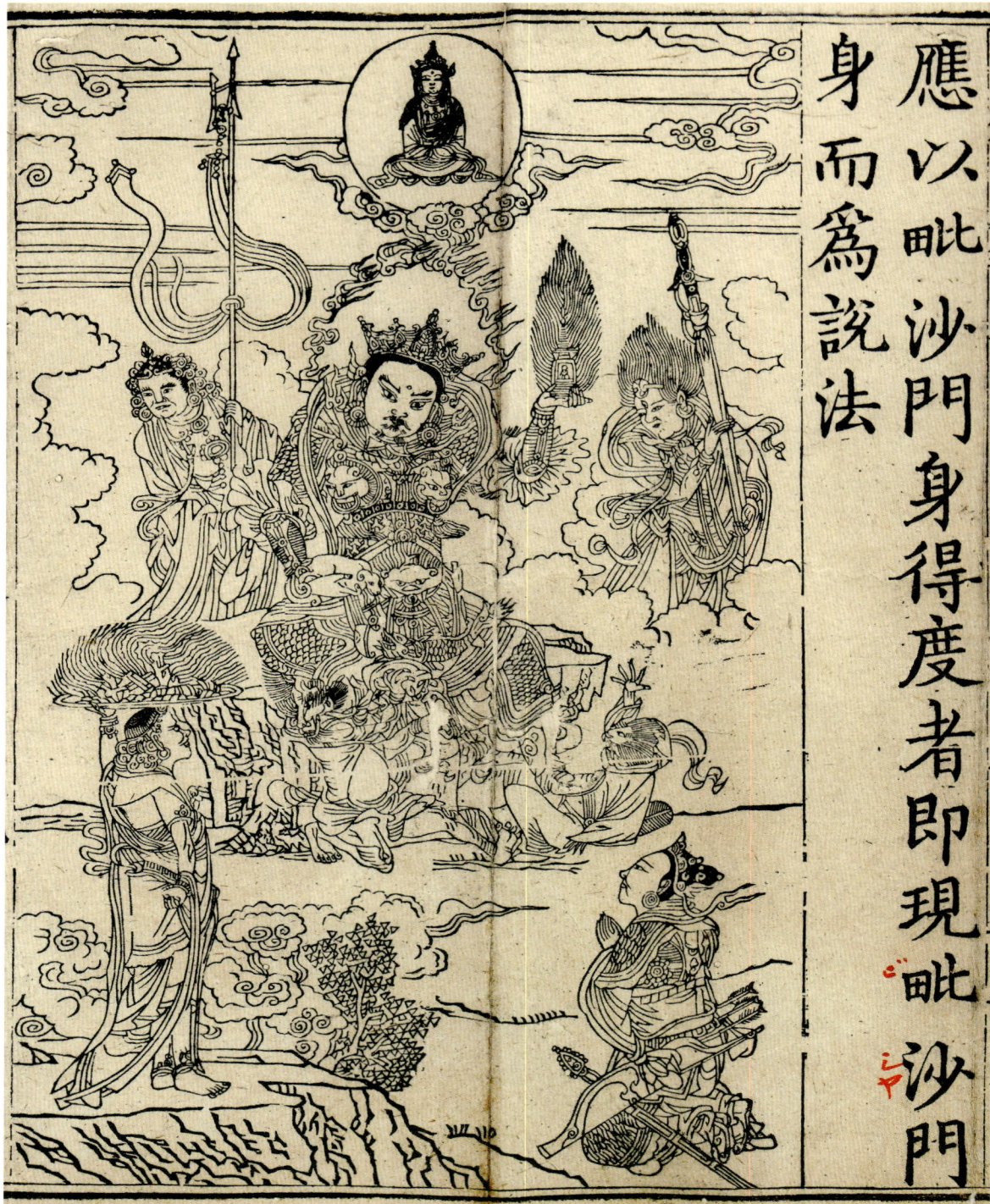

图0-36　赵庸刊本《普门品》局部，明永乐二十一年（1423），经折装改卷轴装，哈佛大学艺术博物馆藏

　　上图选自哈佛大学艺术博物馆藏明刻本《普门品》，刊刻于"顺天府大兴县"（今属北京），原为经折装，后传入日本，改为卷轴装。这幅画面占两折面，右侧经文出自《普门品》长行："应以毗沙门身得度者，即现毗沙门身而为说法"。左侧插图以毗沙门天王为中心，毗沙门着将军装，半跏趺坐，左手托塔，右手持金钱鼠，身前二地鬼捧足，头顶上有结跏趺坐观音，示意毗沙门为观音化现。

出《大乘百法明门论疏》的汉译者及法相宗法脉传承。再举一个日本佛画实例，京都金刚院藏江户时代刻本《金光明最胜王经》，"愿主"（供养人）名叫直治寂紫子，于日本江户时代正德元年（1711）八月在汤岛灵云寺刊刻。[①]卷首的两幅扉画各占两折面（图0-37），第一幅"释迦说法图"显示出《金光明最胜王经》之说法者，第二幅描绘该经的汉译者义净法师（635—713）。佛教自印度传入中国，经典的汉译工作极为重要，然而当佛经传入日本时，情况大不相同，因为古代的日本使用汉字，只要入华求法、抄经就可以了，完全不用翻译经典。因此可以这样说，这两幅雕版佛画体现出《金光明最胜王经》自印度到日本的传承。

三、配合仪轨

经卷佛画的另一项功能，是用图像来配合佛教仪轨。此种功能并不普遍，主要运用在《金刚经》中。自唐代开始，可能是由于受密宗影响的缘故，念诵《金刚经》时，往往附加若干咒语，在读诵经文之前完成，包括"金刚经启请""净口业真言""安土地真言""普供养真言""奉请八金刚""奉请四菩萨""发愿文"和"云何梵"，逐渐形成固定的仪轨，流传至今。古代不少《金刚经》经卷将上述仪轨文字，或书写或刊印在经卷前段，为了配合念诵仪轨，其中部分《金刚经》绘制或刊刻出相应的图像来。前文所举的敦煌藏经洞所出两件晚唐《金刚经》册，以及京都大学藏14世纪《金刚经》高丽刊本，都有与念诵仪轨相对应的佛画。大凡有表现念诵仪轨插图的《金刚经》，基本上都会制作出"奉请八金刚"和"奉请四菩萨"这两组图像，因为其内容适于诉诸形象，有些经卷还进一步描绘"灵验感应故事"（图0-38）。日本清凉寺所出北宋吴守真本《金刚经》和内蒙古黑水城出土的西夏《金刚经》（编号TK14、TK17和TK18）运用另一种处理方式，将"八金刚"和"四菩萨"描绘在扉画"释迦说法图"里，使之成为"闻法众"，对此第一章将予以介绍。

---

① 神奈川县立金沢文库：《写经と摺经》，神奈川县立金沢文库，1995年，第93页。

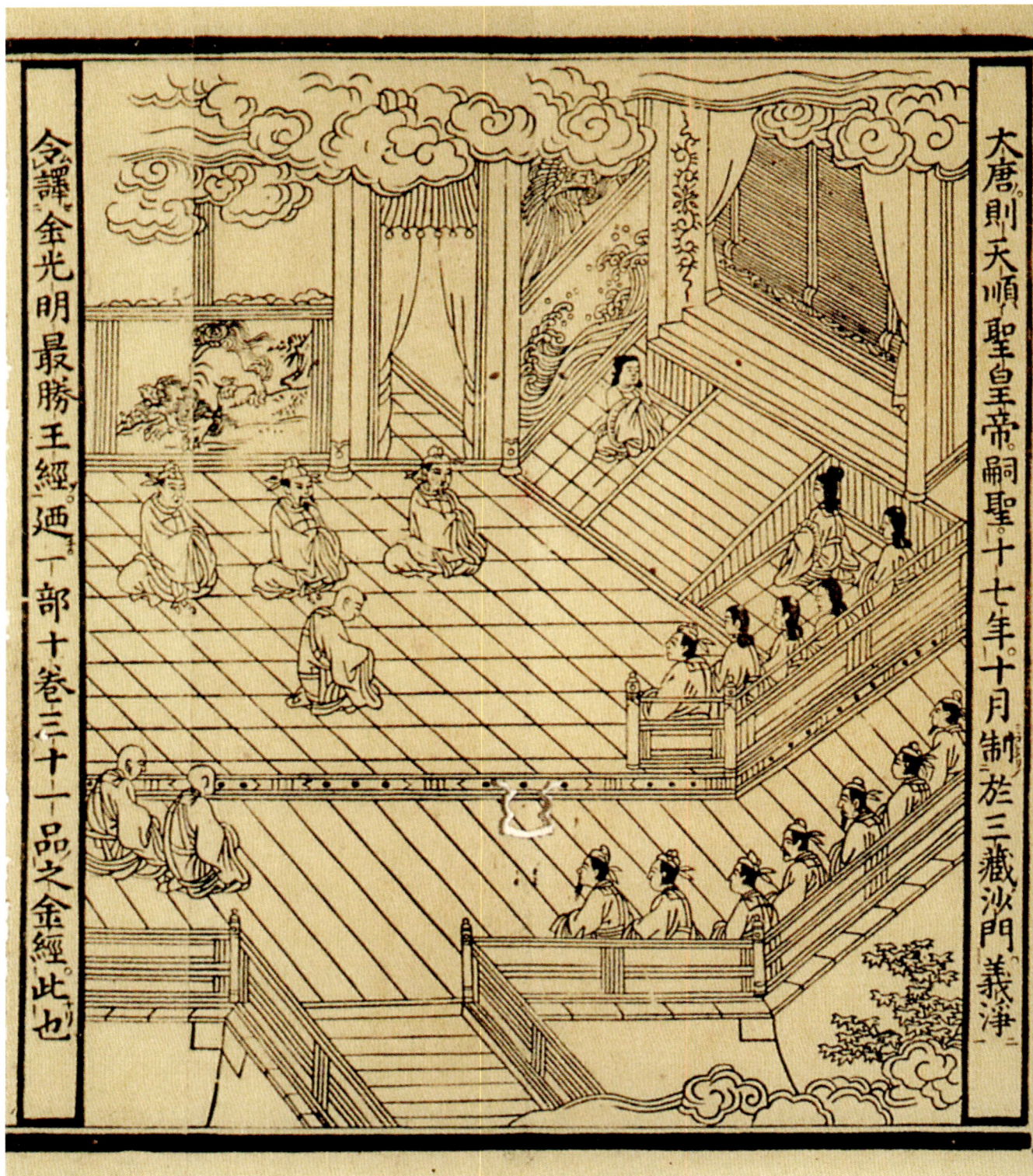

令譯金光明最勝王經迺一部十卷三十一品之金經此也

大唐則天順聖皇帝嗣聖十七年十月制於三藏沙門義淨

图 0-37　江户刊本《金光明最胜王经》扉画，
日本正德元年（1711），日本京都金刚院藏

　　右图为"释迦说法图"，右缘刊刻"在王舍大城鹫峰山顶释迦牟尼佛"，左缘刻"金光明最胜王经说法大
会"，扉画中释迦的头光内刊刻"天竺像"三字。左图表现朝堂上的义净三藏，扉画右缘刻"大唐则天顺圣皇
帝嗣圣十七年十月制于三藏沙门义净"字样。两幅扉画分别描绘说法者和译经者，各自对应印度（"天竺"）和
中国（"大唐"），体现出《金光明最胜王经》的传承过程。

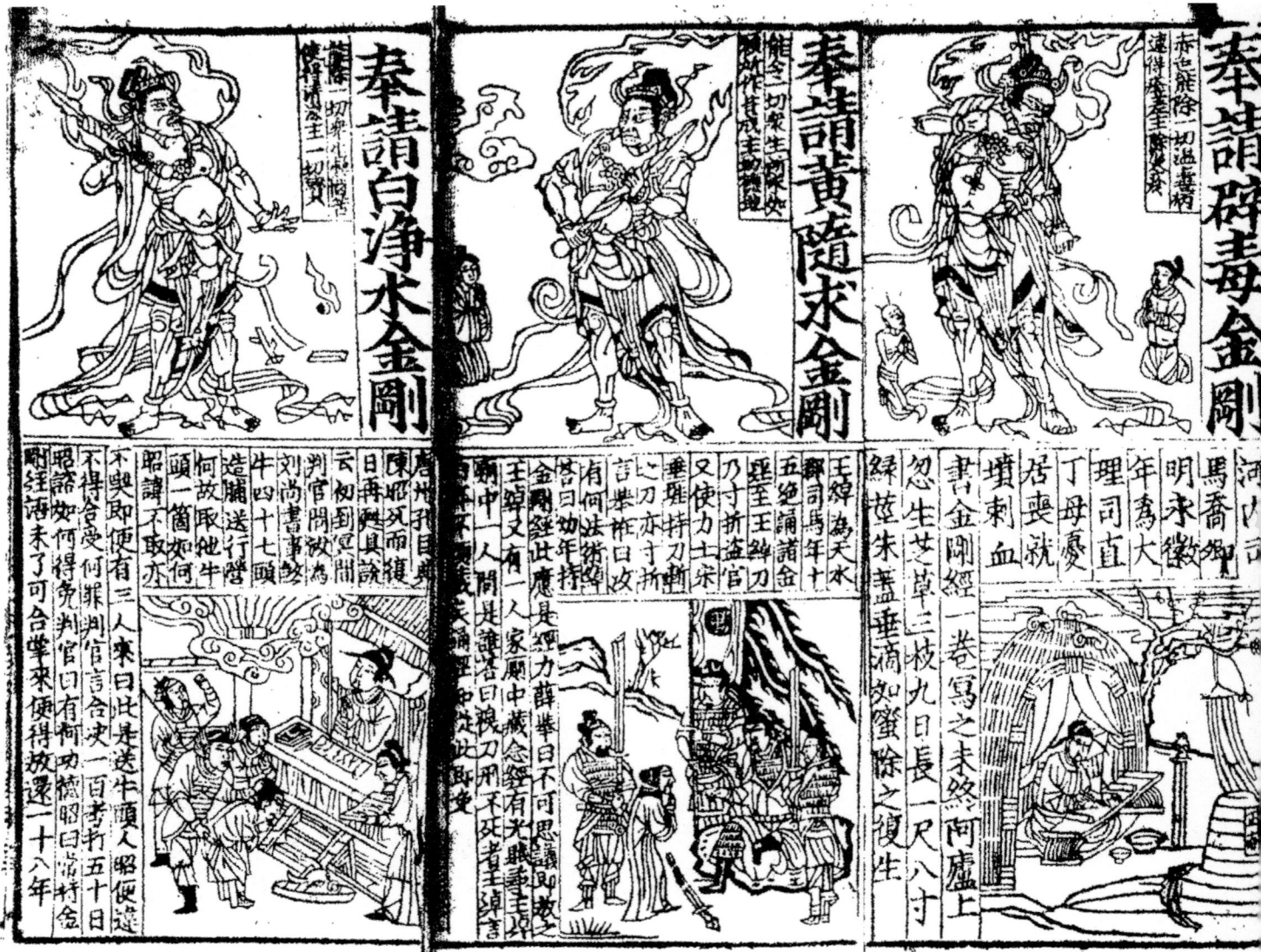

图 0-38　北宋刻本《金刚经》扉画局部，北宋，纸本，北京德宝
2007 年秋拍第 277 号

　　该《金刚经》为册装本，麻纸。卷首扉画"释迦说法图"占两折面；之后以大字刊刻
"净口业真言"等三段真言；接下来又是插图，分上、下两栏，上栏位置为"奉请八金刚"
和"奉请四菩萨"形象，金刚为立像，菩萨为坐像，下栏则描绘灵验感应故事，共计 12 幅，
并刻出相应的文本。

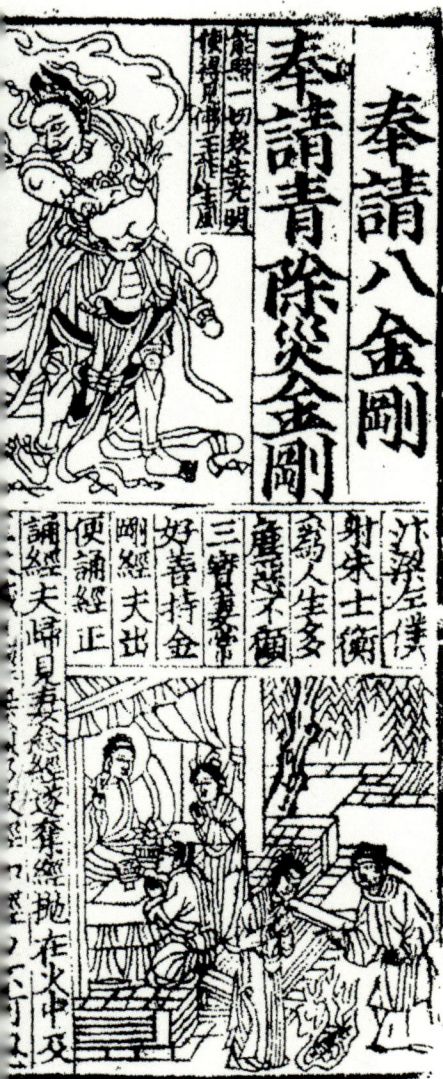

四、庄严法宝

除上述几项具体功能外，在经卷中绘制或刊刻精美的佛画，基本宗旨在于让整部佛籍更为庄严端丽、精善华美，既表达了信众对法宝的诚敬虔信，又令佛籍极具艺术观瞻性，体现出大乘佛教的"法供养"思想。

所谓供养，是大乘佛教特别倡导的一种修行方式，其中尤以"法供养"最受推崇。何为法供养？对此，很多经论都有阐释，譬如鸠摩罗什所译《维摩诘所说经·法供养品第十三》：

> 法供养者，诸佛所说深经，……若闻如是等经，信解、受持、读诵，以方便力，为诸众生分别解说，显示分明，守护法故，是名法之供养。[①]

这里明确指出，包括听闻、信解、受持、读诵、解说、显明以及守护佛经在内的种种行为，都可归为法供养范畴。依此理路，以形象（插图）诠释经文，是对佛经"分别解说，显示分明"的行为，理应属于法供养。又如玄奘译《大般若波罗蜜多经》卷一○四《初分校量功德品第三十之二》：

> 若善男子、善女人等，不离一切智智心，以无所得为方便，于此般若波罗蜜多，至心听闻，受持、读诵，精勤修学，如理思惟，广为有情宣说流布，或有书写，种种庄严，供养恭敬，尊重赞叹，……是善男子、善女人等，由此因缘所生福聚，甚多于彼，无量无边，不可思议，不可称计。[②]

按照《大般若经》，诸如书写经典（"或有书写"）、制作经函、在经卷中绘制佛画之举（"种种庄严"），以及抄写或印制佛籍流传（"宣说流布"），都是很大的善举，得福甚多。在这

---

① 《大正藏》第 14 卷，第 556 页中、下。
② 《大正藏》第 5 卷，第 578 页上。

图 0-39 泥金绘本
《法华经》卷二
扉画，高丽（约
1340），纽约大都
会艺术博物馆藏

上图是纽约大都会艺术博物馆所藏高丽泥金写本《法华经》卷二，大约制作于 1340 年，编号 1994.207。经折装、绀纸，扉画四折面，右半部绘高台说法图，左半部绘《譬喻品》和《信解品》内容。朴英淑（Pak Youngsook/ 박영숙）认为，这幅高丽《法华经》佛画模仿了南宋"王仪刊本"版画。只不过高丽佛画选用不同的材料和技艺，大量运用泥金兼精致描绘，创造出庄严异常的视觉效果，反映出高丽宫廷的审美趣味。

种思想下，古代信众以诚敬的心态，尽其所能，以种种方法令佛经制作尽善尽美。譬如选用如碧纸、泥金银等上等材质，以端肃隽秀的书风缮写经文，在经卷中绘制或刊刻精美的佛画（图 0-39），经卷外再包上经帙，念诵时铺陈经巾（图 0-40）以求保护。[1] 此外卷轴装佛经配以考究的经函（图 0-41），经折装则以绢、缎、绫等上好面料制作经面和套函（图 0-42）。[2] 凡此种种，无不体现出庄严和供养的宗旨，在落实大乘佛教"法供养"思想的同时，还实现了宗教功能与美学意涵的内在统一。

---

[1] 参阅赵丰主编：《敦煌丝绸艺术全集·英藏卷》，东华大学出版社，2007 年，第 90—113 页；赵丰主编：《敦煌丝绸艺术全集·法藏卷》，东华大学出版社，2010 年，第 125—159 页。

[2] 参阅徐铮：《美国费城艺术博物馆藏丝绸经面研究》，东华大学出版社，2019 年。

　　出自敦煌藏经洞，现藏大英博物馆，编号 MAS.856，长 150.5 厘米，宽 111 厘米，时代为中晚唐。织物由锦、暗花绫、暗花绮、夹缬绢等小面料拼缝而成，部分面料佚失，这种由各种织物拼缝起来的织物叫"百衲"。关于其性质，曾出现过供养品、百衲袈裟等观点，根据形制和尺寸判断，现在学者们更倾向于它是包裹经卷用的"百衲经巾"，大英博物馆也采纳了这一观点。

图 0-40　百衲经巾，唐（8—9 世纪），敦煌藏经洞出土，大英博物馆藏

图 0-41 识文描金檀木经函，北宋庆历二年（1042），浙江瑞安慧光塔出土，浙江省博物馆藏

经函是盛装佛经的容器。该函 1966 年出自浙江瑞安慧光塔，分内、外二函，此为外函。长方形，檀木为胎，盝顶、须弥座，函身上以漆灰堆塑菩萨像、瑞兽、莲花等，另有描金图案，并镶嵌珍珠。函底有金书"大宋庆历二年"字样。内函同样精美异常，内盛北宋金书《宝箧印陀罗尼经》写本。

图 0-42 永乐北藏
本《大般若波罗蜜
多经》函套，明
正统五年（1440），
费城艺术博物馆藏

费城艺术博物馆收藏一批明代佛经函套，这是永乐北藏本之《大般若
波罗蜜多经》函套，入藏号 1974-200-1a。这件属"四合套"形制，略去上、
下两面，另外四面以函套加以保护。函套之外，裱封一块完整的织物，然后
加系带及木别子，并在函套正面左上角贴上题签。明代官刻藏经的经面及函
套流行用显花织物，纹饰有植物纹、动物纹、几何纹、吉祥图案等，大多具
有祥瑞意涵，体现出鲜明的明代特色。

第一章

卷首扉画

引　言

从胤禛书《金刚经》扉画说起

在经卷佛画的三种基本类型中，卷首扉画出现时间最早，作品数量也最多，其中又以佛陀说法图最为常见。作为经卷佛画最流行的主题，本章将对卷首扉画说法图的形式问题进行考察。

我们的讨论，从一件清代宫廷插图本佛经开始。

清康熙五十三年（1714）冬天，康熙帝第四子胤禛（1678—1735），也就是后来的雍正皇帝，手书了一部《金刚经》册。这件写经为清宫廷样式，装在红木匣中，匣上有金书"世宗御笔金刚般若波罗蜜经"字样。经册外以明黄色织物包裹，经折装，绢本，经文为行楷书。册中经文前后有精致的扉画和拖尾画，可惜没留下绘者名姓。

打开经册，一幅两折面的扉画映入观者眼帘，主题是释迦说法图。画为工笔重彩形式，画师以深蓝的底色（代表天空）和白云衬托出众多衣着鲜艳的人物（图1–1）。居中者是四分之三侧面的佛陀，头顶巨大的华盖，右手抚膝、左手托钵，结跏趺坐在莲座上。释迦身前二人，跪者为长老须菩提，立者很可能是舍卫国王。释迦身侧侍立着十位弟子和八位菩萨；侧上方另有十尊体量较小的坐佛，乘云气而来，代表十方诸佛。经文之后、拖尾画之前的墨书题记里有"康熙五十三年岁次甲午"纪年，也是胤禛亲笔，并钤"和硕雍亲王宝"等印。

这幅胤禛书《金刚经》册中的扉画释迦说法图描绘工致、色彩艳丽，形式高度成熟，是明清经卷佛画的典型之作。需要追问的是，这样的扉画形式是如何发展起来的？最初的卷首画或扉画是什么样子？后来又经历了怎样的变化？这些关于卷首扉画的问题，将在本章中加以解答。

图 1-1 胤禛书《金刚经》册扉画，清康熙五十三年（1714），绢本彩绘，高 38.5 厘米，宽 57 厘米，北京匡时 2009 年拍卖品

第一节 ❁ 王玠本《金刚经》卷首画

与随文插图和拖尾画相比，卷首画出现得更早，其历史至少可追溯至唐代后期。存世最早的纪年佛经插图，是唐咸通九年王玠造《金刚般若波罗蜜经》。这是一件在书籍史、印刷史和版画史上都至为关键的作品，1900 年发现于敦煌藏经洞。1907 年，英籍匈牙利人斯坦因（Marc Aurel Stein，1862—1943）将其骗购到英国，现藏在大英图书馆（The British Library），编号 Ch.ciii.014。

《金刚般若波罗蜜经》，简称《金刚经》，是一部广为人知的大乘佛教般若部经典。在中国历史上，《金刚经》先后出现过六个汉译本，尤以 5 世纪初的鸠摩罗什译本时代最早、流布最广。到了唐代，《金刚经》已相当流行，唐玄宗（712—756 年在位）推行"三教并重"政策，从释、道、儒三家各选出一部经典，佛经所选的就是《金刚经》罗什译本。玄宗皇帝还亲自为其注释，颁行天下。

在这样的情境下，中古之际出现了大量《金刚经》写本或刻本，现存的《金刚经》以敦煌藏经洞及新疆吐鲁番文书为主。经学者统计，敦煌文书中的《金刚经》写本及刻本，现存总数约在两千件以上。[①] 在众多的唐代《金刚经》经卷中，藏经洞出土的咸通九年王玠本《金刚经》最负盛名，一方面因为它是全

---

① 方广锠：《敦煌文献中的〈金刚经〉及其注疏》，《敦煌学佛教学论丛》上册，香港中国佛教文化出版有限公司，1998 年，第 370 页。

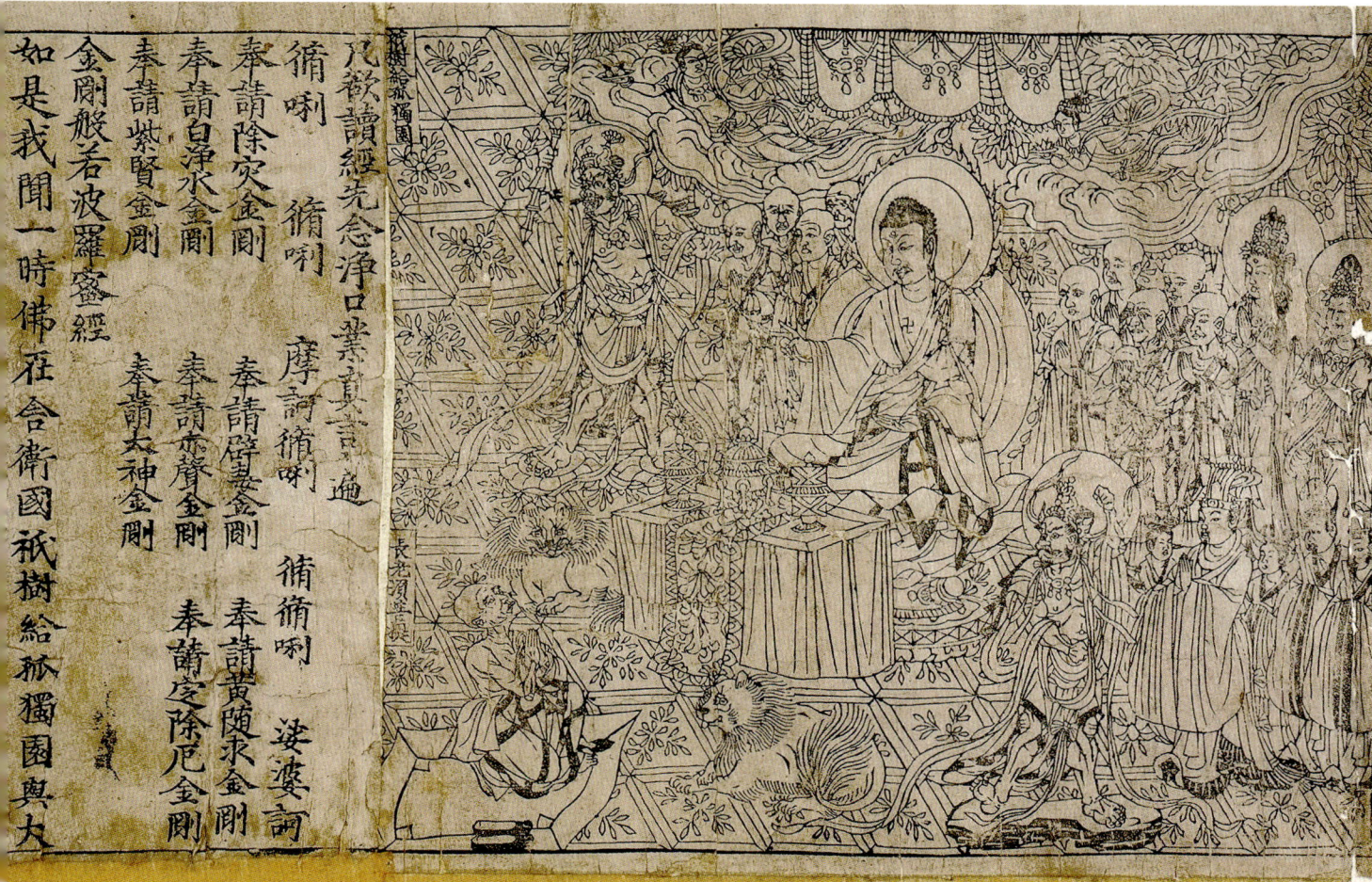

图1-2 王玠本《金刚经》卷首版画，唐咸通九年（868），纸本，宽28.5厘米，高23.7厘米，敦煌藏经洞出土，大英图书馆藏

王玠本《金刚经》卷首画"释迦说法图"画幅并不大，宽28.5厘米、高23.7厘米，雕版技艺娴熟，印制精良，画面内容丰富。工匠把充满长短、曲直变化的线条组织得疏密有致、恰到好处。

世界已知最早有确切纪年的木刻本书籍[1]，与此同时它还是现存最早的插图本《金刚经》，其卷首有一幅精美的"释迦说法图"版画（图1-2）。

王玠本《金刚经》为卷轴装，用六块木板雕刻经文，印在六张纸上，每纸高26.67厘米，横75厘米，[2]卷末有"咸通九年四月十五日王玠为二亲敬造普施"的刊记（图1-3），再加上卷首版画

① 钱存训指出："从字体上看，刻印技艺均极高超，比上述日本、朝鲜文物及谷腾堡以前欧洲的刻工和印工都要精致。……这是现存最早明确注明印刷年、月、日的整本书籍。"[英]李约瑟：《中国科学技术史》第五卷第一分册《纸和印刷》（钱存训执笔该册），刘祖慰译，科学出版社、上海古籍出版社，1990年，第136页。
② 潘吉星：《中国科学技术史·造纸与印刷卷》，科学出版社，1998年，第352页。

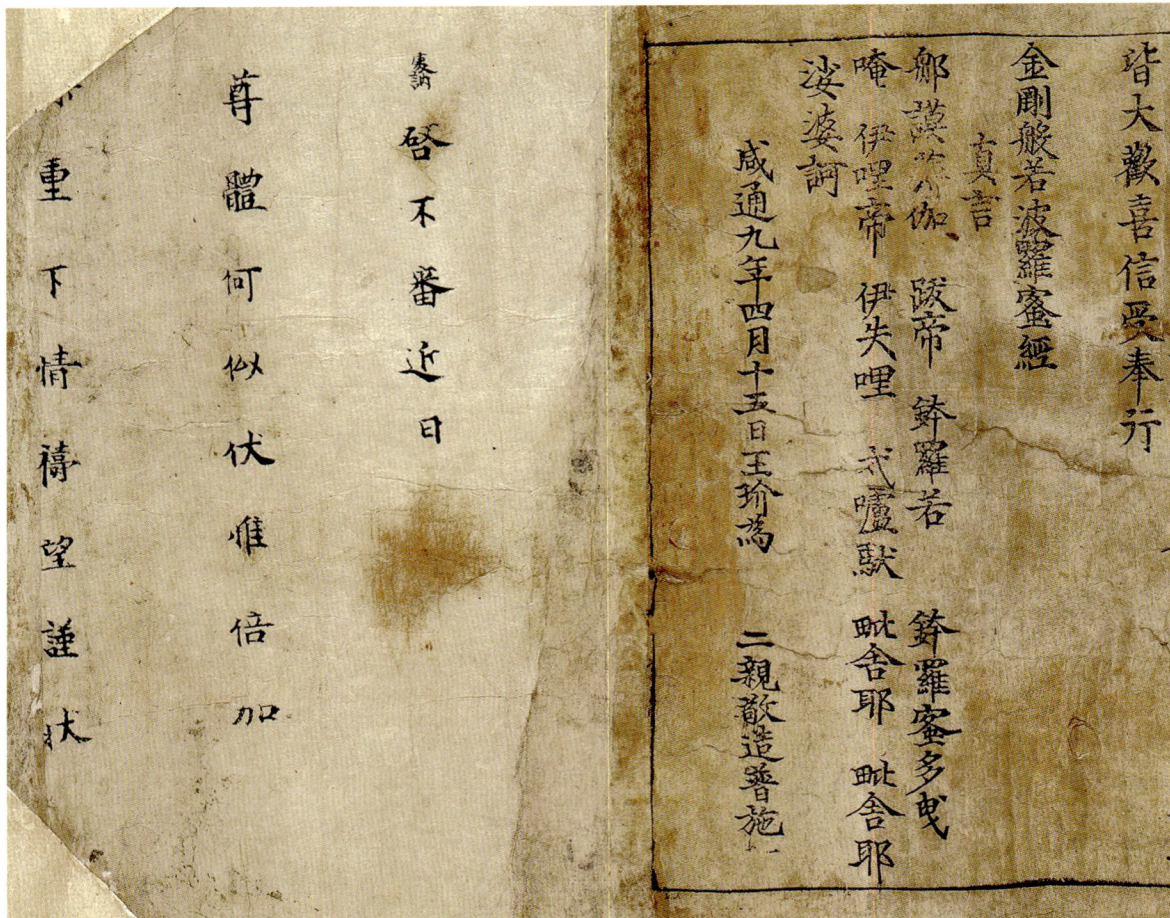

图1-3 王玠本《金刚经》卷末刊记，唐咸通九年（868），敦煌藏经洞出土，大英图书馆藏

一纸，另外经末还有拖尾手书一纸，粘连成一个完整卷子，经卷总长超过5米。

佛经卷首画"释迦说法图"，居中的释迦牟尼呈四分之三侧面角度，结跏趺坐于莲台上，背后有头光及身光，外穿福田相袈裟，内着僧祇支，胸前万字，似在说法，他的形象略大于画面中的其他人物。其头顶宝盖两侧有两身飞天，释迦左侧（画面右侧）有一握拳力士、五弟子、二菩萨、一国王（可能是舍卫国王，后详）、二仕女及一大臣，释迦右侧（画面左侧）有一持金刚力士、四弟子。除力士外，其他闻法众均双手合十，恭敬闻法。释迦前方有长方形香案及二狮，香案上有香炉等供养具。画面左下角有一比丘，双手合十，胡跪于方毯上，目视佛陀；毯上有一双云头履；其左侧榜题书"长老须菩提"。须菩提和释迦身旁的九位弟子，共同构成了"十大弟子"。

图1-4 巴尔胡特大塔栏楯"祇园布施"浮雕，公元前2世纪，红砂石，印度加尔各答博物馆藏

画面其余部位满绘铺地花砖，均呈平行四边形状，画面左上角榜题书"祇树给孤独园"字样。对于佛经而言，说法的地点是一个重要信息，佛经几乎都明确标出"说法处所"。《金刚经》的说法地祇树给孤独园在中印度的舍卫国，是一处知名度颇高的佛教圣地，多种佛经注疏以及包括《法显传》（416）和《大唐西域记》（646）在内的重要典籍都对此地有过描述。在咸通九年王玠本《金刚经》卷首画中，匠师同时运用了三种手段，以提示说法地点。首先是榜题，在画面左上角刊刻出"祇树给孤独园"字样。二是画面空白处满绘花砖，并在释迦头顶部位刻出树叶，暗示这是由给孤独长者以黄金铺地，并由祇陀太子供养树木而成的园林。这种图像表现渊源甚久，可上溯至约公元前2世纪印度巴尔胡特大塔（Bharhut stupa）栏楯上的"祇园布施"浮雕（图1-4），以及稍晚一些的桑奇（Sanchi）一号塔北门及桑奇二号塔浮雕。三是供养人中的王者形象，这个人物在《金刚经》中并无对应，很可能是舍卫国王，以此暗示祇树给孤独园所在的舍卫国。京都清凉寺所藏北宋雍熙二年（985）吴守真本《金刚经》扉画中，也出现了类似的王者像，其榜题有"舍卫国王"字样，可算作是一个旁证。

王玠本《金刚经》出土于敦煌莫高窟，但是学者普遍认为它并非制作于敦煌本地。美国哥伦比亚大学教授卡特（Thomas Francis Carter, 1882—1925）推测王玠本

《金刚经》造于益州（今四川成都），[①] 其依据主要是宋叶梦得（1077—1148）《石林燕语》、朱翌（1097—1167）《猗觉寮杂记》等文献史料。中国科技史专家潘吉星更倾向于出自唐都长安（今陕西西安）：

> 无论从纸或印刷质量来看，都使我们相信此《金刚经》不是在敦煌就地所刻印，而是在内地，很可能是在长安完成的。……《金刚经》刊本也有可能在四川成都刊印，再经过长安到达敦煌。总之，不外这两种可能。[②]

有一点是学者们的共识：由于王玠本《金刚经》的雕印文字和扉画形式均极成熟，它一定是雕版印刷术发展到一定阶段的产物。如潘吉星认为："当然它显然不是雕版印刷术初期的产物，而是这种新型复制技术在经历了一段发展之后的产物。"[③] 宿白（1922—2018）在《唐宋时期的雕版印刷》一书中也指出："从雕印文字整齐和扉画流畅推察，显然已不是雕印技术开始阶段的作品。"[④]

既然藏经洞所出王玠本《金刚经》卷首画是经历探索实践后所形成的成熟模式，接下来的问题是，它对后世的经卷佛画又起到了怎样的影响呢？

---

① Thomas Francis Carter, *The Invention of Printing in China and its Spread Westward*, New York: Columbia University Press, 1931, pp. 43–46. 汉译见［美］卡特：《中国印刷术的发明和它的西传》，吴泽炎译，商务印书馆，1957年，第57—59页。
② 潘吉星：《中国科学技术史·造纸与印刷卷》，科学出版社，1998年，第353页。
③ 同上。
④ 宿白：《唐宋时期的雕版印刷》，文物出版社，1999年，第191页。

第二节　《金刚经》扉画的发展

咸通九年王玠本《金刚经》之后，带"释迦说法图"扉画的《金刚经》呈现出流行之势，历代均有新作出现，其中既有雕版刊刻本，也有绘本（写本），以下介绍三个典型之例。

第一个例子是敦煌藏经洞出土的五代写本《金刚经》，册装本，现藏大英图书馆，编号 Ch. xi.001-2。负责整理英藏敦煌流失文物的英国艺术史家韦陀（Roderick Whitefield）将该图册产生年代定为 10 世纪初[①]，属五代之作。

图册内有两页绘本插图，画面四角呈圆弧形，纸张下部略残。第一页（Ch. xi.001）的图像内容是释迦说法图（图 1-5），画面高 14.2 厘米，宽 21.2 厘米。图中佛陀位于画面中心偏右位置，其左右两侧共有二弟子、四菩萨，均合掌恭敬闻法。佛、菩萨都有头光和身光，两位弟子则仅有头光。佛陀面前设有香案，上置香炉。画面左下角一比丘跪在毯上，面对佛陀，双手合十，这是请法的须菩提。

第二页（Ch. xi.002）绘一身金刚像（图 1-6），双目圆睁，目视其左侧，左手上举过顶，手持金刚杵；右手握拳，垂于体侧。金刚右侧榜题书"奉请第八大神金刚"字样，其对页上书写"持经梵音"四字，然后书写"云何得长寿，金刚不坏身？复以何因缘，得大坚固力？云何于此经，究竟到彼岸？愿佛开微密，广为众生说"等字样，该偈语出自北凉昙无谶（385—433）所译《大般涅槃经》卷三《寿命品》。

[①] ［英］韦陀监修：《西域美術：大英博物館スタイン・コレクション》第 2 卷，讲谈社，1982 年，第 346 页。

图 1-5 《金刚经》册扉画之一（编号 Ch. xi.001），五代，纸本，
高 14.2 厘米，宽 21.2 厘米，敦煌藏经洞出土，大英图书馆藏

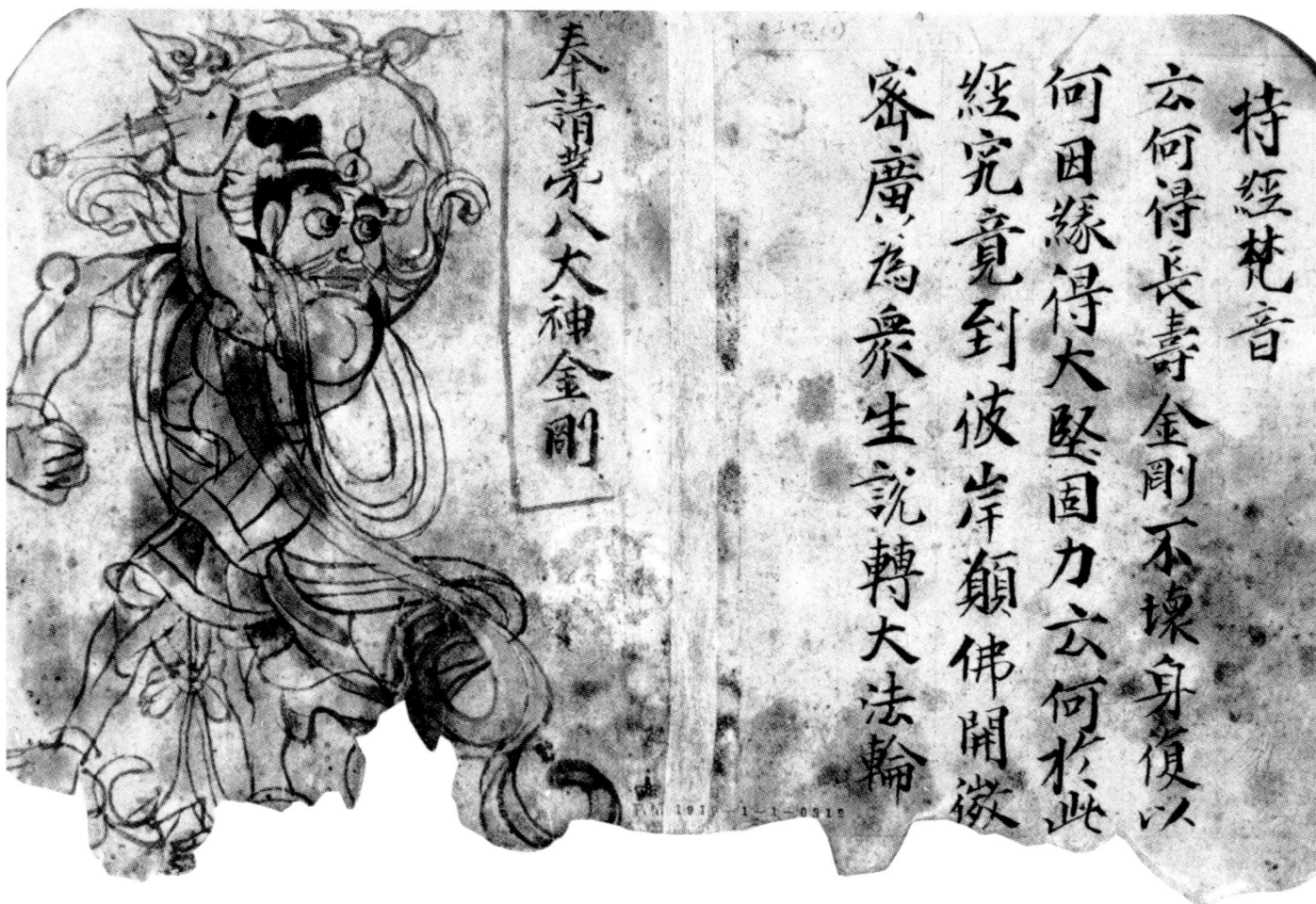

持經梵音

云何得長壽金剛不壞身復以

何因緣得大堅固力云何於此

經究竟到彼岸願佛開微

密廣為眾生說轉大法輪

奉請蒙八大神金剛

図1-6 《金剛經》册扉画之二（编号 Ch.xi.002），五代，纸本，
敦煌藏经洞出土，大英图书馆藏

与王玠本《金刚经》相比，该图册明显不及王玠本图像内容丰富，绘画风格也简拙了很多，尽管如此，"释迦说法图"扉画中的主尊释迦取四分之三侧面角度，闻法众和请法者须菩提也相应地进行了角度转换，基本图像表现模式和王玠本《金刚经》则是一致的。五代时期的敦煌由曹氏归义军统治，与中原的关系并不十分紧密，这件扉画又是绘本，不必出自某个文化发达的版刻中心，很可能就是敦煌本地工匠所绘制的。

第二个例子是北宋雍熙二年吴守真本《金刚经》，这件作品今藏于日本京都清凉寺，简称"吴守真本"或"清凉寺本"。

京都清凉寺珍藏一尊北宋旃檀佛像（图1-7），是日本僧人奝然（938—1016）自宋请回日本的。1954年维修旃檀佛像时，在造像腹内发现四幅北宋雍熙年间（984—987）版画，其中一幅是《金刚经》刊本的卷首扉画，即吴守真本。

这卷北宋《金刚经》刊本为梵策装，纸本，高15.7厘米，长81.9厘米。卷首扉画"释迦说法图"（图1-8），图像自右向左分为三部分。

第一部分位于画面右侧，图像以释迦为中心。释迦呈四分之三侧面，似在说法，头顶宝盖，后有头光及身光，面前置香案。

图1-7　清凉寺旃檀佛像，北宋，浙江台州工匠制作，日本京都清凉寺藏

释迦左侧（画面右侧）有一位年长的弟子和五身金刚，最前面绘二菩萨；释迦右侧有一年轻弟子，弟子身后有三身金刚，前面有二菩萨。第一组图像中所绘人物非常密集，上端左、右两角分书写"四菩萨众"与"八金刚众"榜题。

第二部分为画面中段及左侧下半部，这部分图像的核心是香案前的请法者。他跪在释迦面前，双手合十，面带恭敬，其右侧榜题书"须菩提"字样。须菩提左侧（画面上面）有两块方毯，方毯上分别跪着五位比丘及五位宰官，均在合掌闻法，榜题书"比丘众"及"人天众"。他们上方有一身飞天，面对释迦，双手托盘，正在供养。须菩提身后（画面左侧）绘出一国王，合掌跪在方毯上，榜题书"舍卫国王"，其身后站着两位侍从，各持一长柄障扇。舍卫国王身后有一老一少，似在交谈，通过榜题可知是"给孤独长者"与"祇陁（陀）太子"；祇陀太子身后有两位侍从。

第三部分是画面左上端，与第二部分之间以山峦隔开，暗示所绘的是另一时空场景。画面中绘四分之三侧面的释迦立像，右手托钵，足踏莲座。释迦面对着一个城门，榜题书"舍卫大城"字样。

吴守真，史书无载，高邮军设于北宋开宝四年（971），治所在今天的江苏省高邮市，属淮南路统辖。发现此件经卷的清凉寺旃檀佛像制作于浙江台州，佛像背面盖板内侧刻有台州工匠张延皎、延袭兄弟的名字。[1]综合旃檀佛像腹内其他纳藏品信息，推测清凉寺本《金刚经》刊刻于江浙某地。

第三例是黑水城遗址出土的西夏《金刚经》扉画。

黑水城位于内蒙古阿拉善盟额济纳旗，20世纪初由科兹诺夫（КОЗЛОВ Петр Кузьмич, 1863—1935）率领的俄国探险队在此地发现大批西夏文献和艺术品，其中有多件带有精美扉画的《金刚经》刊本。

以编号TK18为例，这件经卷刊刻于西夏乾祐二十年（1189），今藏在圣彼得堡的俄罗斯科学院东方文献研究所（Institute of Oriental Manuscripts, Russian Academy of Sciences）。该本《金刚经》为经折装，每折面宽11厘米，高23厘米。经文前的扉画占四折面（图1-9），释迦位于第二折面，角度同样取四分之三侧面，结跏趺坐，背后有头光与身光。四周刻出闻法众，或跪或立，簇拥着正在说法的佛陀。该图的榜题数量甚至比清凉寺本还多，婆罗门众和善女人的形象也是清凉寺本所没有的。在扉画四周，匠师以云气和山石收边，以利于观者将视线集中于画面中心位置。

---

① 奈良国立博物馆：《聖地寧波：日本仏教1300年の源流》，奈良国立博物馆，2009年，第280页。

金剛般若波羅蜜經啟請

若有人受持金剛般若波羅蜜

金剛般若波羅蜜

舍衛大城

給孤獨長者

祇陀太子

图1-8　吴守真本《金刚经》扉画，北宋雍熙二年（985），纸本，
高15.7厘米，日本京都清凉寺藏

京都清凉寺所藏这件《金刚经》卷末有北宋雍熙二年（985）发愿文：“高邮军弟子吴守真舍净财，开此版印施，上答四恩三友，下酬生身父母，然保自身。雍熙二年六月日纪。”清凉寺本《金刚经》扉画有一个显著特征，就是榜题较多，宿白曾评价这幅扉画“人物众多并附有榜题”，并指出：“构图繁缛和多标榜题的作法，应是北宋初佛经扉画的新发展。”

金剛經啓請

若有人受持金剛經者先須志心念淨口業真

图 1-9　TK18《金刚经》扉画，西夏乾祐二十年（1189），纸本，
每折面高 23 厘米，宽 11 厘米，黑水城遗址出土，俄罗斯科学院
东方文献研究所藏

这件西夏《金刚经》扉画的榜题众多，数量比清凉寺藏北宋吴守真本《金刚经》扉画更多。在画面空隙处，工匠一共刊刻出12个榜题，分别是："十大弟子""八金刚"（第一折面）；"四菩萨""比丘众"（第二折面）；"天人众""长者""舍卫国王""善男子""须菩提"（第三折面）；"婆罗门众""祁（祇）陁（陀）太子"和"善女人"（第四折面）。经卷结尾刊刻发愿题记："大夏乾祐二十年（1189）岁次己酉三月十五日正官皇后罗氏谨施"。

图 1-10　TK247《金刚经》扉画，西夏，纸本，黑水城遗址出土，俄罗斯科学院东方文献研究所藏

　　从已公布的黑水城佛经看，西夏曾出现过多种形式的《金刚经》扉画，图像繁简程度不同，但都遵循着四分之三侧面的主尊表现这一基本模式（图 1-10）。其中前述 TK18《金刚经》扉画形式最常见，TK14 和 TK17《金刚经》扉画也采用了相同的版画，很可能与那位笃信佛教的罗姓皇后的施印活动有关。

　　尽管这幅三折面的西夏《金刚经》扉画多处残破，但画面结构很清晰。扉画中出现 5 处榜题，第二折面顶部的"释迦牟尼佛"榜题，是唯一横向书写的。此外还有"诸大菩萨""声闻弟子"（第二折面）、"十方诸佛"和"国王大臣"（第三折面）4 处榜题。其中扉画左上角的"十方诸佛"是新出现的内容，可视为前举清代宫廷本《金刚经》册扉画"十方诸佛"的图像来源。

第三节

说法图之初步定型

如前几例《金刚经》卷首扉画，以雕版刊印本为主，同时也有绘本；在形制方面，存在着卷轴装、经折装与册装的差别；此外从地理分布与传播角度，更囊括了极为广阔的地域：从中国北方到东南沿海，从西陲敦煌到东瀛日本。

然而这些《金刚经》卷首扉画的基本图像模式却有着内在一致性，并与同主题的壁画形式判然有别。二者最显著的差异是石窟中的"金刚经变"题材壁画①不需要考虑图像与经文之间的关系，画面均以正面角度表现主尊以及整个说法场景。而经卷中的《金刚经》扉画则要考虑如何与经文相配合，因此主尊往往以四分之三侧面角度加以呈现，位于图像中部或偏右位置，面向画面左侧，这样紧接在扉画后面的经文，犹如佛陀亲口宣讲出的一样，此外闻法众和场景也需要进行相应的角度调整。

随着视角的调整，扉画面貌也显得平易近人，更近于现实，和石窟中庄严凝重的"金刚经变"壁画明显拉开了距离。不仅是形式，二者在图像内容上也有所不同，以下仅就两点略加阐发。

第一个区别，《金刚经》的卷首扉画很重视表现跪在释迦面前的"请法者"须菩提，版画中往往刻出"须菩提"或"长老须菩提"字样的榜题。然而"金刚经变"主题壁画则与之完全不同，敦煌现存十余铺"金刚经变"壁画，无一例绘出须菩

---

① 敦煌莫高窟今存 18 铺金刚经变壁画，时代从盛唐晚期至晚唐。详阅贺世哲：《敦煌壁画中的金刚经变研究》，《敦煌研究》，2006 年第 6 期，第 35–42 页；贺世哲：《敦煌壁画中的金刚经变研究（续）》，《敦煌研究》，2007 年第 4 期，第 16–28 页。

图 1-11　莫高窟第
112窟南壁金刚经
变，中唐

提的形象，取而代之的是佛陀面前的乐舞形象。在石窟中"金
刚经变"壁画出现较晚，因而必然会受到早已流行的净土式经
变图的影响。在《阿弥陀经》《药师经》或《弥勒下生经》等
经典中，均存在两个"经主"①：一是说法者释迦牟尼，二是被
说的阿弥陀佛、药师佛或弥勒，二者是"能说"和"所说"的
关系。敦煌净土式经变均以后者——即"所说"者为主尊，如
"西方净土变"绘阿弥陀佛、"药师经变"绘药师佛等，因此图
像中无须描绘请法者。"金刚经变"壁画以释迦为主尊，与净土
式经变图中以所说者为主尊不同，但在形式上又沿袭了净土式
经变无请法者的惯常做法，因此未出现须菩提的形象。

　　第二个区别体现在场景表现上。壁画"金刚经变"的场景
描绘沿袭了更早出现的经变图样式，大致有三种类型。第一种
背景以宫殿、宝台为主，类似于"西方净土变"，如莫高窟中
唐第144窟南壁。第二种以山峦为背景，典型实例见于中唐第
112窟南壁（图1-11）、第154窟东壁，与"法华经变"的灵鹫
山说法图相似。第三种表现模式是前两种类型的结合，如中唐
第359窟南壁、晚唐第156窟南壁，无论哪一种类型，场景表
现都显得庄严神圣。与之相比，《金刚经》的卷首画则明显更为
平实，并且通过地面花砖、树木、祇陀太子、给孤独长者以及
榜题等方式，向观者强调"祇树给孤独园"这一说法处所。在
这方面，王玠本和清凉寺本《金刚经》插图体现得尤为突出。

　　当我们进一步扩大视野，考察《金刚经》以外的早期经卷
佛画，则会发现这种形式有别于壁画，以四分之三侧面加以表
现的经卷佛画之说法图主题在北宋之前已然非常流行。

　　一个典型例子，就是五代时期吴越国流行的《一切如来心
秘密全身舍利宝箧印陀罗尼经》，简称《宝箧印陀罗尼经》。这
是一部佛教密宗经典，仅一卷，汉译者是"开元三大士"之一
的不空（705—774）。五代吴越国王室虔信三宝，末代国王钱

① 在佛教文献中，"经主"一词有不同所指，最常见的用法是指某部佛经主要记
述之佛，唐代对《金刚经》的诠释性著述诸如道氤（668—740）集《御注金
刚般若波罗蜜经宣演》、昙旷撰《金刚般若经旨赞》，均以"经主"指称释迦。
此外该词还有时指某部佛经的译者或施钱造经的供养人。本文取"经主"的
第一种含义。

弘俶（948—978 年在位）崇佛尤甚，曾三次主持雕印《宝箧印陀罗尼经》各八万四千卷，在铜、铁阿育王塔及雷峰塔内供养，以求国泰民安。三次印经，分别在后周显德三年（956）、北宋乾德三年（965）和北宋开宝八年（975），三种刻本依次称"丙辰本""乙丑本"和"乙亥本"，保留至今的遗物尚多。[1]

如浙江省博物馆藏吴越乙丑本（965）《宝箧印陀罗尼经》，[2] 卷轴装，卷首刊刻题记，题记后面是一幅横式木刻卷首画（图1-12）。画面右半幅为礼佛图，这是根据《宝箧印陀罗尼经》内容而定的，但其形式与《金刚经》的释迦说法图非常相似：画面中佛陀取四分之三侧面，两侧有弟子和胁侍菩萨，左半幅描绘出两个叙事性图像，三组图像之间以山石及建筑略做空间划分，显得紧凑且自然。总的来说，这幅卷首画风格较唐代王玠本《金刚经》更为古朴简拙，但二者形式大体类同。佛经扉画中出现叙事性图像，就目前发现的材料看，以吴越国《宝箧印陀罗尼经》为最早。

韩国五台山月精寺石塔内，曾发现过辽统和二十五年（1007）刻本《宝箧印陀罗尼经》，[3] 卷首有一幅佛画（图1-13），右侧有辽统和二十五年（1007）题记，这时高丽国用辽的年号，实则该经卷为高丽刻

一切如来心秘密全身舍利寶

---

[1] 详阅张秀民著，韩琦增订：《中国印刷史（插图珍藏增订版）》，浙江古籍出版社，2006 年，第33—36页；黎毓馨：《吴越胜览——唐宋之间的东南乐国》，中国书店，2011 年，第13—15、156—175 页。
[2] 黎毓馨：《吴越胜览——唐宋之间的东南乐国》，中国书店，2011 年，第 159 页。
[3] 同上，第 15 页。

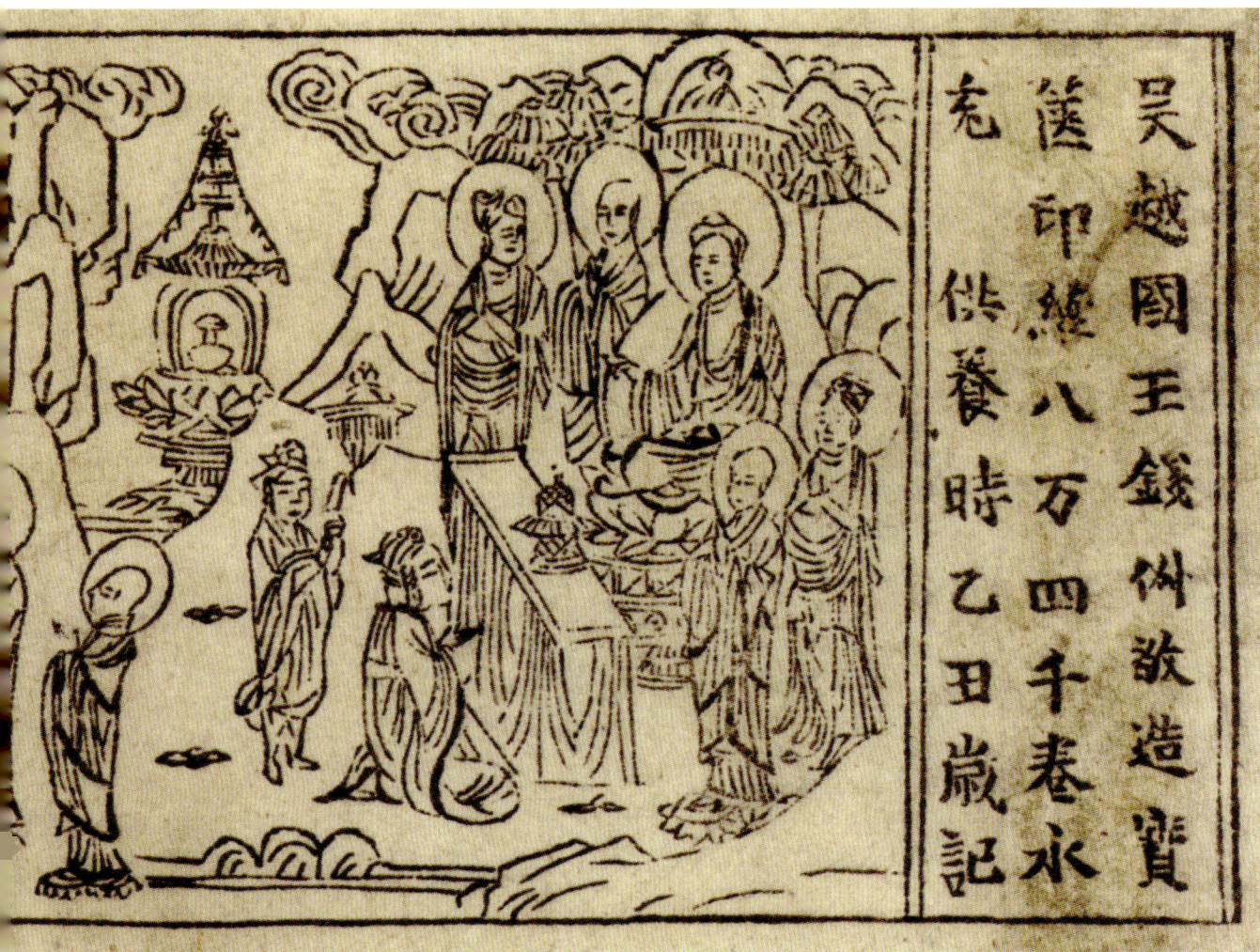

图 1-12　吴越刻本《宝箧印陀罗尼经》卷首画，五代吴越乙丑岁（965），纸本，高 8.5 厘米，绍兴铁阿育王塔出土，浙江省博物馆藏

这卷五代吴越的《宝箧印陀罗尼经》于 1971 年出土于浙江绍兴，原藏在一座阿育王铁塔内的小木筒里，阿育王铁塔底方形铁板上铸"吴越国王俶敬造宝塔八万四千所，永充供养，时乙丑岁记"字样。经卷高 8.5 厘米，全长 182.8 厘米，共 220 行，卷首刊刻题记："吴越国王钱俶敬造《宝箧印经》八万四千卷，永充供养，时乙丑岁记。"阿育王铁塔及经卷题记都出现了"乙丑岁"纪年，当时吴越用北宋年号，"乙丑岁"为北宋乾德三年（965）。卷首画由三个情节构成，释迦也相应地出现三次。第一个情节在画面右侧，为婆罗门无垢妙光礼佛图，地点是摩伽陀国无垢园。然后是画面左上角，表现释迦应婆罗门之请，到其宅中接受供养。第三个情节在画面左下角，描绘释迦在丰财园古朽塔处说法，释迦身后，也就是画面上方中部有一佛塔，对应经文中所说的"古朽塔"。

本。整部佛经与插图形式都与吴越"丙辰本"非常相似，由此折射出五代宋初之际，以经卷佛画为载体的佛教文化艺术交流的历史实况。

综上，《金刚经》是最早在卷首绘说法图的佛经，自唐王玠本以后的一系列经卷，包括绘本和刻本，卷首位置都出现了大体相似的说法图。此外《宝箧印陀罗尼经》《法华经》等出现了类似的礼佛图或说法图扉画，后者将在下文中加以介绍。因而可以说在唐宋之际，中国艺匠创造出了图像形式有别于同题材壁画的佛经扉画，它以半侧面或四分之三侧面为特征，不同于传统壁画的正面对称式构图，从而形成了一种独特的佛画类型。不久之后，这种全新的佛教美术样式逐渐在汉字文化圈（包括中国、朝鲜半岛和日本）流行开来。

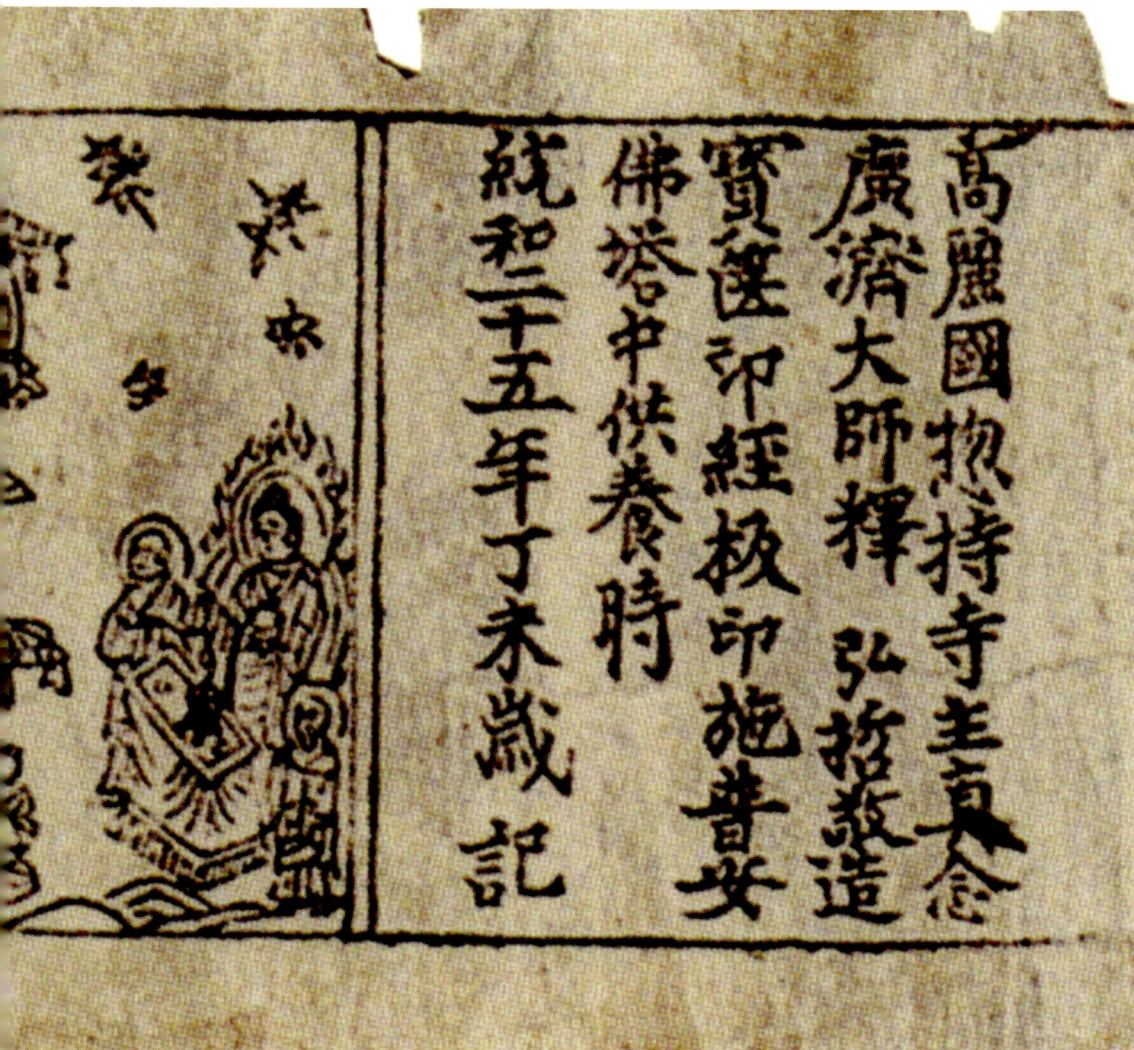

图 1-13　高丽刻本《宝箧印陀罗尼经》卷首画，
辽统和二十五年（1007），纸本，高 6.9 厘米，
韩国月精寺石塔出土，东京国立博物馆藏

　　高丽刻本《宝箧印陀罗尼经》卷首题记："高丽国惣（同'总'——笔者案）持寺主真念广济大师释弘哲敬造《宝箧印经》板，印施普安佛塔中供养，时统和二十五年丁未岁记。"题记后有佛画，明显受到吴越国佛经插图影响。区别在于，高丽刻本弱化了吴越国"乙丑本"卷首画右侧礼佛图部分，人物的数量少，体量（特别是释迦）也更小。比较几个不同版本，笔者判断这幅高丽刻本（1007）模仿自吴越国"丙辰本"（956），而非"乙丑本"和"乙亥本"。几个不同版本的《宝箧印陀罗尼经》卷首画虽有小异，然而右侧礼佛图的主尊四分之三侧面表现模式却始终没变。

第四节 ❀ 正面主尊表现模式

以上所举经卷佛画之说法图实例，主尊均呈四分之三侧面，相应的闻法众、请法者和背景表现也都要与主尊的角度相匹配，整幅画面的绘画空间自然具有一定的角度。佛画中说法的佛陀朝向左侧经文方向，一方面在视觉上有助于引导观者视线；另一方面可令念诵者感到，画后的经文好像是佛陀亲口宣讲出的。这种扉画表现模式符合古汉语从右到左的阅读习惯，应该说它是为汉文佛经"量身定做"的，既和梵语、胡语书籍的阅读方式有别，同时也和壁画的表现模式不同。

中唐以后，这种独特的汉文经卷佛画表现模式逐渐流行，宋元之际成为佛经扉画中最常见的类型。尽管如此，正面角度的主尊表现模式在经卷佛画中也不鲜见，它与壁画形式大体一致，和前述四分之三侧面表现模式长期并存发展。

考察常见佛教经典的扉画形式，可以发现，《华严经》的扉画运用正面角度主尊、对称式构图的比例很高。简言之，《华严经》扉画在形式上与壁画更接近。

杭州龙兴寺北宋刊本《华严经》是一件雕版印经精品，今藏在台北故宫博物院。根据题跋可知，经板刊刻于北宋淳化咸平年间（990—1000），前后历时十一年，印行千部。[①] 经卷内容为"八十华严"，经折装，用藏经纸，全经之首有一幅占五折面的扉画"七处九会图"（图 1-14）。画面描绘了佛在七处道场的九次法会，居中的说法图体量最大，占满一折面，主尊头

---

① 何传馨等：《千禧年宋代文物大展》，台北故宫博物院，2000 年，第 412 页；林柏亭主编：《大观：宋版图书特展》，台北故宫博物院，2011 年，第 200、201 页。

戴宝冠，为法身佛毗卢遮那，左右胁侍为乘狮文殊菩萨、乘象的普贤菩萨，构成"华严三圣"。其余八会各占半折面，上下分栏、左右对称，上部四会的主尊呈四分之三侧面，二目略垂，朝向中心折面的佛陀；下部四会的主尊则为正面。整体上看，扉画呈对称式构图，居中的"华严三圣"也都是正面角度，因此该画属正面主尊表现模式。

通过图像比对，可以看出此种表现模式同壁画或绢画大体一致（图1-15），很可能与使用了这些媒介的图样粉本有关，尽管匠师也会在构图、比例或细节上做相应的调整，但这种表现模式本身难以体现出经卷佛画的独特性。

对华严美术而言，黑水城遗址出土的佛画非常重要。这里共出土了8件有扉画的汉文经卷，包括西夏刻本和金刻本。其中6件《普贤行愿品》扉画（编号TK61、TK64、TK72、TK98、TK142、TK243）；1件《梵行品》扉画（TK246）；1件仅残存部分扉画以及刊刻"大方广佛华严经变相"字样的榜题，经文部分已不存（TK114）。

在这8件扉画中，说法图为正面主尊、对称式构图的有6例，堪称主流形式，以下举两例《普贤行愿品》扉画，一个图像繁复，一个简洁异常。

图像复杂的是编号TK142的《普贤行愿品》扉画（图1-16），[1]经折装。扉画左右对称，居中是戴宝冠的毗卢遮那佛，左右为普贤、文殊二大菩萨，面前居中跪者为眉间胜音菩萨，两侧是善财童子和弟子宝戒。画面中数量最多的是菩萨，此外还有十方诸佛、天众、天龙八部、杂类诸神众等，人物众多、场景恢宏。右上角榜题刻"大花（华）严经九会圣众"，说明制作时并不是仅仅想表现《普贤行愿品》这一品。

图像简洁的扉画实例是编号TK243的扉画（图1-17）。[2]这是一件金刻本，经折装。扉画占两折面，仅刊刻出一身正面的毗卢遮那佛像，结跏趺坐在莲座上，背后有头光和身光，并刻出大量代表云气和佛光的优美线条，暗示出法身佛的"大日"或"光明遍照"之意涵。以上两例《普贤行愿品》扉画，虽繁简差异极大，但都归于正面主尊、对称式构图的表现模式。

① 俄罗斯科学院东方研究所圣彼得堡分所、中国社会科学院民族研究所、上海古籍出版社编：《俄藏黑水城文献》第3册，上海古籍出版社，1997年，第216、217页。
② 俄罗斯科学院东方研究所圣彼得堡分所、中国社会科学院民族研究所、上海古籍出版社编：《俄藏黑水城文献》第4册，上海古籍出版社，1997年，第296页。

图 1-14 杭州龙兴寺刊本《华严经》扉画，北宋淳化咸平年间（990—1000），
经折装，纸本，高 24.3 厘米，宽 54 厘米，台北故宫博物院藏

　　北宋杭州龙兴寺刊本《华严经》的扉画主题是"七处九会图"。"七处九会"，对应的
是唐代实叉难陀（652—710）所译之"八十华严"，而东晋佛驮跋陀罗（359—429）译出的
"六十华严"则为"七处八会"。"九会"依次是：一菩提道场会（一至六品）、二普光法堂会
（七至十二品）、三忉利天宫会（十三至十八品）、四夜摩天宫会（十九至二十二品）、五兜率

天宫会（二十三至二十五品）、六他化自在天宫会（二十六品）、七普光法堂会（二十七至三十七品）、八普光法堂会（三十八品）、九逝多园林会（三十九品）。第二、七、八会的地点均为普光明殿，所以"九会"的讲法道场有"七处"。

图 1-15 《华严经》变相，五代（10 世纪初），绢本设
色，高 194 厘米，宽 179 厘米，敦煌藏经洞出土，法国
吉美博物馆（Musée Guimet）藏

图 1-16　TK142《普贤行愿品》扉画，西夏刻本，经折装，内蒙古黑水城遗址出土，俄罗斯科学院东方文献研究所藏

大方廣佛華嚴經入不思議解脱境界
普賢行願品
大唐罽賓國三藏般若奉　詔譯

毗盧遮那佛

图1-17　TK243《普贤行愿品》扉画，全刻本，经折装，内蒙古黑水城遗址出土，
俄罗斯科学院东方文献研究所藏

与《华严经》一样，《法华经》扉画同样存在着两种图像模式并存的现象。不同之处在于，四分之三侧面的主尊表现模式在《法华经》扉画中更为多见。《法华经》扉画是经卷佛画的一大重点，对此本书第三、四章再做详细讨论，本章仅举少数实例，旨在阐明描绘相同的主题，同时存在着两种不同的扉画表现模式。

宋代插图本《法华经》极为流行，无论绘本还是雕版刊本，多数扉画中说法图都以四分之三角度来表现释迦，类似于咸通九年王玠本《金刚经》插图，然而也还是存在着少数正面表现模式的《法华经》扉画，犹若壁画。如中国国家图书馆所藏北宋大观年间（1107—1110）《法华经》扉画，为临安（今浙江杭州）贾官人经书铺刊所印制。①全经之首有一幅扉画说法图（图1-18），占五折面，画面采取对称式构图，以正面的释迦为中心，释迦头顶华盖，两侧有十方诸佛和文殊、普贤等菩萨，释迦身旁围绕着弟子、菩萨、天王、诸天等众，人物繁多，主次分明，雕刻精细，颇具气象。

辽代的插图本《法华经》也同样存在着两种图像表现模式。1974年，山西应县佛宫寺释迦塔（俗称"应县木塔"）第四层释迦像腹中发现装藏佛经，有数卷辽民间刊刻的《法华经》，全部为传统的卷轴装。其中保留了三幅较为完整的卷首画，其中两幅画面右侧刻释迦说法图，②采用斜向的主尊表现模式，释迦朝向左侧的经文方向（图1-19）。

另一幅卷首画（发现两个印本）构图与前者不同，③佛陀居画面中央，正面朝向观者（图1-20）。李之檀认为它"很像是一幅大壁画的缩影"④，其实这主要缘于正面主尊、对称式构图的表现模式。

综上所述，以四分之三侧面角度表现的佛陀说法图，自从唐代被创造出来之后，到辽宋西夏金时代，逐渐成为汉文佛经卷首画最常见的类型。然而通过以上几例经卷佛画不难看出，即便在这个时期，佛经插图中依然不乏正面角度、对称表现模式的说法图，尽管其数量相对较少。可以这样讲，上述两种表现模式长期并存发展，这种情况一直延续到明清。

① 任继愈主编：《中国国家图书馆古籍珍品图录》，北京图书馆出版社，1999年，第77页。
② 山西省文物局、中国历史博物馆主编：《应县木塔辽代秘藏》，文物出版社，1991年，第109、116页。
③ 同上，第170、173页。
④ 李之檀：《中国版画全集·佛教版画》，紫禁城出版社，2008年，第31页。

图 1-18 临安贾官人经书铺刊本《法华经》扉画，北宋大观年间（1107—1110），经折装，
纸本，高 18.1 厘米，宽 40.5 厘米，中国国家图书馆藏

　　临安贾官人经书铺刊本《法华经》扉画的一个突出特征是榜题众多，共有 20 处，折面
从右向左依次为，第一折面 5 处："地涌菩萨""妙音菩萨""阿修罗王""龙王"和一处残缺
难辨的榜题；第二折面 5 处："紧那罗王""天王""日宫天子""菩萨众"及"比丘尼"；第
三折面 2 处："舍利弗"和"阿阇世王"；第四折面 6 处："天王""乾闼婆""帝释""星天

子""月宫天子"和"梵王";第五折面2处:"迦楼那"和"龙王"。此外扉画左下角刻"凌璋刀"三字,卷末另有"临安府众安桥南贾官人经书铺刊"牌记。凌璋应是一位北宋末期一流刻工,日本龙谷大学所藏宋刻版画《佛国禅师文殊指南图赞》也出自该匠师之手。

图 1-19　辽刻《法华经》第四卷卷首画，辽，卷轴装，纸本，高 24.1 厘米、宽 50.8 厘米，山西应县木塔出土，山西应县木塔文物管理所藏

卷首画右上角刻"燕京雕历日赵守俊并长男少弟同雕记"。画面描绘了《化城喻品》第七、《五百弟子授记品》第八和《授学无学人记品》第九的内容，相应地出现了4处榜题，镌刻出"化作大城垣庄严诸舍宅周匝有园林男女皆充满""五百弟子授学无学人记品"等字样。

图1-20　辽刻《法华经》第八卷卷首画，辽，卷轴装，纸本，高23厘米，
宽50.2厘米，山西应县木塔出土，山西应县木塔文物管理所藏

　　这幅卷首画表现了《妙音菩萨品》第二十四、《观世音菩萨普门品》第二十五、《陀罗尼品》
第二十六、《妙庄严王本事品》第二十七和《普贤菩萨劝发品》第二十八的内容。画面上共刻出
13处榜题，各有图像与之对应。比如，画面当中的主尊为头顶放光的正面坐佛，和主尊相配合

的是画面上方居中的榜题："佛放眉间白毫相光遍照东方八百万亿那由他等诸佛世界"，图像和榜题文本来自《妙音菩萨品》。再如，这段榜题右侧镌刻"普贤菩萨与无量菩萨从东方来所经国土普皆震动"字样，它及其右侧图像共同表现了《普贤菩萨劝发品》内容。

中国
佛教美学
典藏

经图互文

第二章

引 言 ✦

文字与图像的互文性

除扉画外，随文插图是另一种重要的经卷佛画形式。顾名思义，随文插图的主要特征是图像和相应之经文被安置在一处，彼此配合，就像"插图"这个词的字面含义所显示的那样，而不像卷首扉画和拖尾画，图像出现在经卷起首处或是末尾。具有随文插图的佛经自唐至清一直都较为流行，最常见的经典是《妙法莲华经·观世音菩萨普门品》，别行时有时改名为《观音经》，此外还多见于《阿弥陀经》《药师经》《佛顶心大陀罗尼经》等。中国以外，随文插图式佛经还在朝鲜半岛和日本这两个汉传佛教地区流行。

随文插图的重点在于图像与文字间的互文性。根据"图"与"文"的位置关系，随文插图可分为两种基本类型：上图下文式、右文左图式。从现存作品看，佛经中上图下文式插图似乎流行得更早，在唐五代时是插图式佛经的主流形式。右文左图式插图到宋代以后才逐渐流行起来，而这时上图下文式插图并未被后者取代，两种类型长期并存发展。本章分为两节，分别讨论上图下文式和右文左图式插图，此外为了更清晰地说明佛经插图在"图""文"关系方面的特质，亦将它与图文并茂的卷轴画略做对比。

第
一
节

上
图
下
文
式
插
图

唐五代的上图下文式佛经插图主要见于敦煌藏经洞遗珍。

从题材上看，可分有两大类。第一类是佛名类经典，如《佛说佛名经》、《现在贤劫千佛名经》（图 2-1 ）等。[①] 经卷中每尊佛的名号上方各有一身相对应的佛像，从而形成两排，佛像均结跏趺坐在莲座上，具头光与身光，图像形式高度程式化，区别仅在于用色。

艺术价值高的当属第二类——具有叙事性内容的经典，其中最重要的题材是《观世音菩萨普门品》（以下简称"《普门品》"）。《普门品》是整部《法华经》的第二十五品，内容是说释迦应无尽意菩萨之请，宣讲观世音菩萨的功德事业，包括施十二种无畏、以种种应化身为众生说法等。由于知名度极高，《普门品》有时从《法华经》中分离出来"别行"，名《观音经》。

出自敦煌藏经洞的插图本《普门品》或《观音经》，有卷轴装和册子装两种形制。以法国国家图书馆收藏的敦煌插图本《观音经》（图 2-2 ）为例。[②] 这是一件晚唐五代（9 世纪末至 10 世纪上半叶）文物，卷轴装，纸本，长 520 厘米，高约 27 厘米，全卷采用上图下文结构，插图内容复杂、色彩鲜艳，绘制堪称精彩。

经卷上方插图部分的高度不及下方经文部分，但每段图像

---

① 同时期南方的实物，以浙江省博物馆藏唐五代墨书《佛说佛名经》卷二十五为代表，该经卷出土自浙江龙泉东大寺，卷轴装，每尊佛名号上各印朱色坐佛，共 322 尊。参阅黎毓馨：《吴越胜览——唐宋之间的东南乐国》，中国书店，2011 年，第 291 页。
② ［日］秋山光和监修：《西域美術：ギメ美術館》第 2 卷，讲谈社，1995 年，图版 94。

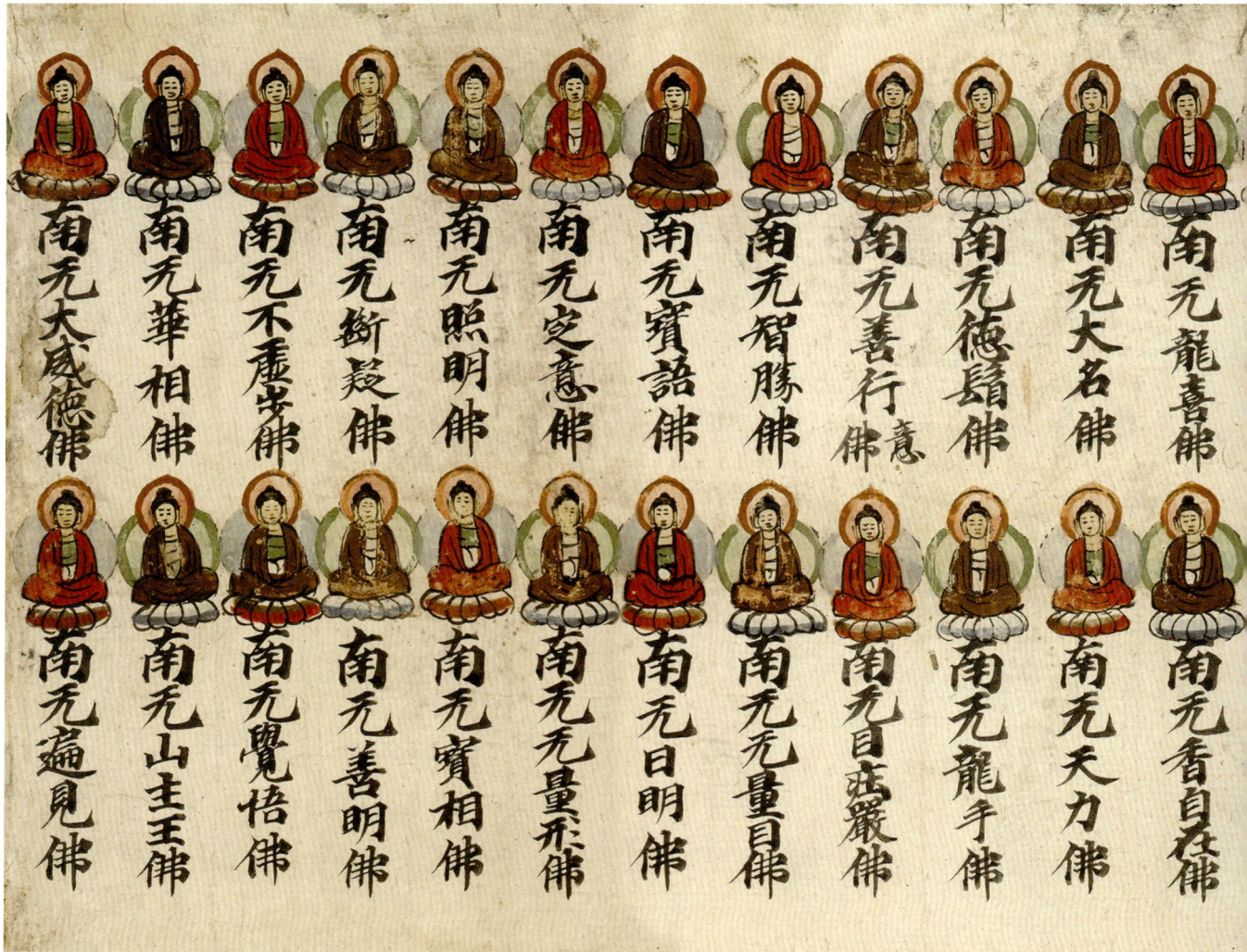

图2-1 《现在贤劫千佛名经》局部，10世纪，敦煌藏经洞出土，大英图书馆藏

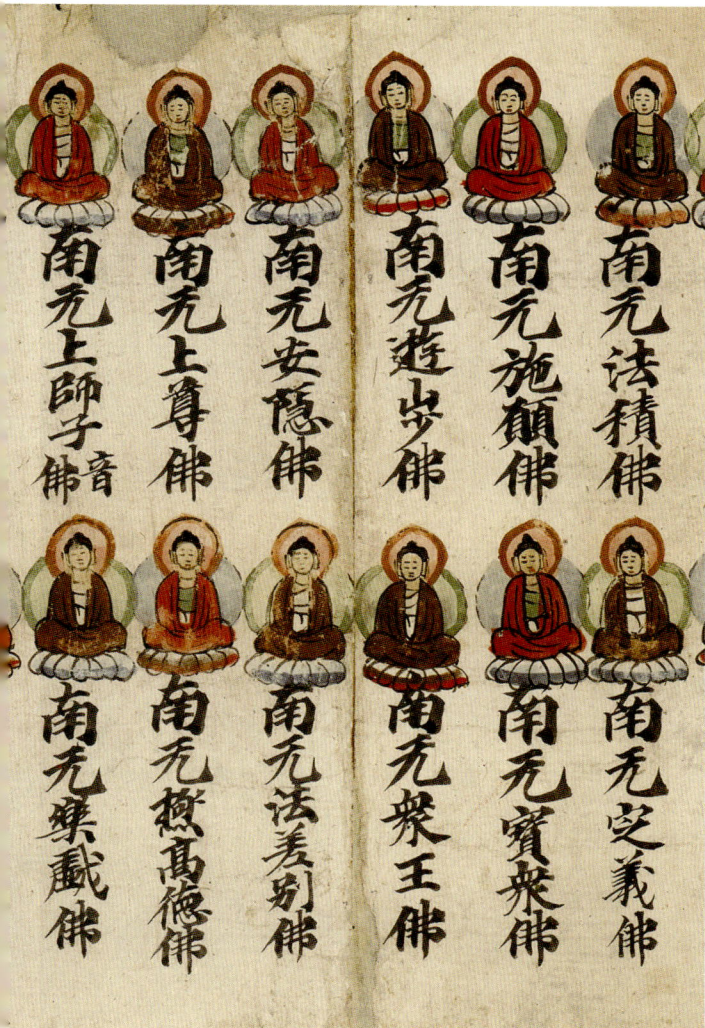

明显比文字更宽，因此两段经文之间留出了或宽或窄的间距，以求各段经文与插图一一对应（图 2-3）。经卷顶部、中部和底部各有一条水平贯穿的墨线，说明匠师在书写经卷、绘制插图之先就规定好了全卷的构图模式，以及图像与文字的位置关系。

绘制插图时，有些图像的画幅面积不够，这时匠师只得打破原先设定好的墨线"画框"的限制，特别是在经卷后半段，多次出现插图画到顶部墨线以上，甚至充满经卷顶部的现象（图 2-4）。对于上图下文式插图，由于文字与图像严格对应，且宽度一致，如何实现"图"与"文"的力量均衡，自然成为摆在匠师面前的一道难题。这件法国国家图书馆藏《观音经》插图尽管色彩绚丽、描绘手法富于天趣，然而该作品显然具有图像密集紧促而文字过于松散的问题，尚未尽善尽美。

敦煌的插图本《普门品》或《观音经》还有几件册子本。以大英图书馆藏编号 S.6983《观音经》册子为例[1]，其时代同样为晚唐五代（9 世纪末至 10 世纪初），纸本墨绘、部分设色，每页高 17.3 厘米、宽10 厘米，上部绘插图，下部书写经文（图2-5）。通揽全册，各页插图的分量大体相当，而经文的疏密差异显著，常有经文处留空以求与插图保持同步的现象（图 2-6）。

---

① ［英］韦陀监修：《西域美術：大英博物館スタイン·コレクシヨン》第 2 卷，讲谈社，1982 年，图版 56。

應以長者居士宰官婆羅門
婦女身得度者即現婦女
身而得度者

應以比丘比丘尼優婆
塞身得度者即現此
比丘優婆塞優婆夷身
而為說法

應以婆羅門身得度者即現婆
羅門身而為說法

應以宰官身得度者即現
宰官身而為說法

應以居士身得度者即現居
士身而為說法

應以長者身得度者即現
長者身而為說法

應以小王身得度者即現
小王身而為說法

應以毗沙門身得度者即現毗
沙門身而為說法

觀音經一卷

爾時持地菩薩即從座起
佛言世尊若有眾生聞是觀
世音菩薩品自在之業普門
示現神通力者當知是人功德
不少佛說是普門品時眾中八
萬四千眾生皆發無等等阿
耨多羅三藐三菩提心

無盡意菩薩
白佛言世尊
觀世音菩薩
云何遊此娑
婆世界云何
而為眾生說
法方便之力
其事云何

具一切功德
慈眼視眾生
福聚海無量
是故應頂禮

妙音觀世音
梵音海潮音
勝彼世間音
是故須常念
念念勿生疑
觀世音淨聖
於苦惱死厄
能為作依怙

諍訟經官處
怖畏軍陣中
念彼觀音力
眾怨悉退散

種種諸惡趣
地獄鬼畜生
生老病死苦
以漸悉令滅

真觀清淨觀
廣大智慧觀
悲觀及慈觀
常願常瞻仰
無垢清淨光
慧日破諸暗
能伏災風火
普明照世間
悲體戒雷震
慈意妙大雲
澍甘露法雨
滅除煩惱焰

雲雷鼓掣電
降雹澍大雨
念彼觀音力
應時得消散
眾生被困厄
無量苦逼身
觀音妙智力
能救世間苦
具足神通力
廣修智方便
十方諸國土
無剎不現身

蚖蛇及蝮蝎
氣毒煙火然
念彼觀音力
尋聲自迴去

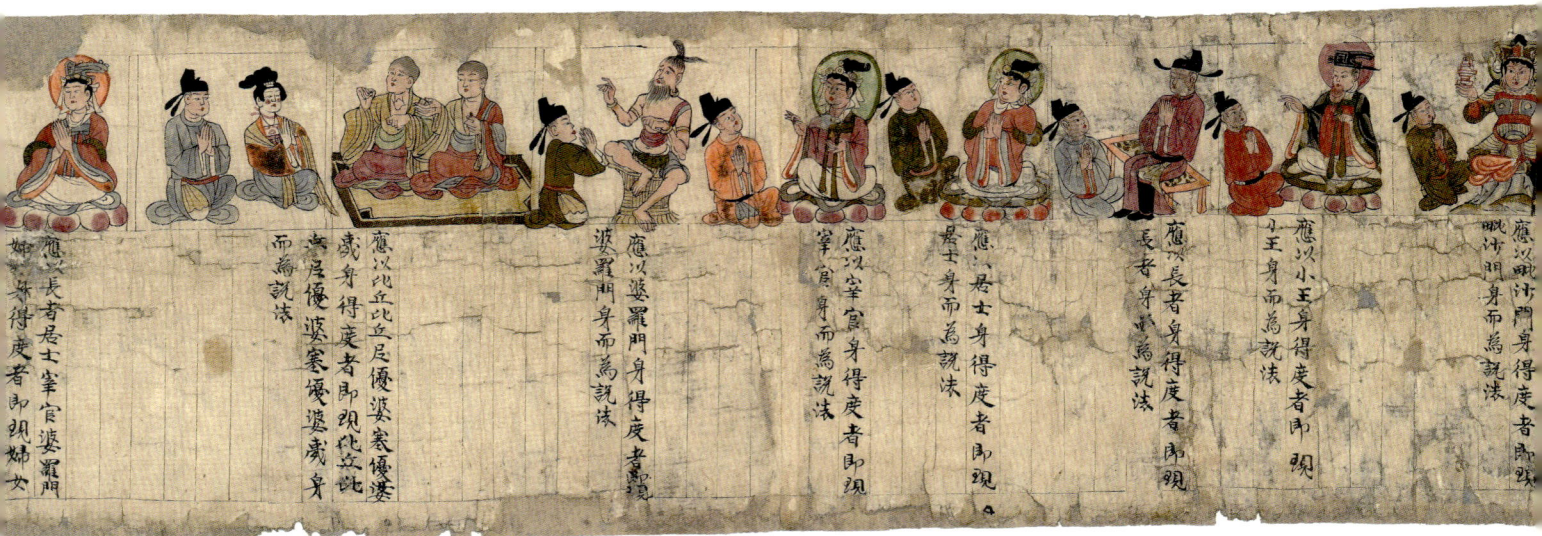

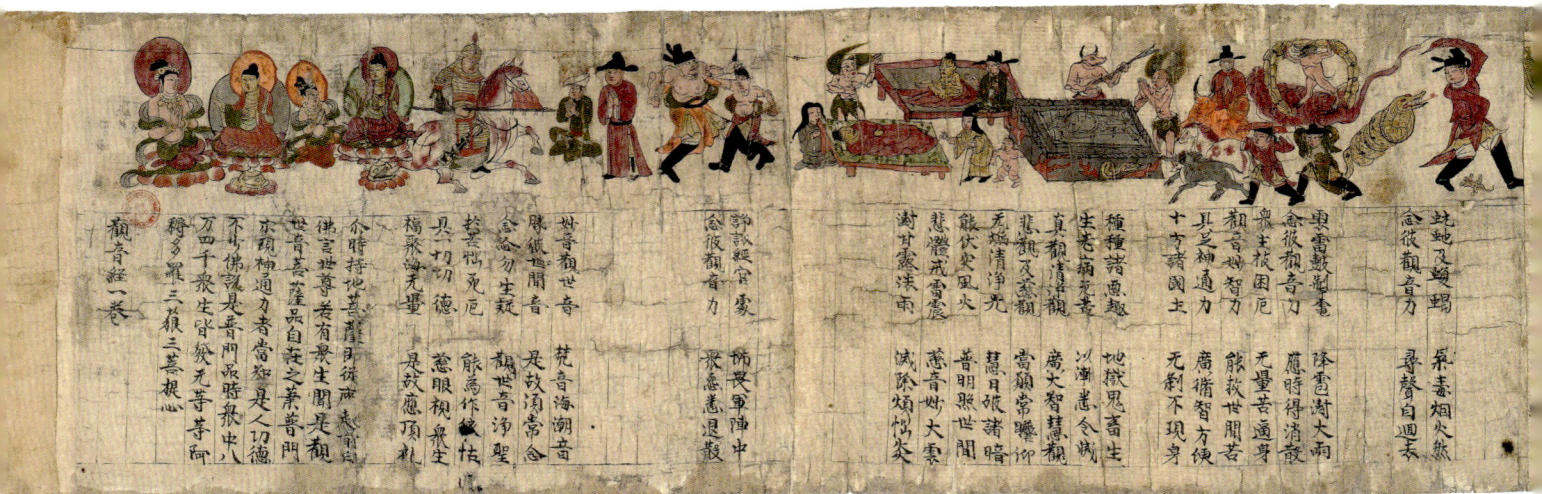

图 2-2 《观音经》卷，晚唐五代，敦煌藏经洞出土，法国国家图书馆藏

　　这卷敦煌插图本《观音经》由编号 P. 4513 和 P. 2010 两件敦煌文书拼合而成。
这两件不同编号的文书出自同一经卷，后裂为两段，其中较短的 P. 4513 在前（右），
较长的 P. 2010 在后（左），两件中间缺失一小段。

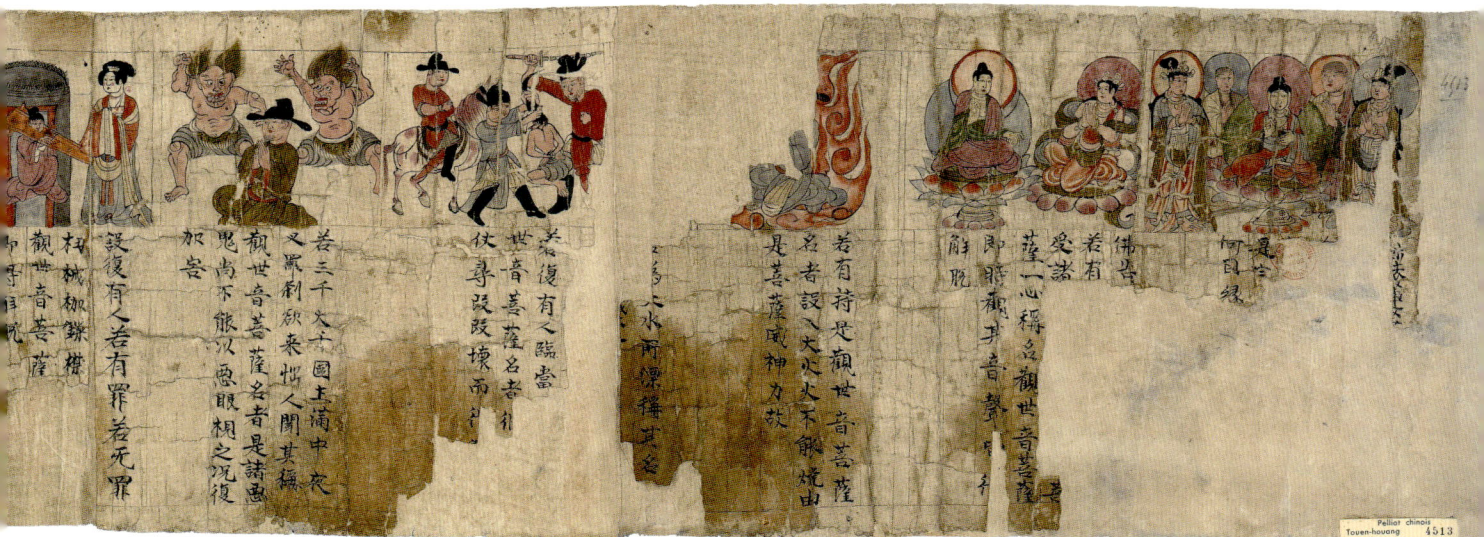

設復有人若有罪若無罪
杻械枷鎖檢繫其身稱
觀世音菩薩
者

若三千大千國土滿中夜
又惡鬼欲來惱人聞其稱
觀世音菩薩名者是諸惡
鬼尚不能以惡眼視之況復
加害

若復有人臨當
世音菩薩名者
彼所執刀杖尋段段壞而得
解脫

入水所漂稱其名

若有持是觀世音菩薩
名者設入大火火不能燒由
是菩薩威神力故

菩薩一心稱名觀世音菩薩
即時觀其音聲皆得
解脫

佛告
若有
受諸
即觀觀世音菩薩

是諸
何因緣

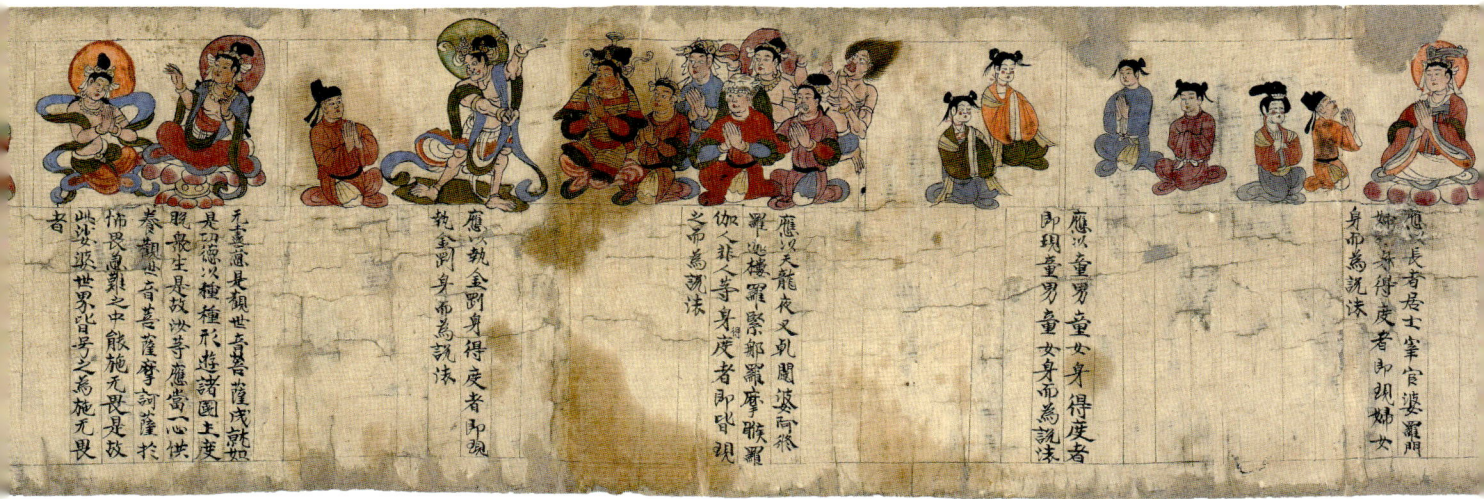

無盡意是觀世音菩薩成就
如是功德以種種形遊諸國土度
脫眾生是故汝等應當一心供
養觀世音菩薩於
怖畏急難之中能施無畏是故
此娑婆世界皆號之為施無畏
者

應以執金剛身得度者即現
執金剛身而為說法

應以天龍夜叉乾闥婆阿
修羅迦樓羅緊那羅摩睺羅
伽人非人等身得度者即皆現
之而為說法

應以童男童女身得度者
即現童男童女身而為說法

應以長者居士宰官婆羅門
婦女身得度者即現婦女
身而為說法

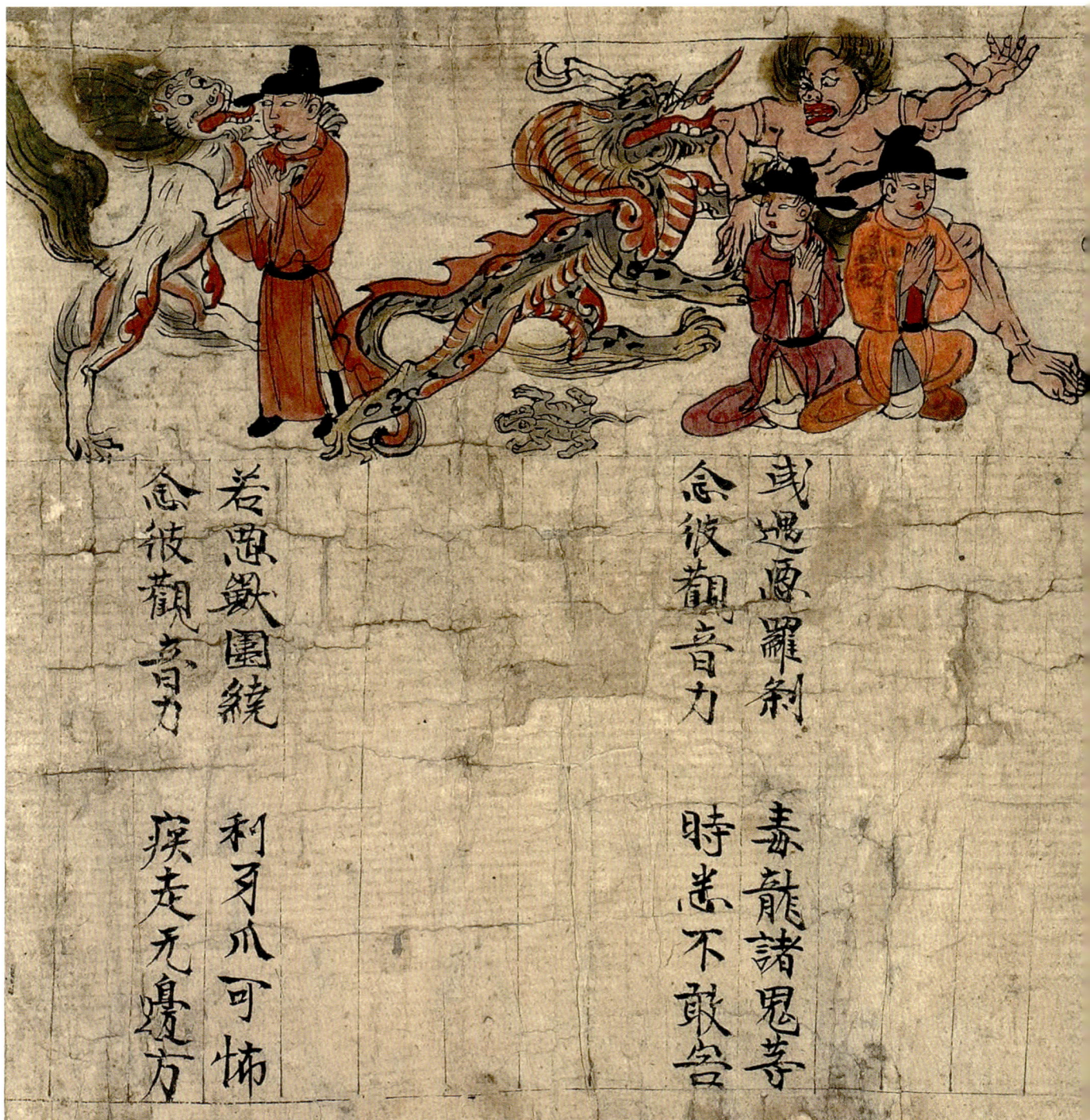

或遇恶罗刹
念彼观音力
毒龙诸鬼等
时悉不敢害

若恶兽围绕
念彼观音力
利牙爪可怖
疾走无边方

图 2-3 《观音经》卷局部一

　　该段描绘的后半段偈颂部分，内容为观世音菩萨解救众生"十二难"中的五难，从右到左分列。第一段刀杖难："或遭王难苦，临刑欲寿终，念彼观音力，刀寻段段坏。"第二段枷锁难："或囚禁枷锁，手足被杻械，念彼观音力，释然得解脱。"第三段咒诅毒药难："咒诅诸毒药，所欲害身者，念彼观音力，还著于本人。"第四段恶兽难："或遇恶罗刹，毒龙诸鬼等，念彼观音力，时悉不敢害。"第五段蛇蝎难："若恶兽围绕，利牙爪可怖，

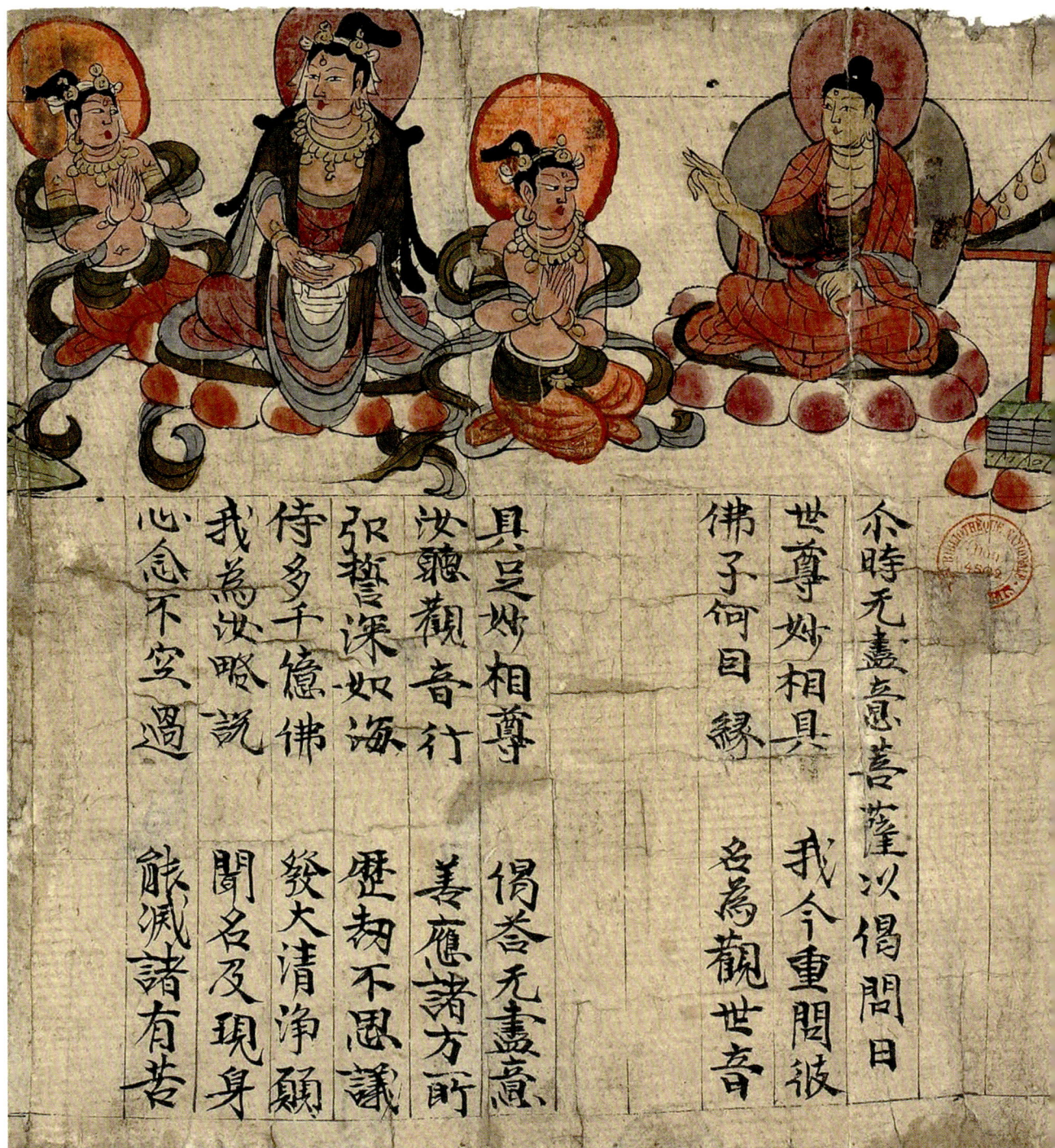

图 2-4 《观音经》卷局部二

这段内容是长行的结尾以及偈颂的开头。长行结尾描绘了观世音菩萨对释迦与多宝佛塔的供养："即时观世音菩萨愍诸四众，及于天、龙、人非人等，受其璎珞，分作二分，一分奉释迦牟尼佛，一分奉多宝佛塔。'无尽意，观世音菩萨有如是自在神力，游于娑婆世界。'"尔后经文由长行转入重颂部分，内容是无尽意菩萨与释迦的问答："尔时无尽意菩萨以偈问曰：'世尊妙相具，我今重问彼，佛子何因缘，名为观世音？'具足妙相尊，

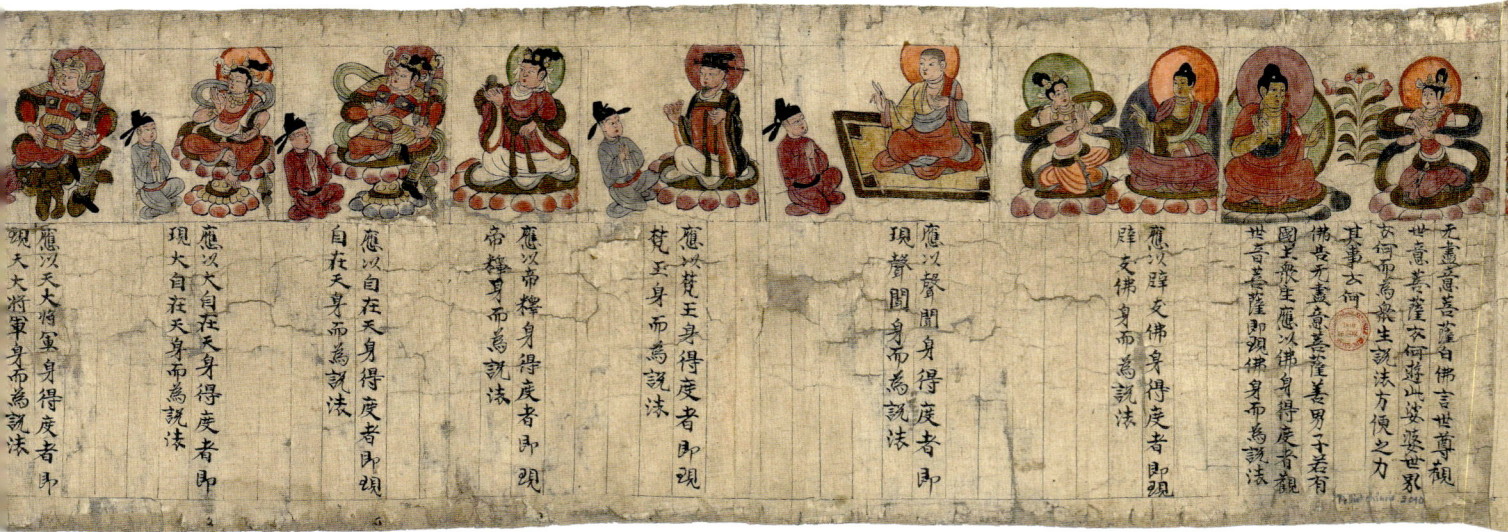

無盡意菩薩白佛言世尊觀
世音菩薩云何遊此娑婆世界
云何而為眾生說法方便之力
佛告無盡意菩薩善男子若有
國土眾生應以佛身得度者觀
世音菩薩即現佛身而為說法

應以辟支佛身得度者即現
辟支佛身而為說法

應以聲聞身得度者即
現聲聞身而為說法

應以梵王身得度者即現
梵王身而為說法

應以帝釋身得度者即現
帝釋身而為說法

應以自在天身得度者即
現自在天身而為說法

應以大自在天身得度者即
現大自在天身而為說法

應以天大將軍身得度者即
現天大將軍身而為說法

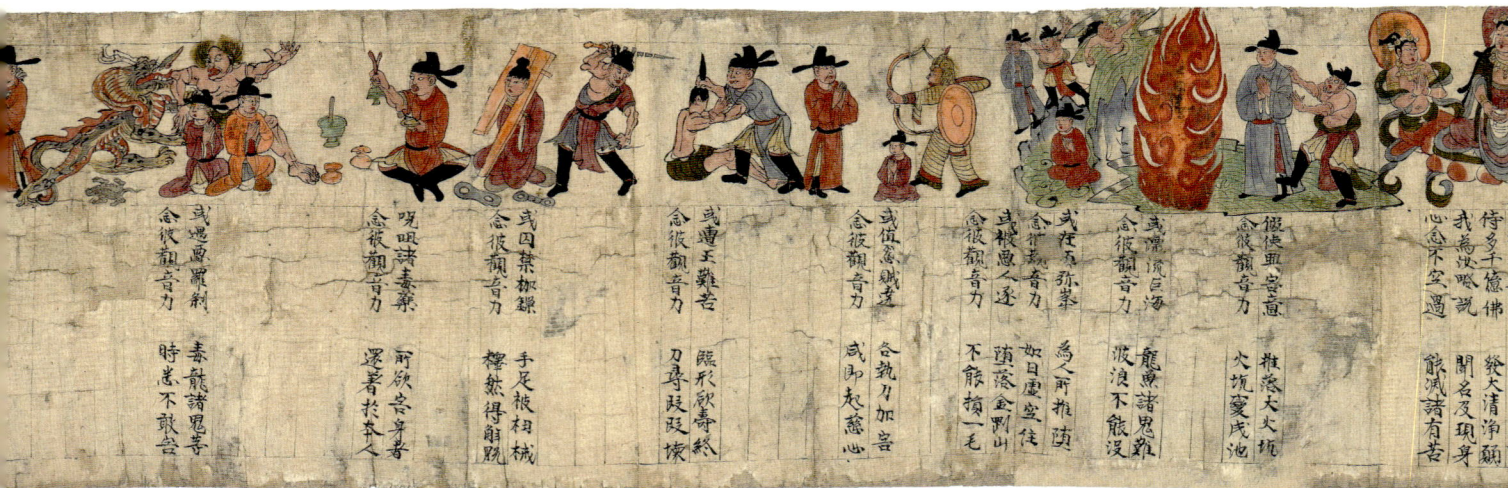

侍多千億佛
發大清淨願
我為汝略說
聞名及見身
心念不空過
能滅諸有苦

假使興害意
推落大火坑
念彼觀音力
火坑變成池

或漂流巨海
龍魚諸鬼難
念彼觀音力
波浪不能沒

或在須彌峰
為人所推墮
念彼觀音力
如日虛空住

或被惡人逐
墮落金剛山
念彼觀音力
不能損一毛

或值怨賊繞
各執刀加害
念彼觀音力
咸即起慈心

或遭王難苦
臨刑欲壽終
念彼觀音力
刀尋段段壞

或囚禁枷鎖
手足被杻械
念彼觀音力
釋然得解脫

呪詛諸毒藥
所欲害身者
念彼觀音力
還著於本人

或遇惡羅剎
毒龍諸鬼等
念彼觀音力
時悉不敢害

卷三千大千國土滿
一商主將諸商人
寶經過險崄路其
唱言諸善男子莫得恐
怖汝等應當一心稱觀世音
菩薩名号是菩薩能以无
畏施於衆生汝等若稱名
者於此怨賊當得解脱衆
商人聞俱發聲言南无觀世
音菩薩稱其名故即得解脫
无盡意觀世音菩薩有
如是等大威神力多所饒益
是故衆生常應心念

若有衆生多於婬欲常念恭
敬觀世音菩薩便得離欲若
多瞋恚常念恭敬觀世音菩
薩便得離瞋若多愚癡常
念恭敬觀世音菩薩便得離
癡无盡意觀世音菩薩有
如是等大威神力多所饒益
是故衆生常應心念

若有女人設欲求男礼拜供養
觀世音菩薩便生福德智慧之
男設欲求女便生端正有相之
女宿殖德本衆人愛敬无盡
意觀世音菩薩有如是力若
有衆生恭敬礼拜觀世音菩
薩福不唐捐是故衆生皆應
受持觀世音菩薩名号

无盡意若有人受持六十二
恒河沙菩薩名字復盡形供養
飲食衣服卧具醫藥於汝意
云何是善男子善女人功德多
不无盡意言甚多世尊
佛言若復有人受持觀世音菩
薩名号乃至一時礼拜供養是
二人福正等无異於百千万億劫
不可窮盡无盡意受持觀世
音菩薩名号得如是无量无
邊福德之利

只是妙相尊
世尊妙相具
佛子何因緣

爾時无盡意菩薩以偈問曰
我今重問彼
名為觀世音

偈答无盡意

善應諸方所
弘誓深如海
歷劫不思議

即時觀世音菩薩愍諸四衆
及於天龍人非人等受其瓔珞
分作二分一分奉釋迦牟尼佛
一分奉多寶佛塔无盡意觀
世音菩薩有如是自在神力遊
於娑婆世界

爾時佛告觀世音菩薩當愍
此无盡意菩薩及四衆天龍夜
叉乾闥婆阿修羅迦樓羅緊
那羅摩睺羅伽人非人等
故受是瓔珞

爾時无盡意菩薩及四衆天龍
夜叉乾闥婆阿修羅迦樓羅緊
那羅摩睺羅伽人非人等

金而以與之作是言仁者受此法
施珍寶瓔珞時觀世音菩薩不
肯受之无盡意復白觀世音菩
薩言仁者愍我等故受此瓔珞

頸衆寶珠瓔珞價直百千兩

念彼观音力，疾走无边方。"由于偈颂部分文字洗练，同时该作品的插图与文本一一对应，因此造成插图宽而经文窄的问题，相邻两段偈颂间的间隙很大。

即時觀世音菩薩愍諸四眾
及於天龍人非人等受其瓔珞
分作二分一分奉釋迦牟尼佛
一分奉多寶佛塔无盡意觀
世音菩薩有如是自在神力遊
扵娑婆世界

偈答无尽意：'汝听观音行，善应诸方所，弘誓深如海，历劫不思议，侍多千亿佛，发大清净愿。我为汝略说，闻名及见身，心念不空过，能灭诸有苦。'"这部分插图要描绘的人物较多，画面空间有限，因而画师突破了经卷上部的墨线"画框"，插图一直延伸到经卷顶端。

该段描绘长行部分，下半部书写经文："应以天、龙、夜叉、乾闼婆、阿修罗、迦楼罗、紧那罗、摩睺罗伽、人非人等身得度者，即皆现之而为说法；应以执金刚身得度者，即现执金刚身而为说法。"两页上半部的插图构成了一个完整的画面，视觉中心在左页，表现了执金刚说法，一男子合掌而跪。右页绘七身护法，皆合掌而跪，前两排为六身天王，各具头光；后有一夜叉。

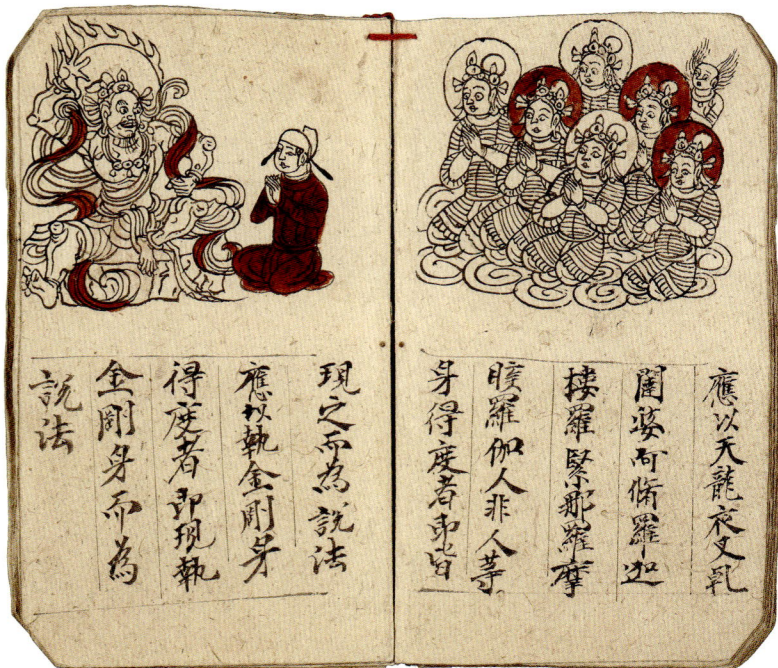

图 2-5 《观音经》册之一，晚唐五代，敦煌藏经洞出土，大英图书馆藏

册子下半部书写了长行结尾部分："……非人等故，受是璎珞。即时观世音菩萨悯诸四众，及于天、龙、人非人等，受其璎珞，分作二分，一分奉释迦牟尼佛，一分奉多宝佛塔。"右页经文书写紧密，左页则有大面积空白。上半部插图，右页描绘一红衣人（代表"无尽意菩萨及四众"）供养观世音菩萨璎珞；左页描绘释迦牟尼和多宝佛，二佛中间为多宝佛塔。

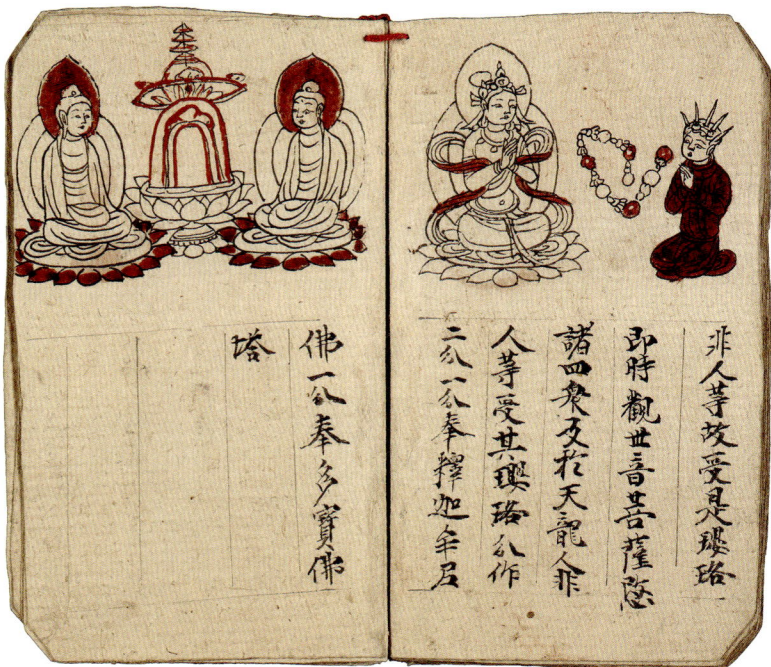

图 2-6 《观音经》册之二，晚唐五代，敦煌藏经洞出土，大英图书馆藏

敦煌以外，早期上图下文式插图本佛经还有一件重要作品——出自浙江龙泉金沙寺华严塔的《佛说阿弥陀经》，现藏浙江省博物馆。这是一部卷轴装佛经，纸本，现仅存一段残卷，高29厘米，残宽45.5厘米。[①] 经卷上半部为彩绘插图，下半部为墨书经文（图2-7）。这件经卷插图以墨、朱砂、青绿、黄、白垩等色彩绘而成，内容是净土庄严相。画面右侧绘"西方三圣"；中部绘"宝楼阁"及"七宝池"，池中盛开莲花。画面左侧有三位净土众生，手捧鲜花，根据经文可知表现的是"其土众生，常以清旦，各以衣裓，盛众妙华，供养他方十万亿佛"。此外在画面上下及空白处，还绘出很多花朵，与《佛说阿弥陀经》"昼夜六时，雨天曼陀罗华"一句相对应。

若要洞悉这件作品的艺术特色，需将其与同题材的壁画，以及同性质的上图下文式佛经插图进行横向比较。在唐代，西方净土变壁画均取对称式构图，"西方三圣"正面朝向观者，楼阁和七宝池分别安置在主尊的后方（画面上部）和前方（画面下部），空间宏阔、构图饱满，画面中人物、建筑等内容也更丰富（图2-8）。与壁画不同，这卷《佛说阿弥陀经》插图在构图方面要符合从右到左的阅读顺序，同时由于画幅的限制，以及需要和经文取得视觉平衡，画面内容不得不进行大幅简化。此外画师格外注意到插图与经文二者的视觉均衡感，经文排布疏密适中，几乎没出现间隙，这些特点使它与前述敦煌插图本《观音经》明显拉开了距离。

还有一部分经卷佛画，制作者通过缩小插图面积，使图像与经文保持同步。出自黑水城遗址的一件西夏版刻《普门品》（图2-9）就采用了这种策略，该经卷为经折装，纸本，编号TK177。[②] 经卷中版画仍被置于经文之上，但比例仅占全部纸幅的四分之一，经文占四分之三，因而文字显得异常饱满，气魄撼人。不仅如此，插图内容还被大大"简化"了。比如，在表现观音以种种应化身说法时，包括法藏敦煌插图本《观音经》在内的经卷往往采用描绘所有"三十三种应化身"的方式，一一绘出佛身、辟支佛身、声闻身、梵王身、帝释身、自在天身等，势必造成插图与经文难以保持同步，抑或经文部分出现大面积空隙。反观这件俄藏西夏《普门品》版画，由于制作者放弃了描绘所有应化身的想法，并适当缩小图像的幅面（图2-10），从而具有更大的弹性，在视觉上获得了插图与经文完美匹配的效果。

---

① 黎毓馨：《吴越胜览——唐宋之间的东南乐国》，中国书店，2011年，第292—293页。
② 俄罗斯科学院东方研究所圣彼得堡分所、中国社会科学院民族研究所、上海古籍出版社编：《俄藏黑水城文献》第4册，上海古籍出版社，1997年，第124页。

以金銀瑠璃頗梨車䊫
赤珠馬瑙而嚴飾之池
中蓮華大如車輪青色
光白色白光微妙香潔舍
利弗極樂國土成就如是
功德莊嚴
又舍利弗彼佛國土常
作天樂黃金為地晝夜
雨曼陀羅華其
土衆生常以清旦各以
衣祴盛衆妙華供養他
方十萬億佛即以食時
還到本國飯食經行舍
利弗極樂國土成就如是
功德莊嚴

图2-7　插图本《佛说阿弥陀经》写本残卷，
唐，浙江龙泉出土，浙江省博物馆藏

经文部分有朱丝栏，墨笔楷书、朱笔点读，为《佛说阿弥陀经》对净土庄严相的描述，始自"但受诸乐，故名（为）极乐"（字残），止于"舍利弗，极乐国土成就如是功德庄严"，现存 26 行。关于经卷时代，浙江省博物馆最初将其定为唐五代，后有学者根据插图中建筑、七宝池、莲座、人物服饰等因素，以及写经的书法风格，建议将其定为中唐之作。①

又舍利弗极樂國土
重攔楯七重羅網七
行樹皆是四寶周迊
繞是故彼國名為極樂
又舍利弗極樂國土有
七寶池八功惪水充滿
其中池厎純以金沙
地四邊階道金銀琉璃

---

① 邱忠鸣：《浙藏插图本〈佛说阿弥陀经〉写本年代初考——兼论传世写本的真伪与年代问题》，《敦煌学辑刊》，2014 年第 3 期，第 104—118 页。

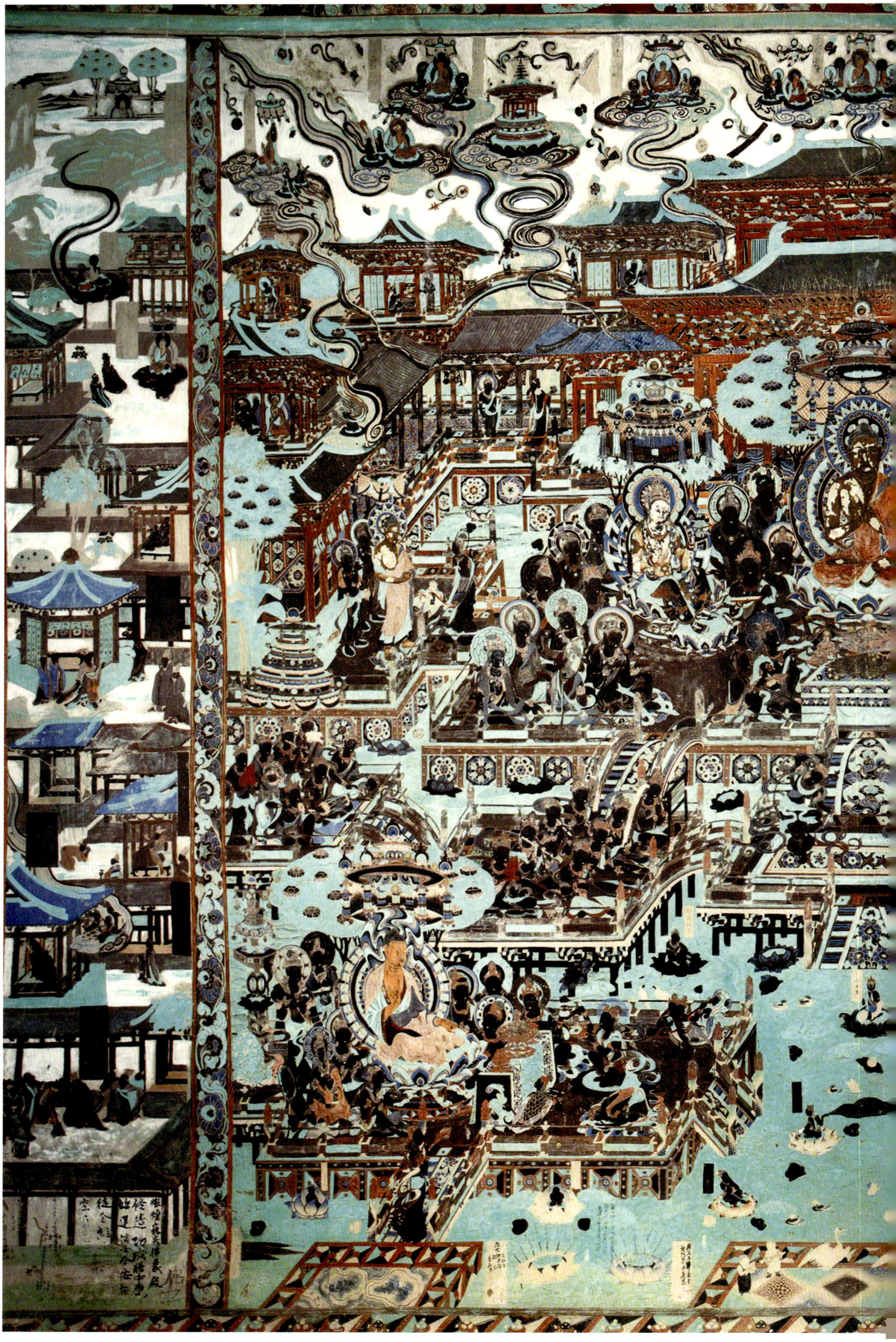

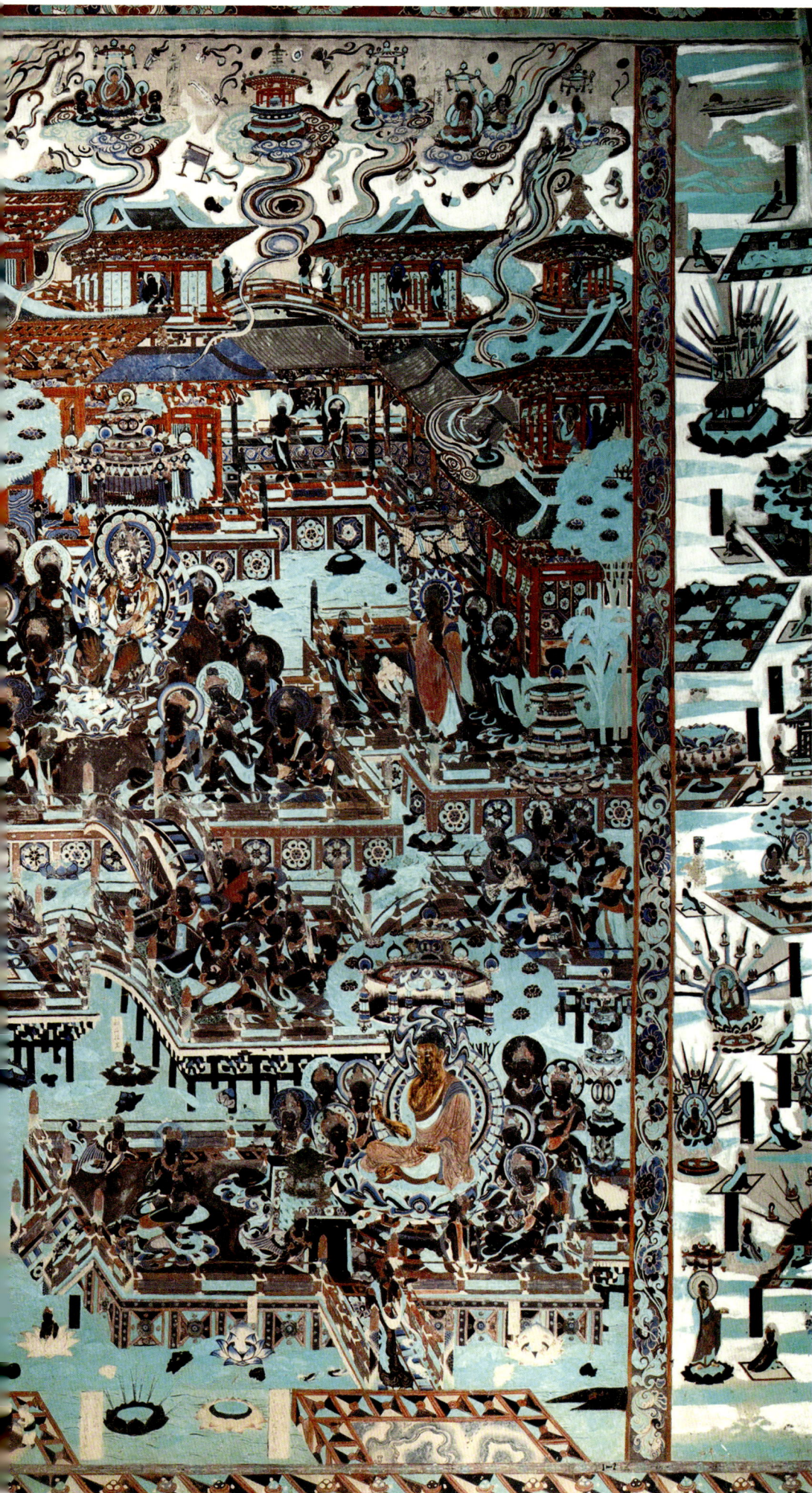

图 2-8　西方净土变
壁画，唐大历年间
（766—779），莫高窟
第 148 窟东壁南侧

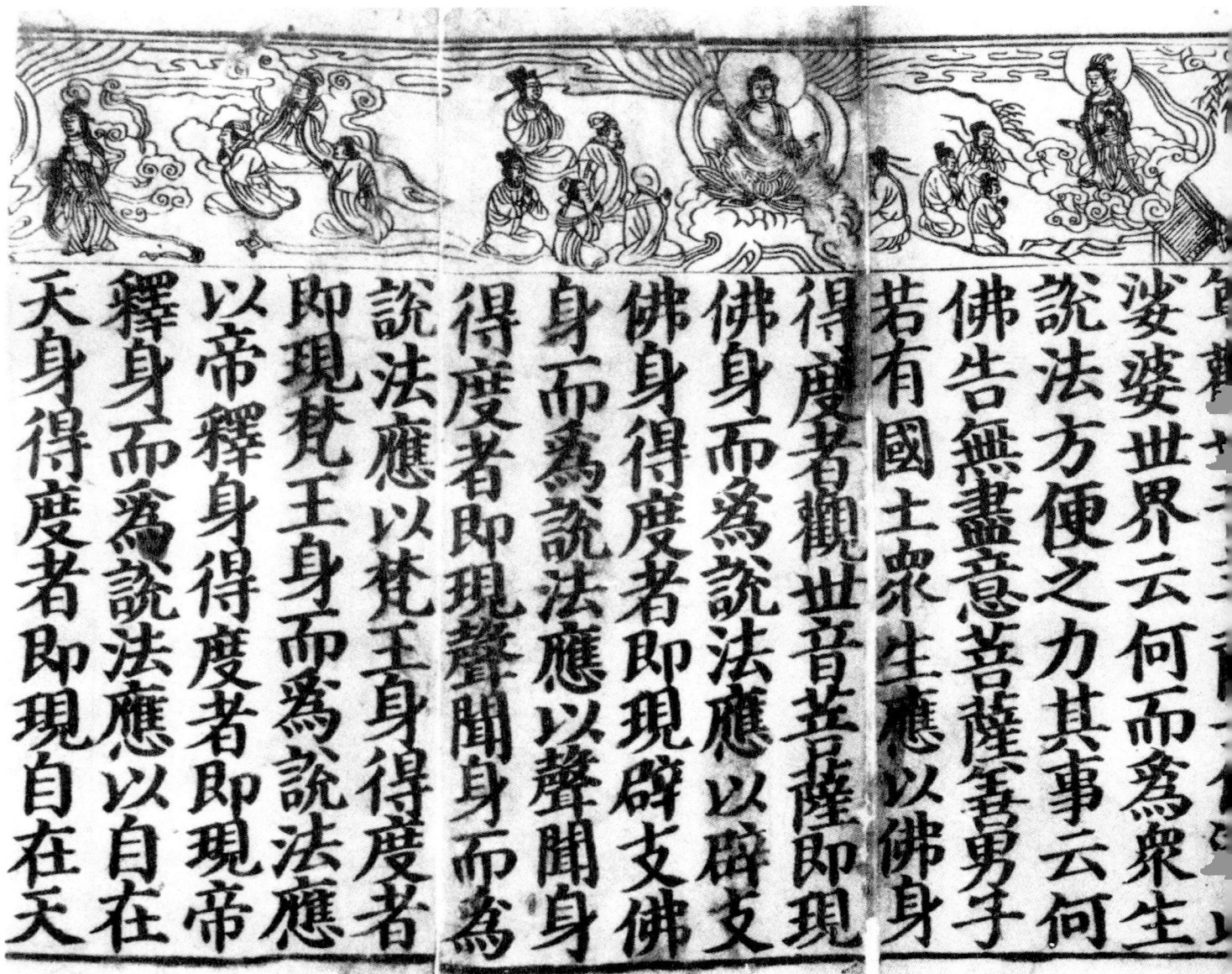

図2-9 TK177《观世音菩萨普门品》，西夏，内蒙古黑水城遗址出土，
俄罗斯科学院东方文献研究所藏

　　这件经折装经卷为《普门品》长行部分，共6面，每面5行。经文始自"（若有众
生，恭敬礼拜观世音）菩萨，福不唐捐"，止于"应以自在天身得度者，即现自在天（身而
为说法）"，总共30行。插图内容与经文一致，共有5个画面，从右到左分别是：礼拜供养
菩萨、释迦说法、观音普化众生、佛身说法、帝释天身（或自在天身）说法。

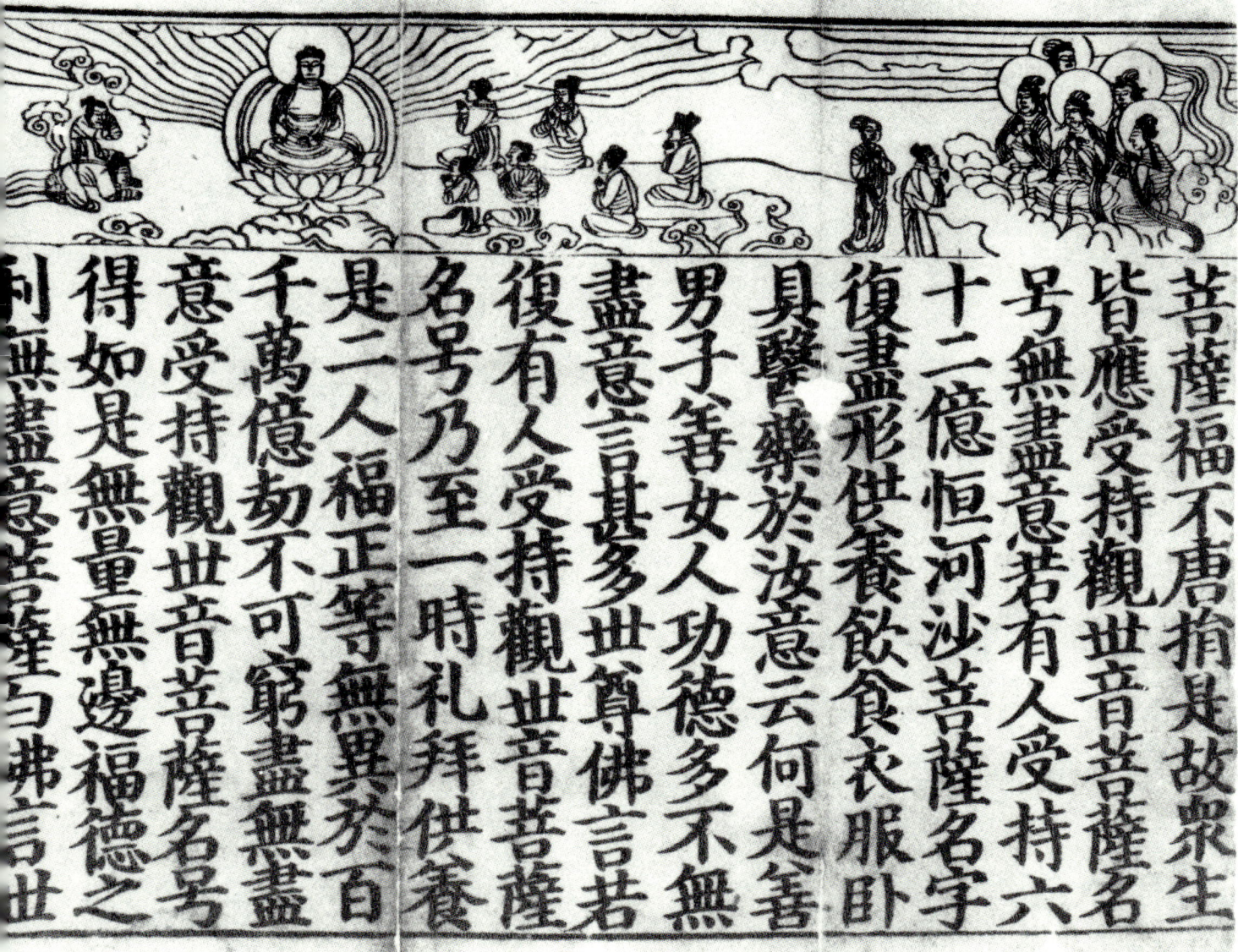

菩薩福不唐捐是故衆生
皆應受持觀世音菩薩名
號無盡意若有人受持六
十二億恒河沙菩薩名字
復盡形供養飲食衣服卧
具醫藥於汝意云何是善
男子善女人功德多不無
盡意言甚多世尊佛言若
復有人受持觀世音菩薩
名号乃至一時礼拜供養
是二人福正等無異於百
千萬億劫不可窮盡無盡
意受持觀世音菩薩名号
得如是無量無邊福德之
利無盡意菩薩與佛言世

　　敦煌研究院收藏的一件西夏时期的插图本《普门品》刻本，出自莫高窟土
地庙，经文以西夏文刻出，据说它是现存西夏文插图本《普门品》的孤品，国
家珍贵古籍名录编号 09671。[①] 这件经卷为经折装，纸本，现存 24 面，每折面
高 22.3 厘米、宽 9.3 厘米，同样为上图下文构图，插图部分高度不到全页三分
之一（图 2-11）。如果将这件作品与前述黑水城出土编号 TK177《普门品》刻
本进行比较，可发现尽管二者一为西夏文刻本、一为汉文刻本，但其所采用的

① 中国国家图书馆、中国国家古籍保护中心编：《第三批国家珍贵古籍名录图录》第 8 册，国家图书
　馆出版社，2012 年，第 110—111 页。

图 2-10 TK177《观世音菩萨普门品》插图局部

图文配置方式却高度相似。区别在于，敦煌的西夏文《普门品》的横向插图做了左右分栏处理，将画面分割为若干段；而黑水城出土的汉文本插图则没有进行硬性分栏，只以树木、云气等视觉元素暗示不同画面空间的转换。

元代以后，上图下文式插图在非佛教书籍中也流行开来，出现在小说、杂剧和课本中，刻本居多，主要由建阳（今福建南平）书坊印行。[1] 每页上端大约三分之一为插图，下方三分之二为文字，这种形式的书籍被称为"全相本"，意思是每页都有插图。

除古代中国外，上图下文式佛经插图还在朝鲜半岛和日本流行。日本历史上曾流行过插图本《过去现在因果经》，[2] 现存多卷残本，分别收藏在日本的寺院、博物馆和大学以及美国博物馆中。《过去现在因果经》的主题为佛传，刘宋时天竺僧人求那跋陀罗（394—468）汉译，共 4 卷，收入《大正藏》"本缘部"之"佛传"类中。现存的几卷古代日本插图本《过去现在因果经》均为上图下文配置，图像和经文高度基本一致。以日本奈良国立博物馆所藏《过去现在因果经》残卷为例，该卷仅存第二卷一小部分，高 26.4 厘米，残长 115.9 厘米，为奈良时代（8 世纪）文物。经卷上半部的插图采用连续式构图，现存六组画

---

① 钱存训：《中国纸和印刷文化史》，广西师范大学出版社，2004 年，第 239 页。
② 详阅 [日] 龟田孜编：《新修日本绘卷物全集·绘因果经》，角川书店，1977 年；[日] 坪井みどり：《绘因果经の研究》，山川出版社，2004 年。

图 2-11　西夏文刻本《观世音菩萨普门品》，西夏，敦煌研究院藏

面，表现悉达多太子出家之前的几个情节（图 2-12）。插图中人物较小，场景描绘较为完备，加之画面与经卷下半部经文的位置关系只求大体对应，并不要求严格同步，有助于图像形成疏密合理、富于变化的效果；经文也没有出现留空的现象，可以说这是一个"图文"关系处理得极成功的范例。

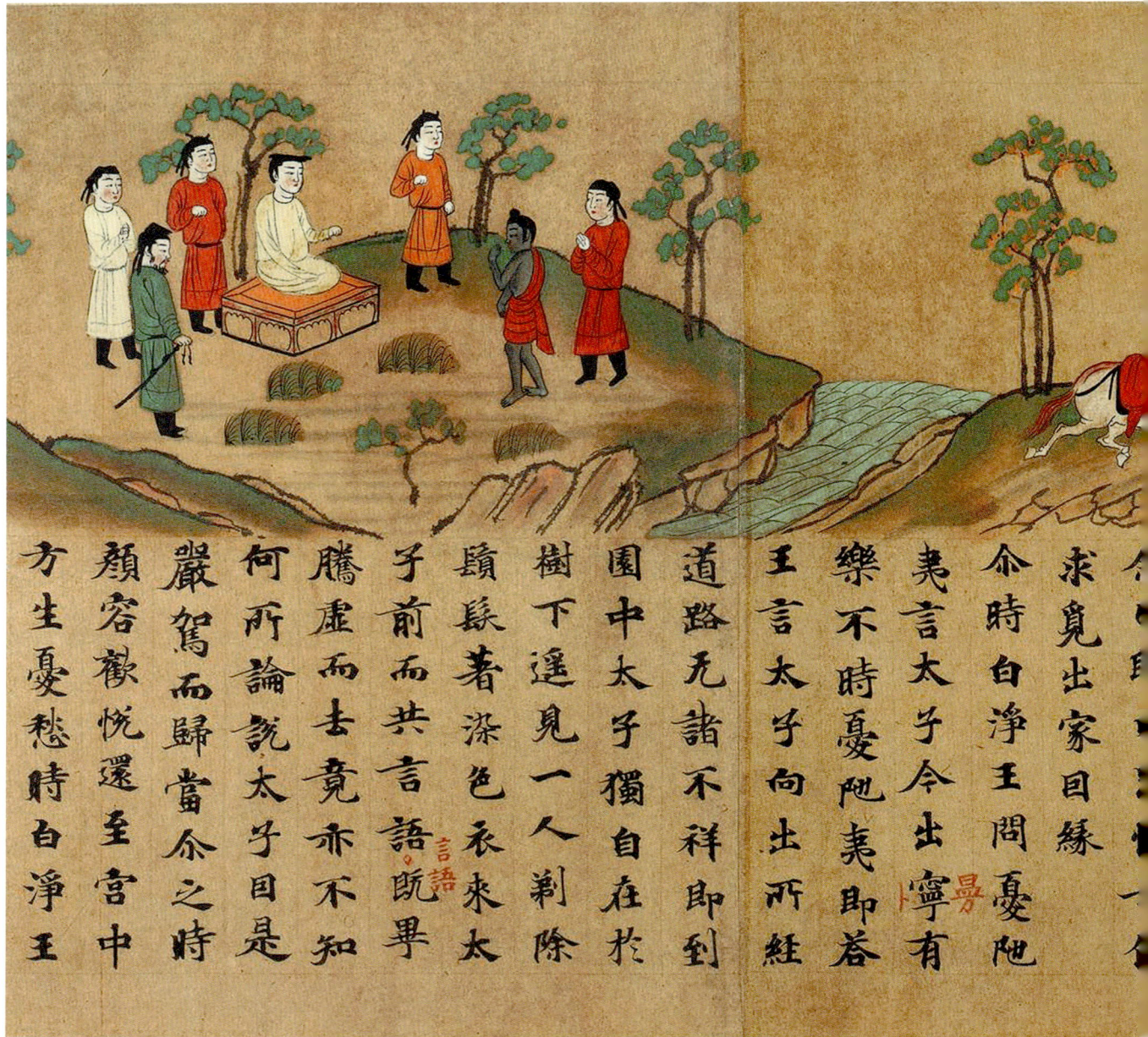

图 2-12　插图本《过去现在因果经》局部，日本奈良时代（8 世纪），纸本设色，奈良国立博物馆藏

方生憂愁時白淨王
顏容歡悅還至宮中
嚴駕而歸當爾之時
何所論説太子曰是
騰虛而去竟亦不知
子前而共言語即畢
頭鬚著深色衣來太
樹下遙見一人剃除
圍中太子獨自在於
道路無諸不祥即到
王言太子向出所經
樂不時憂咽夷即荅
夷言太子今出寧有
介時白淨王問憂咽
求覺出家曰緣

言巳於太子前現神
通力騰虛而去當尒
之時諸從官屬皆悲
覩見太子既巳見此
比丘又聞廣說出家
功德會其宿懷廠欲
之情便自唱言善我
善哉天人之中唯此
為勝我當決定侑學
是道作此語巳即便
索馬還歸宮城於時
太子心生欣慶而自
念言我先見有老病
死者盡夜常恐為此
所逼今見比丘開悟

上图选取了奈良国立博物馆所藏《过去现在因果经》插图中的三组画面，上半部插图分别表现了净居天化作比丘点化太子（右段）、太子还宫（中段），以及白净王询问优陀夷（左段）。下半部的经文出自《过去现在因果经》第二卷，自"（作此）言已，于太子前，现神通力，腾虚而去"始，至"当尔之时，颜容欢悦，还至宫中，方生忧愁。时白净王"止，内容和上半部插图大体对应。

对于中国古代绘画中图像与文字的位置关系，台湾大学教授陈葆真曾进行过专门考察，提出"布列图像与文字"的四种方法，其中佛经中的上图下文式插图被她称为"图文平行法"[①]。在此，笔者做两点补充。其一，就插图和文字关系看，迄今所见的古代经卷佛画只有上图下文式配置，找不到上文下图的实例，"图文平行法"这种表述无法准确表达出配置具体特征，因而笔者选用"上图下文式插图"的称谓。其二，就作品的性质看，至少在明代以前，随文插图中采用上图下文式配置的主要见于佛教典籍；在非佛教书籍中，这种配置方式并不多见。

---

① 陈葆真：《〈洛神赋图〉与中国古代故事画》，浙江大学出版社，2012年，第169—170页。

第二节

右文左图式插图

元代之前，经卷佛画之外的上图下文式插图并不多见，当时非佛教性质作品（包括有随文插图的书籍和卷轴画）主要采用图像与文字左右平行的配置方式。陈葆真称此种图文关系为"文后附图法"，认为：

这种方法是从汉代和它之前表现文书和附图的传统中演变而成的。在汉代和它之前，多数的文本和相关的附图多半是分开的，而且是作于不同的材质上。通常的情况是：文本全部写在竹简或木简上，而附图则画在帛或绢上。[①]

为了说明佛经插图之图文关系特色，先看几例非佛教性质的卷轴画。在古代，汉语书籍遵循从右向左的阅读顺序，所以陈葆真所称的"文后附图"就是文字在右（前）、图像在左（后）。符合这个特点的卷轴画，有传东晋顾恺之（约 348—409）《女史箴图》（大英博物馆藏）、唐梁令瓒《五星二十八宿神形图》（大阪市立美术馆藏）、传唐卢鸿《草堂十志图》（台北故宫博物院藏），以及南宋宫廷画家马和之（活跃于 1130—1170 年）的众多《诗经图》版本等。以归于顾恺之名下的《女史箴图》（图 2-13）为例，该画作乃据西晋张华（232—300）的《女史箴》文本而作，原文 12 节，画作也相应有 12 段。今存最早的唐摹本仅剩 9 段，各段都采用文字在右、画作在左的格局。

---

① 陈葆真：《〈洛神赋图〉与中国古代故事画》，浙江大学出版社，2012 年，第 170 页。

图2-13 （传）顾恺之《女史箴图》摹本局部，唐，绢本设色，大英博物馆藏

《女史箴图》现存最早的版本为唐摹本，绢本设色，今藏大英博物馆。该画历来归在顾恺之名下，但学界对其成画年代的意见甚不一致。本书选取了画作中的两段。右段描绘两位正在对镜梳妆的优雅女子，其中左侧女子身后有一女仆，在为其挽起长发。画面右侧题写箴文："人咸知修其容，莫知饰其性。性之不饰，或愆礼正。斧之藻之，克念作圣。"紧挨女仆的位置书写另一段箴文："出其言善，千里应之；苟违斯义，同衾以疑。"与之对应的图像在文字左侧，画面中有一床帷，床帷内一对男女似在交谈。

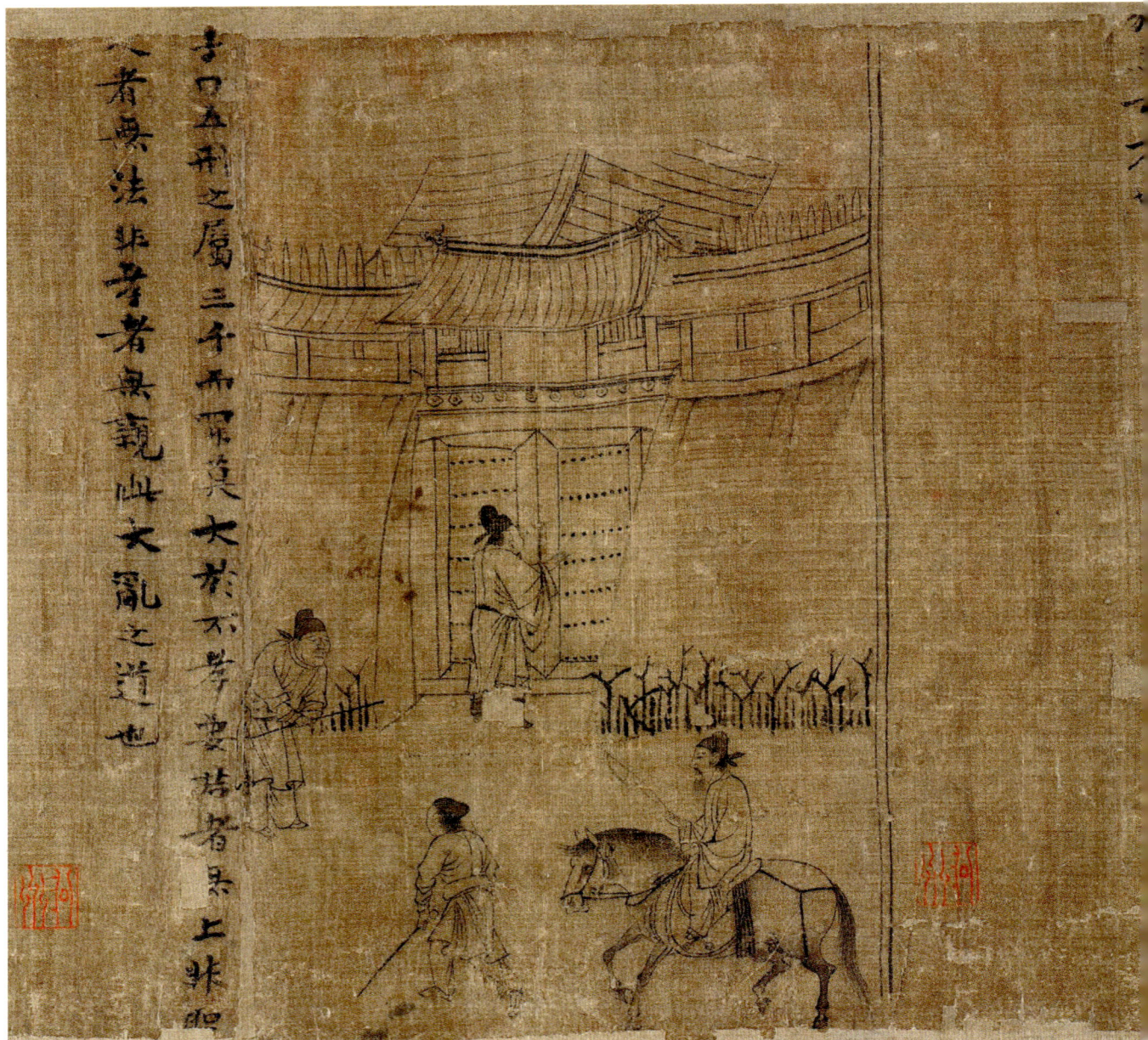

在"图""文"关系上，非佛教的画作并非一律采用右文左图式配置，与之相反的右图左文式也很常见，包括诸如梁元帝萧绎（508—554）所绘《职贡图》（中国国家博物馆藏）、北宋佚名《景德四图》（台北故宫博物院藏）、李公麟（约1049—1106）的《孝经图》（纽约大都会艺术博物馆藏）（图2-14）[1]及《五马图》（东京国立博物馆藏）、南宋李唐《晋文公复国图》（纽约大都会艺术博物馆藏）、南宋宫廷画作《女孝经图》（北京故宫博物院藏）、金代赵霖的《昭陵六

---

[1] 班宗华曾对李公麟《孝经图》进行过专题研究，详阅［美］班宗华（Richard M. Barnhart）：《李公麟〈孝经图〉》（*Li Kung-lin's Classic of Filial Piety*），The Metropolitan Museum of Art, 1993。

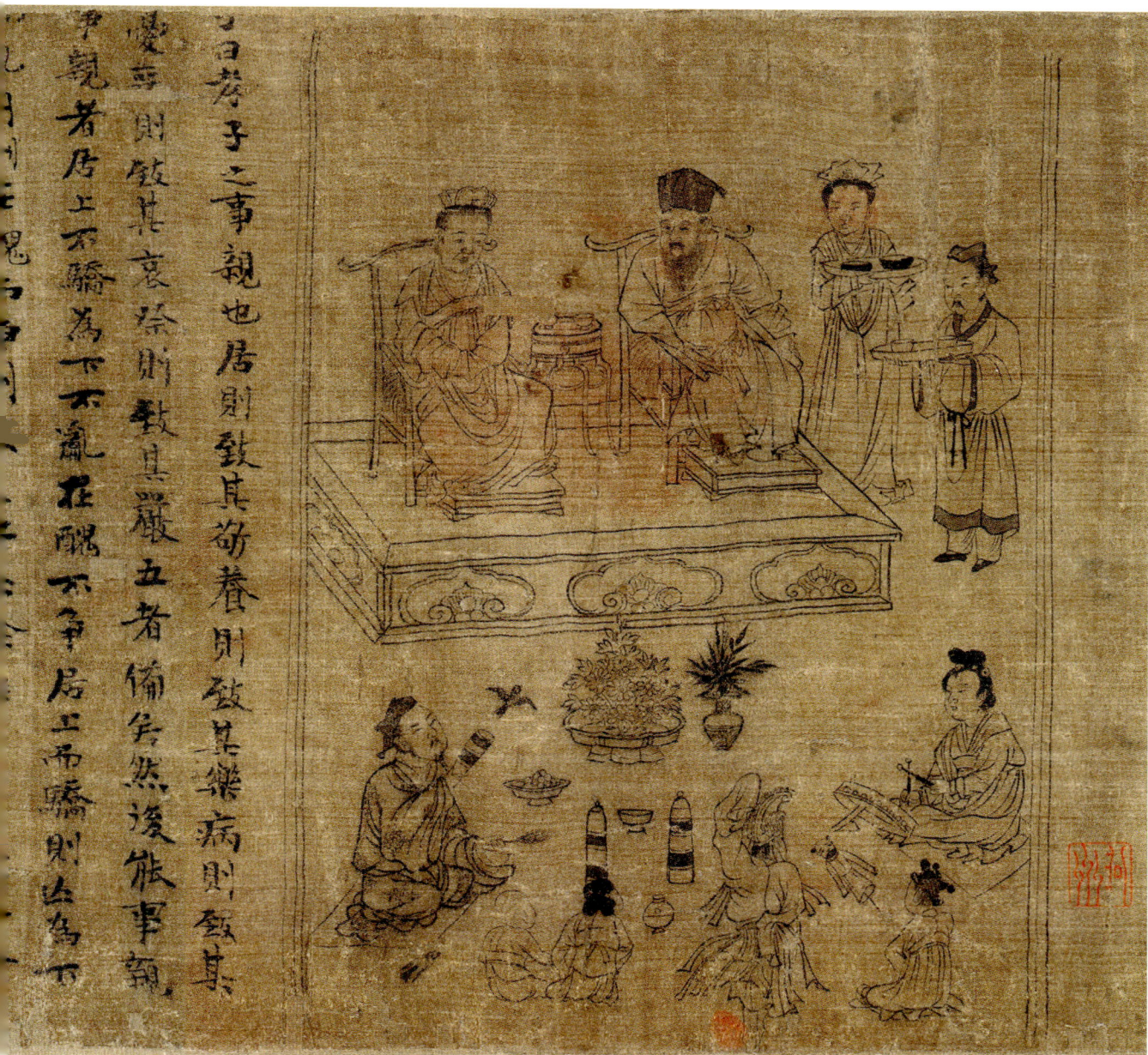

图2-14 李公麟《孝经图》局部，北宋，绢本设色，纽约大都会艺术博物馆藏

李公麟《孝经图》卷约作于1085年，今藏纽约大都会艺术博物馆，绢本水墨，纵22厘米，长475厘米。《孝经》共十八章，相应的插图也有18幅，今存15幅。各幅画面左侧以古朴的小楷书写出各段《孝经》文本，此幅画作为第十章"纪孝行章"及第十一章"五刑章"。作为北宋士大夫画家的杰出代表，李公麟画作多用白描，线条单纯、精致且优雅，迥异于唐代开始盛行的吴道子风格。

骏图》（北京故宫博物院藏）以及元代张渥三个版本的《九歌图》等大量名品。

　　同样为诠释"经"的画作，不妨简单比较一下儒经插图和佛经插图的区别。

　　儒家的《孝经》在唐代被尊为"经"，唐玄宗钦定《孝经》为皇家教材，并亲自为之作序、注疏。唐代还发展出《女孝经》。考察现存的多个宋代《孝经图》和《女孝经图》画作，能同时见到"右文左图式"和"右图左文式"两种构图模式，推知当时并无固定规制。

　　根据以上分析，"文后附图法"的概念无法涵盖所有图文并茂的卷轴画，因为卷轴画同时存在着右文左图式（文后附图）、右图左文式（图后附文）两种类型。然而，用这个概念描述佛经插图倒很恰当。就笔者所见的材料看，佛教经卷只有右文左图式插图，找不到相反的右图左文式实例。补充说一句，佛教卷轴画中偶尔能见到右图左文式构图，如上海博物馆所藏南宋梁楷的长卷画作《八高僧故事图》。但是佛经插图则找不到这样的特例，所以，笔者将佛经插图中图像与文字左右平行配置的类型称为"右文左图式"。

　　譬如，元代杭州众安桥北沈家经铺刊本《药师琉璃光如来本愿功德经》，简称《药师经》。这是已知最早的雕版插图本《药师经》，经折装，现存首都图书馆。[①]《药师经》的一个重点内容是药师佛往昔未成佛时，曾经"发十二大愿，令诸有情所求皆得"。为了强调这一内容，沈家经铺刊本《药师经》雕出 12 幅版画，以分别表现"十二大愿"，每幅版画均配在各段经文之后（左侧），从而形成右文左图的格式（图 2-15、图 2-16）。此外，该刊本中还出现了药师佛左右二胁侍菩萨（日光遍照菩萨、月光遍照菩萨）的单独画像。

　　下面再讨论一下流行程度极高的《普门品》。

　　明清的插图本《普门品》或《观音经》同时存在上图下文、右文左图两种类型，后者似更常见。明初洪武二十八年，"京都应天府"（今江苏南京）沙福智出资刊刻插图本《普门品》，经折装，刻工为金陵陈声。[②]全经共有 44 幅版画插图，包括十折面的扉画说法图 1 幅、观音救七难图 7 幅、应求生男生女愿图 1 幅、应现图 21 幅（图 2-17、图 2-18）、多宝塔图 1 幅、念彼观音力灾难得解脱图 12 幅、拖尾韦陀护法图 1 幅。其中随文插图 42 幅，均为右文左图格式，往往经文部分窄，插图部分宽，由此可以看出右文左图式插图的优势——它有效避免了上图下文式插图中"图""文"难以同步的难题。

---

① 李之檀：《中国版画全集·佛教版画》，紫禁城出版社，2008 年，第 56 页。
② 同上，第 59 页。

图 2-15　杭州沈家经铺刊本《药师琉璃光如来本愿功德经》十二大愿之一，元代，首都图书馆藏

　　这是经折装的两折面，内容为"十二大愿"之第一大愿："……琉璃光如来本行菩萨道时，发十二大愿，令诸有情，所求皆得。第一大愿：愿我来世，得阿耨多罗三藐三菩提时，自身光明炽然照耀无量无数无边世界，以三十二大丈夫相，八十随形庄严其身，令一切有情如我无异。"由于经文字数较多，导致不得不在插图幅面内刻一行文字。杭州沈家经铺刊本《药师经》表现"十二大愿"的各幅插图上半部均为行菩萨道时的药师佛，画面中描绘圆光、殿堂、宝盖、云朵、光焰等元素；插图下半部则表现各类众生礼敬供养药师佛的场景。

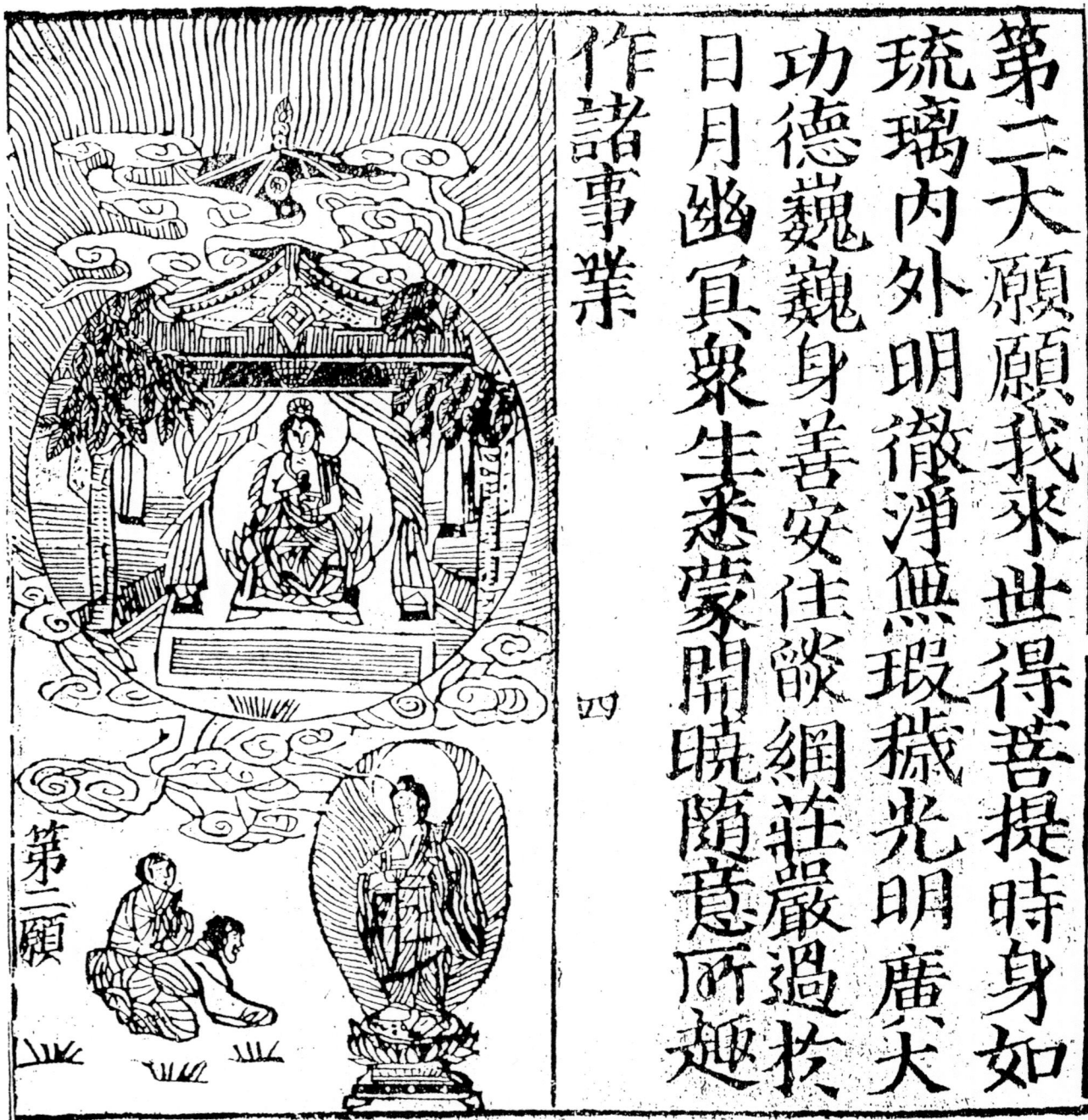

第二大願願我來世得菩提時身如
琉璃內外明徹淨無瑕穢光明廣大
功德巍巍身善安住燄網莊嚴過於
日月幽冥衆生悉蒙開曉隨意所趣
作諸事業

这两个折面表现药师佛"十二大愿"的第二愿:"第二大愿:愿我来世得菩提时,身如琉璃,内外明彻,净无瑕秽,光明广大,功德巍巍,身善安住,焰网庄严过于日月,幽冥众生,悉蒙开晓,随意所趣,作诸事业。"在左半部插图下方刻"第二愿"三字。这件《药师经》各幅插图上均有"第×愿"字样,使我们可以确知其为"右文左图式"插图,唯独"第一大愿"插图,由于多刻出一行经文而只得省略。

图2-16 杭州沈家经铺刊本《药师琉璃光如来本愿功德经》十二大愿之二,元代,首都图书馆藏

應以自在天身得度者即現
自在天身而為說法

图 2-17　应天府沙福智刊本《观世音菩萨普门品》之一，明洪武二十八年（1395），中国国家图书馆藏

这幅《普门品》插图的主题是观世音普现三十三种应化身中的"现自在天身说法"："应以自在天身得度者，即现自在天身而为说法。"

應以婆羅門身得度者即現

婆羅門身而為說法

这幅《普门品》插图表现的是"现婆罗门身说法":"应以婆罗门身得度者,即现婆罗门身而为说法。"

图 2-18　应天府沙福智刊本《观世音菩萨普门品》之二,明洪武二十八年(1395),中国国家图书馆藏

洪武二十八年"沙福智刊本"之后，右文左图式《普门品》版画插图还相继出现了永乐二十一年（1423）"赵庸刊本"、宣德八年（1433）"范福奇刊本"、"成化二十一年刊本"（1485）等多个明代雕版印本，一直延续至清代。北京大学图书馆所藏清刊本《普门品》，原为康熙十九年（1680）杭州陈延龄等捐资刊刻，现存者为康熙三十五年（1696）阿尔喜善翻刻本。该件《普门品》同样采用右文左图式配置，插图的幅面和与它相对应的经文相比，往往更宽。（图2-19）

原刊本中韦陀像前有清人陈延龄题记，详细说明了该经卷佛画的来源及翻刻始末。哈佛大学藏本保留了康熙二十年（1681）的陈延龄题记（图2-20），其云：

> 《观世音菩萨普门品》，经、像不知书、绘始于何人。迄元朝至顺二年（1331），有江西先月菴居士丁觉进重刊，碛印，相传岁久，渐至磨灭。今于大清康熙庚申（1680）暮春，吴门曹子澹溪过访天目张居士家，见佛室中供养是经，展阅赞叹，携示孙子凤居，同欣瞻仰，因照碛本，细加参考。曹书、孙画，遂成双绝。……即命工刊刻流布……辛酉（1681）之春，厥工告竣。

陈延龄的题记说明，这件清代风格显著的《普门品》雕版插图，乃是根据更早的插图版本"细加参考"、改造刊刻而成，估计版画的基本构图模式，以及图、文关系，均承袭了原初的版本。

除了前述几个雕版刊本外，明清时的佛经绘本插图同样流行右文左图式配置，下面看一组明代的"双胞胎"作品。哈佛大学艺术博物馆藏一卷明代宣德七年《普门品》（附心经）写本，编号1926.46，[①]经折装，每折面高33.9厘米、宽12.1厘米，磁青纸泥金写本，经文文字比一般的写经更大，明显为宫廷写经风格。卷中佛画也用泥金绘出，技艺精湛、金光夺目。卷首有扉画说法图，扉画末的牌记上有泥金"宣德七年四月初七日"题记，拖尾绘护法韦陀像。经文中的随文插图皆为右文左图式构图，佛画通常较经文更宽。（图2-21、图2-22、图2-23）

台北故宫博物院也收藏一卷明宣德七年泥金《普门品（附心经）》写本，经

---

① 详阅［美］魏玛莎（Marsha Weidner）编：《中国晚期的佛教艺术：850-1850年》（*Latter Days of the Law: Images of Chinese Buddhism, 850-1850*），University of Hawaii Press, 1994, p. 313-315.

設復有人若有罪，若無罪，杻械枷鎖檢繫其
身，稱觀世音菩薩名者皆悉斷壞即得解脫

图 2-19　清刊本《观世音菩萨普门品》局部，康熙三十五年（1696）翻刻，北京大学图书馆藏

若三千大千國土滿中夜叉羅剎欲來惱人
聞其稱觀世音菩薩名者是諸惡鬼尚不能
以惡眼視之況復加害

　　上图选取《普门品》的两组插图，内容是长行中的"救七难"。右侧插图为"救七难"之五鬼难："若三千大千国土，满中夜叉、罗刹，欲来恼人，闻其称观世音菩萨名者，是诸恶鬼，尚不能以恶眼视之，况复加害。"左侧插图内容为"救七难"之六枷锁难："设复有人，若有罪、若无罪，杻械、枷锁检系其身，称观世音菩萨名者，皆悉断坏，即得解脱。"

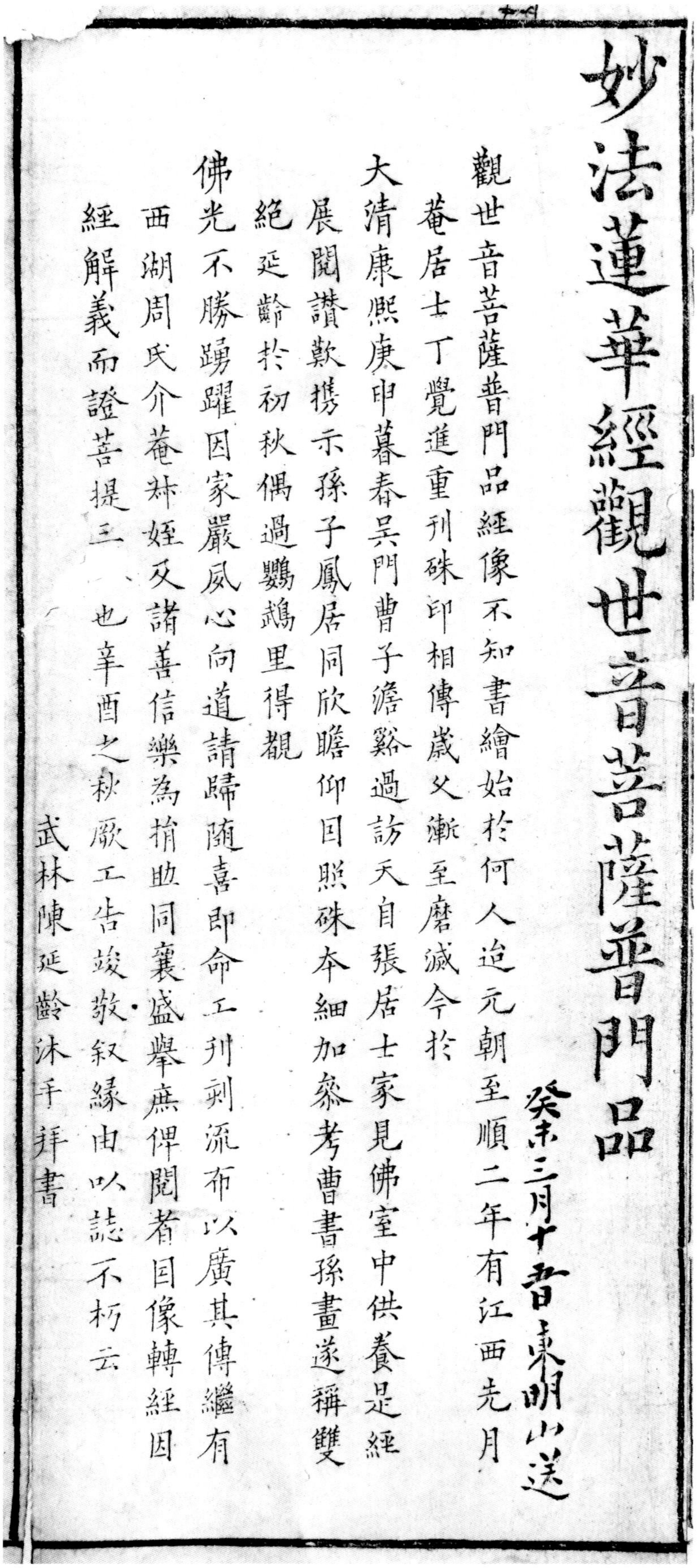

妙法蓮華經觀世音菩薩普門品

觀世音菩薩普門品經像不知書繪始於何人迨元朝至順二年有江西先月

菴居士丁覺進重刊袾卬相傳歲父漸至磨滅今於

大清康熙庚申暮春吳門曹子瞻過訪天自張居士家見佛室中供養是經

展閱讚歎攜示孫子鳳居同欣瞻仰曰照袾本細加叅考曹書孫畫遂稱雙

絕延齡於初秋偶過鸚鵡里得觀

佛光不勝踊躍因家嚴夙心向道請歸隨喜即命工刋剝流布以廣其傳繼有

西湖周氏介菴姪炗諸善信樂為捐助同襄盛舉庶俾閱者目像轉經因

經解義而證菩提三一也辛酉之秋歗工告竣敬叙緣由以誌不朽云

武林陳延齡沐手拜書

癸未三月十晉東明山送

图2-20　清刊本《观世音菩萨普门品》
陈延龄题记，康熙二十年（1681），哈佛
大学艺术博物馆藏

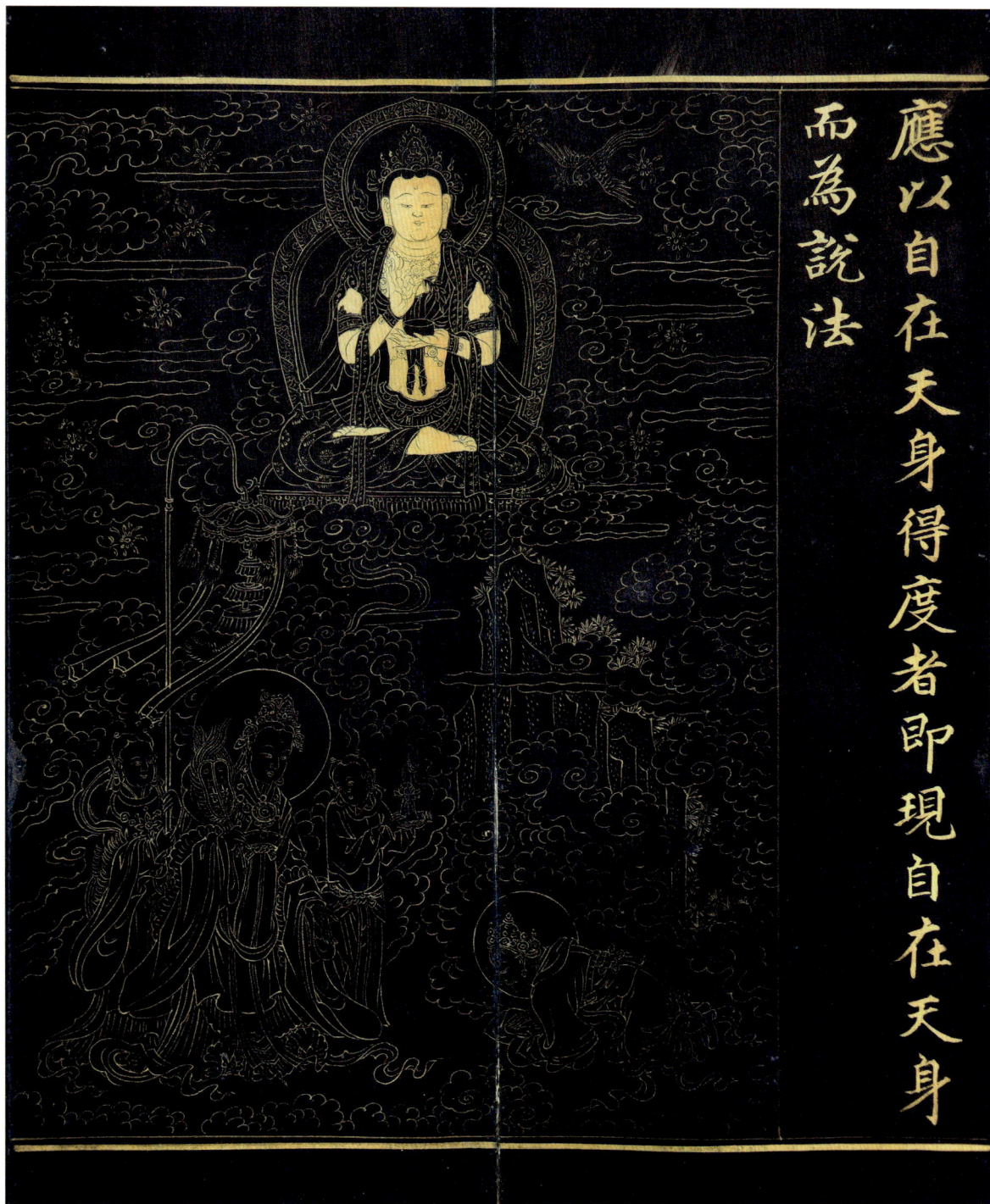

應以自在天身得度者即現自在天身而爲說法

图 2-21 哈佛大学藏本《观世音菩萨普门品》之一，明宣德七年（1432），磁青纸，泥金，哈佛大学艺术博物馆藏

　　这幅《普门品》插图的主题是长行中"现自在天身说法"，经文书写在插图右侧："应以自在天身得度者，即现自在天身而为说法。"经卷中的泥金插图很可能由明代宫廷画师绘制，与洪武二十八年（1395）《普门品》沙福智刊本版画的同主题图像在构图上极为相似，可见雕版刊本与绘本间的借鉴影响关系。

这幅《普门品》插图的主题是"毗沙门身说法",属于长行部分,经文书写在插图右侧:"应以毗沙门身得度者,即现毗沙门身而为说法。"

图 2-22 哈佛大学藏本《观世音菩萨普门品》之二,明宣德七年(1432),磁青纸,泥金,哈佛大学艺术博物馆藏

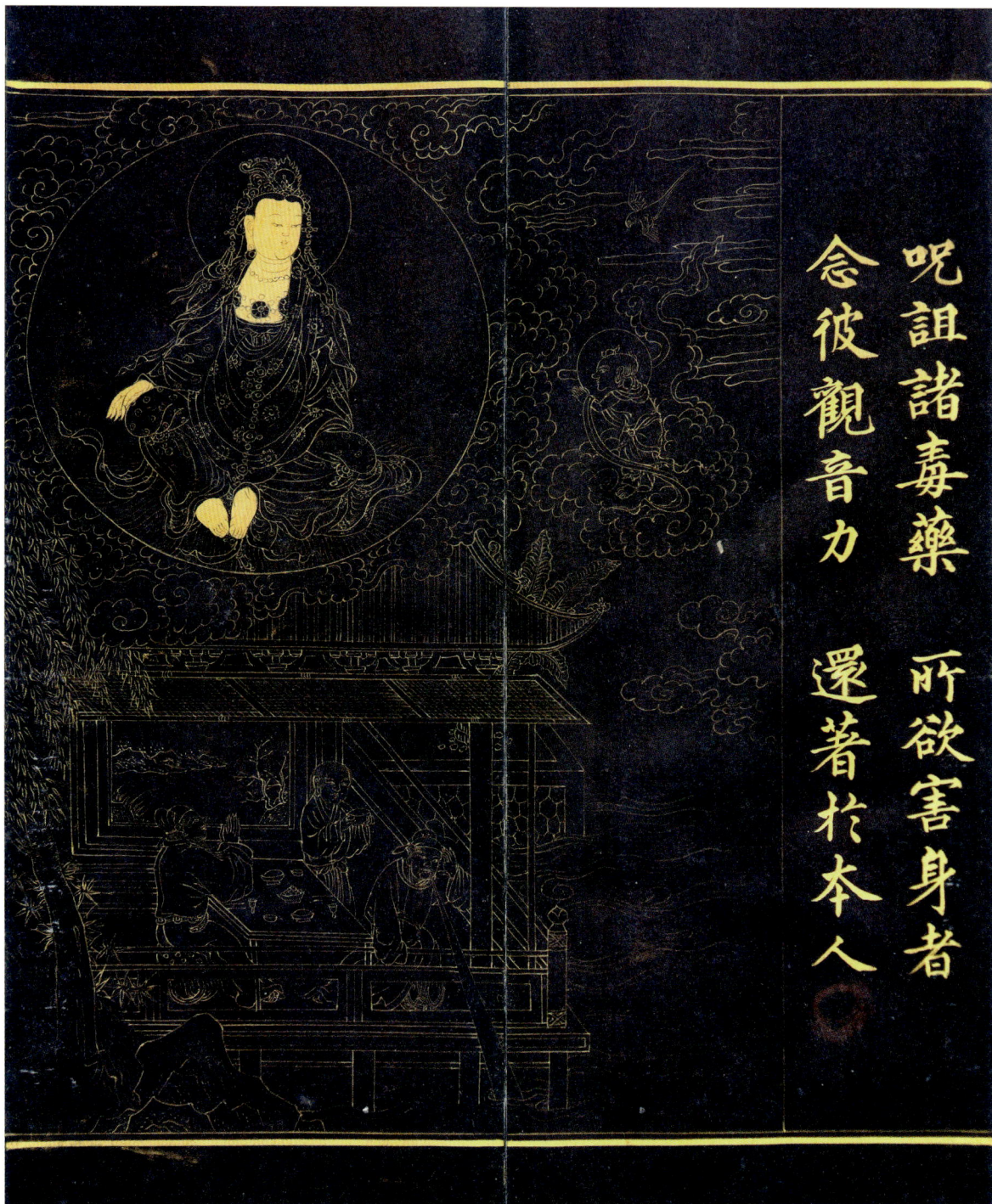

呪詛諸毒藥 所欲害身者

念彼觀音力 還著於本人

图2-23 哈佛大学藏本《观世音菩萨普门品》之三，明宣德七年（1432），磁青纸，泥金，哈佛大学艺术博物馆藏

这幅《普门品》插图描绘了偈颂中"十二难"之咒诅毒药难："咒诅诸毒药，所欲害身者，念彼观音力，还著于本人。"

念彼觀音力　所欲害身者

呪詛諸毒藥　還著於本人

图2-24　台北故宫博物院藏本《观世音菩萨普门品》，明宣德七年
（1432），磁青纸，泥金，台北故宫博物院藏

折装，写经书风及插图形式和前述哈佛藏本几乎完全相同（图 2-24）。台北故宫博物院出版的《妙法莲华经图录》认为，"一般变相多图之于经前经尾，本卷则远溯六朝传统，以'左图右史'方式图解普门观音事迹"①。然而笔者的观察显示，《普门品》插图与全本《法华经》插图存在着明显差异，《法华经》插图以卷首扉画为主（详见第三、四章），而别行的《普门品》（《观音经》）自晚唐始，直至清代，始终保持着图文并茂的随文插图传统，其中宋代之前以上图下文式插图为主，元代以后右文左图式插图似更常见。

域外的右文左图式佛画，可举日本 13 世纪（镰仓时代）彩绘本《普门品》（图 2-25）长卷，这件作品保存完好，现藏纽约大都会艺术博物馆，编号 53.7.3。这是一件卷轴装经卷，纸本，高 24.6 厘米，总长 934.9 厘米，墨书经文配 35 幅彩绘佛画。卷首绘莲池图，紧接着是横向构图的说法图。卷中随文插图均属右文左图式类型，从右向左依次为长行部分的"救七难"7 幅、礼拜供养观世音（解三毒、应二求）1 幅、"三十三身说法"19 幅、供养释迦及多宝佛塔 1 幅，以及偈颂部分的"救十二难"4 幅。经文之后是墨书题记，有"嘉定戊辰（1208）上元日云间钱仲彪敬书"字样，②卷末另有拖尾护法像。在全卷 35 幅佛画中，随文插图所占比重最大，共 32 幅，各段经文与图像间宽度差异显著，有横向构图（如"罗刹难"）与纵向构图（如"三十三身说法"）之别。这件经卷充分彰显出右文左图式插图的优势，这种图文配置方式完全不存在上图下文式插图"图""文"难以步调一致的尴尬，可根据各段经文的长短，以及每组插图的内容要求，随宜设置宽度，从而形成一种图文关系紧凑同时又极具韵律感的理想效果。

有些学者将经卷中的佛画统称为"佛经附图"，笔者认为这个称谓并不太恰当，因为佛经中图像与文字的关系有多种，至少对于卷首扉画、上图下文式随文插图这两种类型来说，图像并不附属于文字，位置上也不附在经文之后。而随文插图中的右文左图式，此类插图无论绘本，还是雕版刊印本，图像都位于经文之后（左侧），这一类插图倒很符合"附图"这个称谓。

---

① 葛婉章：《妙法莲华经图录》，台北故宫博物院，1995 年，第 123 页。
② 博物馆方根据题记，认为这件经卷制作于 1257 年，其蓝本是 1208 年（"嘉定戊辰"）的南宋印刷品，日本画师在摹绘时又加入了日本本土元素。详阅《大都会艺术博物院通讯》（*The Metropolitan Museum of Art Bulletin*）第 45 卷第 1 期（日本艺术专辑），1987 年，第 26 页。

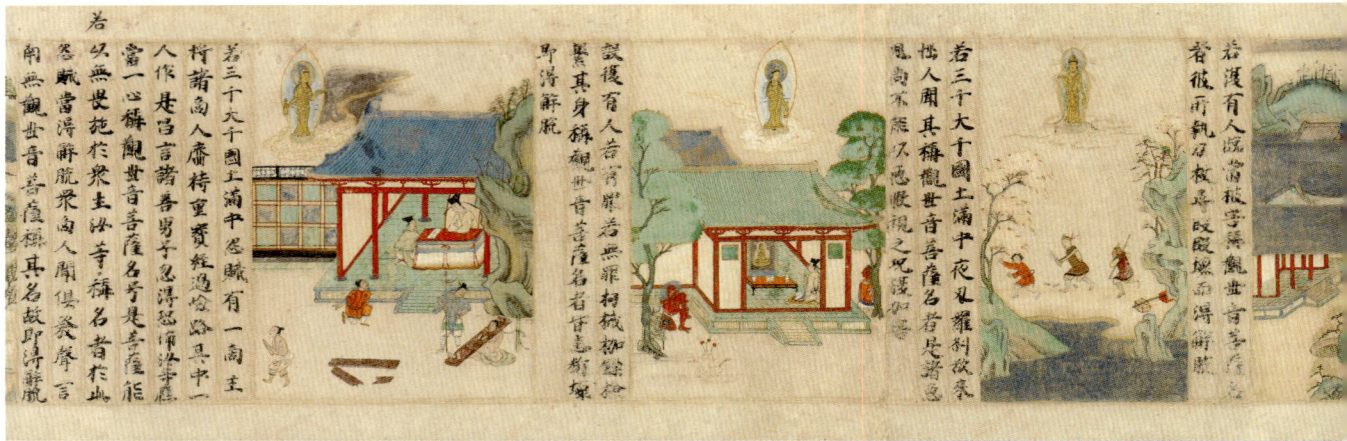

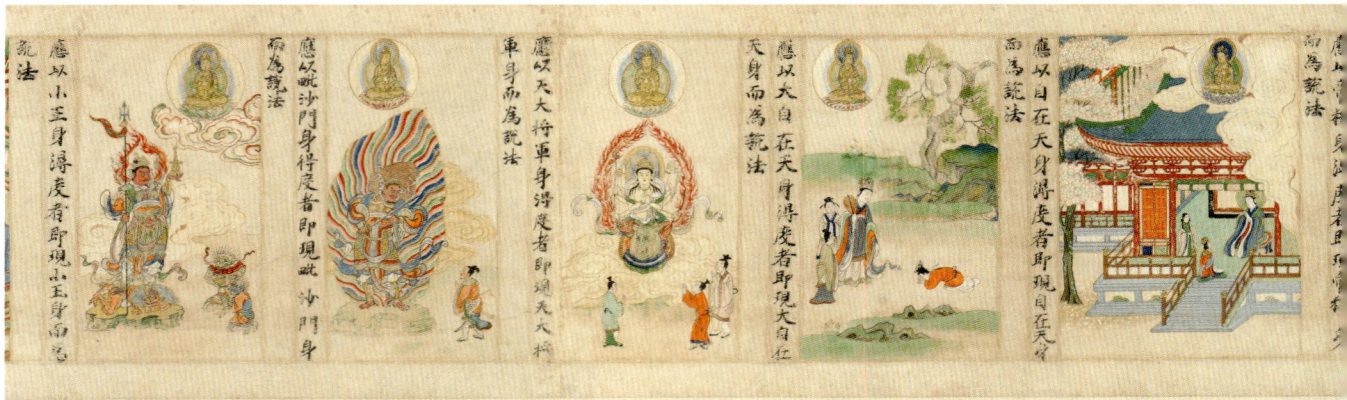

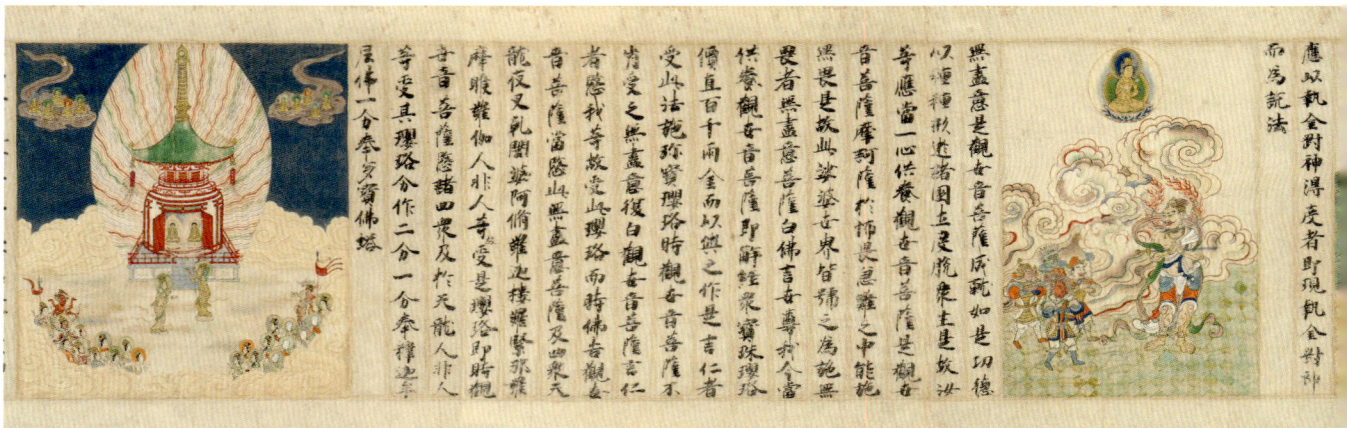

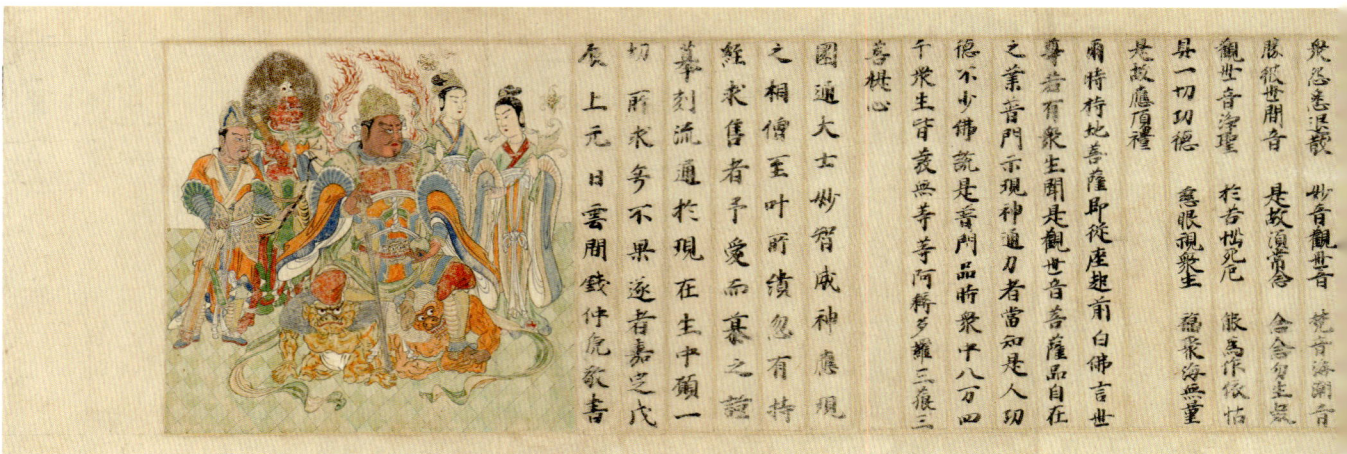

图 2-25　镰仓时代《观世音菩萨普门品》，13 世纪，纸本设色，纽约大都会艺术博物馆藏

局部

局部

爾時無盡意菩薩即從座起偏袒右肩合掌向佛而作是言世尊觀世音菩薩以何因緣名觀世音佛告無盡意菩薩善男子若有無量百千萬億眾生受諸苦惱聞是觀世音菩薩一心稱名觀世音菩薩即時觀其音聲皆得解脫

是菩薩能令眾生離諸恐怖若有持是觀世音菩薩名者設入大火火不能燒由是菩薩威神力故

若為大水所漂稱其名號即得淺處

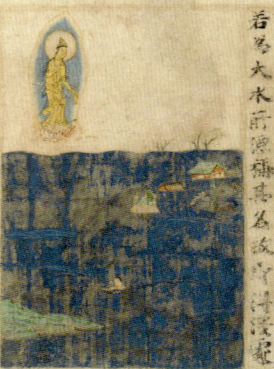

若有百千萬億眾生為求金銀琉璃硨磲瑪瑙珊瑚琥珀真珠等寶入於大海假使黑風吹其船舫飄墮羅剎鬼國其中若有乃至一人稱觀世音菩薩名者是諸人等皆得解脫羅剎之難以是因緣名觀世音

是故眾生皆應受持觀世音菩薩名號無盡意若有人受持六十二億恒河沙菩薩名字復盡形供養飲食衣服臥具醫藥於汝意云何是善男子善女人功德多不無盡意言甚多世尊佛言若復有人受持觀世音菩薩名號乃至一時禮拜供養是二人福正等無異於百千萬億劫不可窮盡無盡意受持觀世音菩薩名號得如是無量無邊福德之利

應以佛身得度者即現佛身而為說法

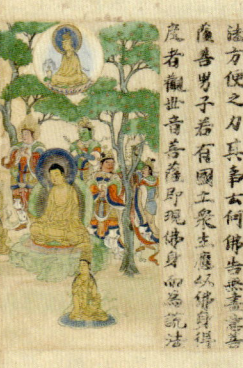

應以辟支佛身得度者即現辟支佛身而為說法

應以聲聞身得度者即現聲聞身而為說法

應以梵王身得度者即現梵王身而為說法

應以比丘比丘尼優婆塞優婆夷身得度者即現比丘比丘尼優婆塞優婆夷身

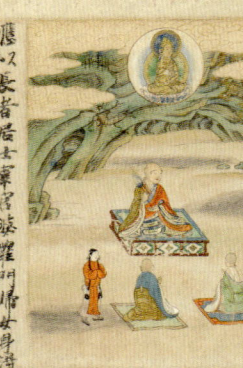

應以長者居士宰官婆羅門婦女身得度者即現婦女身而為說法

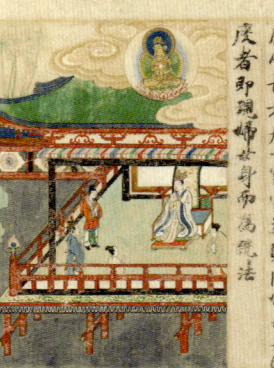

應以童男童女身得度者即現童男童女身而為說法

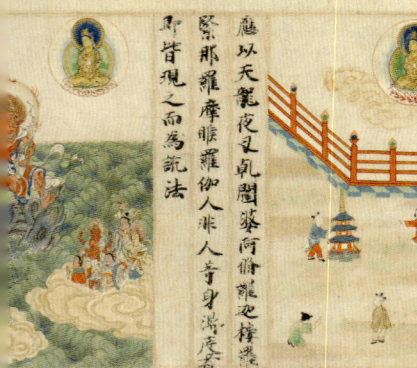

應以天龍夜叉乾闥婆阿修羅迦樓羅緊那羅摩睺羅伽人非人等身得度者即皆現之而為說法

咒詛諸毒藥所欲害身者念彼觀音力還著於本人
或遇惡羅剎毒龍諸鬼等念彼觀音力時悉不敢害
若惡獸圍遶利牙爪可怖念彼觀音力疾走無邊方
蚖蛇及蝮蠍氣毒煙火然念彼觀音力尋聲自迴去

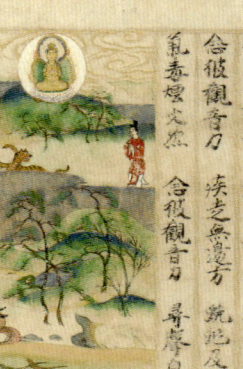

雲雷鼓掣電降雹澍大雨念彼觀音力應時得消散

眾生被困厄無量苦逼身觀音妙智力能救世間苦
具足神通力廣修智方便十方諸國土無剎不現身
種種諸惡趣地獄鬼畜生生老病死苦以漸悉令滅
真觀清淨觀廣大智慧觀悲觀及慈觀常願常瞻仰
無垢清淨光慧日破諸闇

無盡意觀世音菩薩有如是等大威神之力，多所饒益，是故眾生常應心念。

無盡意觀世音菩薩有如是等大威神之力，多所饒益，是故眾生常應心念。若有女人，設欲求男，禮拜供養觀世音菩薩，便生福德智慧之男；設欲求女，便生端正有相之女，宿植德本，眾人愛敬。無盡意，觀世音菩薩有如是力。若有眾生恭敬禮拜觀世音菩薩，福不唐捐。

應以長者身得度者即現長者身而為說法

應以居士身得度者即現居士身而為說法

應以宰官身得度者即現宰官身而為說法

應以藥叉羅門身得度者即現婆羅門身而為說法

無盡意觀世音菩薩有如是自在神力，遊於娑婆世界。爾時無盡意菩薩以偈問曰：

世尊妙相具　我今重問彼
佛子何因緣　名為觀世音
具足妙相尊　偈答無盡意
汝聽觀音行　善應諸方所
弘誓深如海　歷劫不思議
侍多千億佛　發大清淨願
我為汝略說　聞名及見身
心念不空過　能滅諸有苦
假使興害意　推落大火坑
念彼觀音力　火坑變成池
或漂流巨海　龍魚諸鬼難
念彼觀音力　波浪不能沒
或在須彌峰　為人所推墮
念彼觀音力　如日虛空住
或被惡人逐　墮落金剛山
念彼觀音力　不能損一毛
或值怨賊繞　各執刀加害
念彼觀音力　咸即起慈心
或遭王難苦　臨刑欲壽終
念彼觀音力　刀尋段段壞
或囚禁枷鎖　手足被杻械
念彼觀音力　釋然得解脫
呪詛諸毒藥　所欲害身者
念彼觀音力　還著於本人

155

众生被困厄 无量苦逼身 观音妙智力
能救世间苦 具足神通力 广修智方便
十方诸国土 无刹不现身 种种诸恶趣
地狱鬼畜生 生老病死苦 以渐悉令灭
真观清净观 广大智慧观 悲观及慈观
常愿常瞻仰 无垢清净光 慧日破诸暗
能伏灾风火 普明照世间 悲体戒雷震
慈意妙大云 澍甘露法雨 灭除烦恼焰
诤讼经官处 怖畏军阵中 念彼观音力
众怨悉退散 妙音观世音 梵音海潮音
胜彼世间音 是故须常念 念念勿生疑
观世音净圣 于苦恼死厄 能为作依怙
具一切功德 慈眼视众生 福聚海无量
是故应顶礼

尔时持地菩萨即从座起前白佛言世
尊若有众生闻是观世音菩萨品自在
之业普门示现神通力者当知是人功
德不少佛说是普门品时众中八万四
千众生皆发无等等阿耨多罗三藐三
菩提心

圆通大士妙智威神应现
之相传至叶所渍忽有持
经求售者予爱而裹之遂
摹刻流通於现在生中愿一
切所求务不果遂者嘉芝氏
辰上元日云间钱仲虎敬书

局部

157

第 三 章

灵山法雨

引言 🪷

唐宋间法华美术的嬗变

后秦鸠摩罗什所译之《妙法莲华经》，简称《法华经》，共七卷，二十七品，是一部在汉传佛教史上影响极为深远的大乘经典。不仅天台宗格外推崇此经，以《法华经》建立思想体系，同时三论宗、法相宗、华严宗、净土宗、禅宗也都重视这部经典。以敦煌文书为例，莫高窟藏经洞所出的《法华经》写本（图3-1），约有2600余件之多。此外，现存《法华经》梵文写本（包括残片）至少有60余种①，说明历史上该经在印度、尼泊尔、克什米尔地区、中亚和西域（新疆）以及我国藏区广为流传。

据唐代智昇《开元释教录》（730）卷十四"前后六译，三存三缺"②一语，可知《法华经》曾有过六次汉译，然而流传下来的仅有三种汉译本，分别是：西晋竺法护译《正法华经》，十卷二十七品（286）；后秦鸠摩罗什译《妙法莲华经》，七卷二十七品（406）；隋阇那崛多、达摩笈多合译之《添品妙法莲华经》，七卷二十八品（601）。三部汉译本均收入《大正藏》第九卷，其中鸠摩罗什译本流传最广，诚如南山律宗祖师道宣（596—667）在《妙法莲华经弘传序》中所说：

《妙法莲华经》者，统诸佛降灵之本致也。蕴结大夏，出彼千龄。东传震旦，三百余载。……后秦弘始，龟兹沙门鸠摩罗什次翻此经，名《妙法莲华》。……时所宗尚，皆弘秦本。……自汉至唐六百余载，总历群

---

① 桑德：《西藏梵文〈法华经〉写本及〈法华经〉汉藏文译本》，《中国藏学》，2010年第3期，第128页。
② 《大正藏》第55卷，No. 2154，第629页。

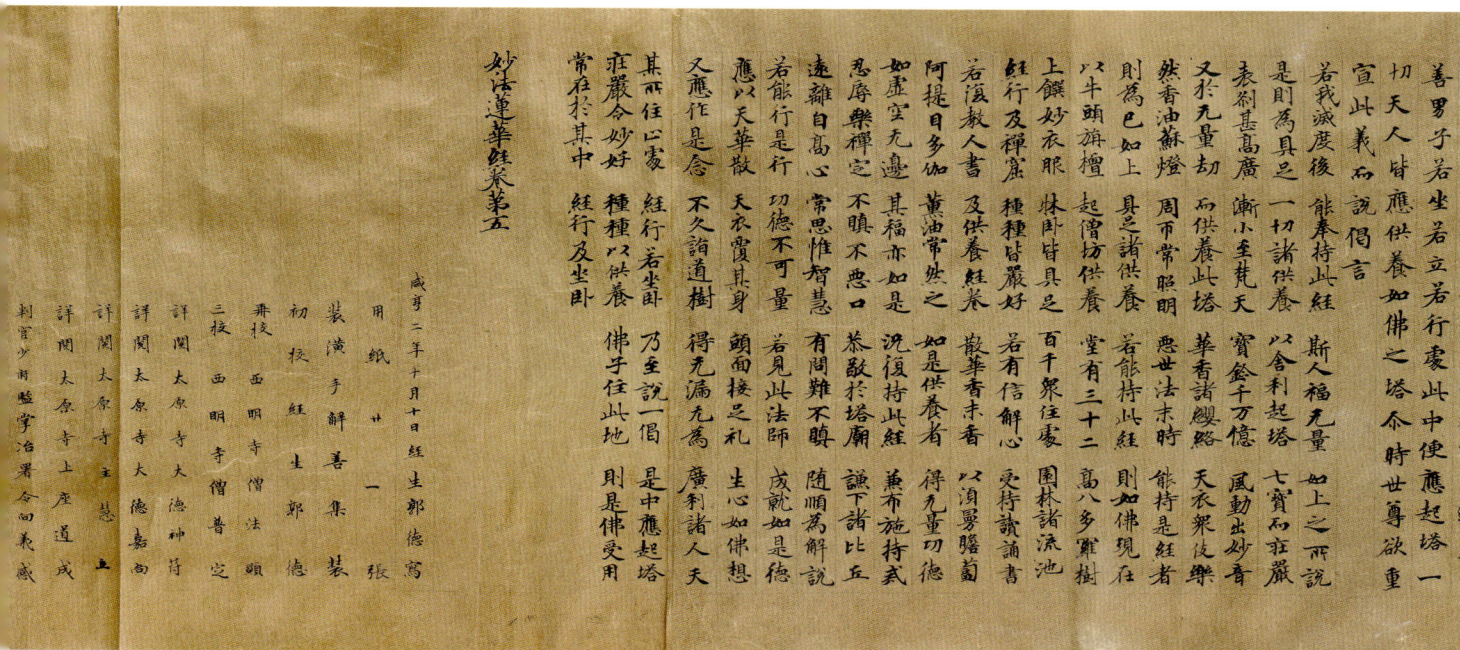

图3-1 唐宫廷写经《法华经》第五卷局部，唐咸亨二年（671），敦煌藏经洞出土，大英图书馆藏

　　敦煌所出佛教写经，可分宫廷写经和民间写经两类，本卷为唐代宫廷写经精品。藏经洞发现初唐长安宫廷写经53件，集中于咸亨二年（671）至仪凤二年（677）间，乃武则天（624—705）为其过世的双亲追福，而造《法华经》和《金刚经》各3000部，调集当时书法妙手抄写，书风妍美、校勘精善。此卷为《法华经》第五卷，卷首残失，卷末题记："咸亨二年十月十日经生郭德写，用纸廿一张，装潢手解善集装，初校经生郭德，再校西明寺僧法显，三校西明寺僧普定，详阅太原寺大德神符，详阅太原寺大德嘉尚，详阅太原寺主慧立，详阅太原寺上座道成，判官少府监掌冶署令向义感，使太中大夫行少府少监兼检校将作少匠永兴县开国公虞昶。"

籍四千余轴，受持盛者无出此经。①

图 3-2　法华经变，五代，莫高窟第 61 窟南壁

随着《法华经》与法华思想的深入人心，自南北朝开始，《法华经》写经以及表现其内容的绘画或雕塑在中国各地流行开来，可称之为"法华美术"。法华美术之盛行，除了《法华经》为世人所重视外，还有个不容忽视的重要原因，《法华经》常以譬喻的方式阐明义理，产生出著名的"法华七喻"（火宅喻、穷子喻、药草喻、化城喻、系珠喻、髻珠喻、良医喻），这些譬喻故事非常适宜以图画加以表现，诚如葛婉章所说："这些譬喻如火宅三车、长者穷子、三草二木、化城、衣里系珠、髻珠、良医妙药等，皆籍现实生活中的故事，阐明佛法义理，也提供了画家丰富的题材。"②

就直接表现《法华经》的图像而言，保存至今的作品为数众多，大体以五代为界，分前后两大时段。五代之前，中国的法华美术以石窟艺术（造像、壁画）、单体造像及造像碑为主，保存至今者大多在敦煌莫高窟、天水麦积山等地。比如敦煌石窟现存"法华经变"壁画（图 3-2）超过 100 铺以上，甚至还出现诸如北魏第 259 窟那样以"释迦多宝二佛并坐"为主尊或是盛唐第 23 窟那样的"法华窟"③。五代之后，法华美术在形式上发生嬗变，逐渐演变为以经卷佛画为主、壁画为辅，前后两个阶段的差异十分显著。

除去单独成书的《普门品》之外，元代以前的《法华经》插图全都属于卷首扉画类型。鸠摩罗什所译的《法华经》共 7 卷，其卷首画也存在两种情况：

五代第 61 窟是莫高窟大型洞窟，为归义军第四任节度使曹元忠及其夫人翟氏的功德窟，又称"文殊堂"，约建于 951 年至 957 年。窟内南壁上部绘 5 铺经变，"法华经变"为东起第二铺。壁画描绘了《法华经》中二十三品的内容，堪称巨制，但它已处于敦煌法华美术的末期。贺世哲曾指出，这铺壁画的成熟形式同时"意味着法华经变步入下坡路，因为画师要把繁多的情节填入一个有限的框框内，就不得不设计一套固定的格式，这束缚艺术家的创作才能。这一始自中唐的格式，使归义军时期的法华经变进一步失去艺术活力。"（贺世哲主编：《敦煌石窟全集·法华经画卷》，上海人民出版社，2000 年，第 107 页）

---

① 《大正藏》第 9 卷，No. 262，第 1 页中。
② 葛婉章：《妙法莲华经图录》，台北故宫博物院，1995 年，第 2 页。
③ 详阅贺世哲主编：《敦煌石窟全集·法华经画卷》，上海人民出版社，2000 年，第 10—120 页。

第一种情况，全经仅第一卷有卷首画，称"一卷本"，比如绪论部分曾讨论过的南宋细字《法华经》7折面扉画，以及第一章所举之北宋临安贾官人经书铺刊本《法华经》5折面扉画；第二种情况，7卷卷首均有佛画，称"七卷本"。两者相较，七卷本的《法华经》插图明显比"一卷本"多，影响也更大。此外根据制作技艺的不同，《法华经》插图还可分为"绘本"与"刻本"两种基本类型，分别与经卷的"写本"（写经）与"刊刻本"形式相对应。

中国古代的插图本《法华经》数量多、图像丰富，所以分为两章介绍：首先考察7卷绘本《法华经》插图，存世的唐宋7卷绘本《法华经》共4件（表3-1），其中3件保存较好，本章就这3件早期经卷佛画进行讨论；下一章（第四章）考察7卷刻本《法华经》插图，以及受其影响的其他《法华经》插图。

表3-1 现存唐宋7卷绘本《法华经》简表

版本名称	时间	材质	形制	供养人	制作地/收藏地
瑞光寺塔本	南吴大和三年（931）修补	泥金	卷轴装	朱承惠	常州建元寺/苏州瑞光寺塔天宫发现，藏于苏州博物馆（国家珍贵古籍名录号06899）
钱宏信本	五代北宋之交	泥金	经折装	钱宏信（钱俨）	—/上海图书馆
杜遇本	北宋开宝六年（973）	泥金银	经折装	杜遇	—/董诰、康有为旧藏，现藏上海图书馆（国家珍贵古籍名录号00615）
何子芝本	北宋庆历四年（1044）	泥金银	卷轴装	何子芝	四川西充县/即墨市博物馆、胶州市博物馆（国家珍贵古籍名录号00940）

第一节 ❀ 瑞光寺塔本《法华经》卷首画

　　存世最早的插图本《法华经》发现于苏州瑞光寺塔，简称"瑞光寺塔本"，1978 年发现于苏州盘门内的瑞光寺塔第三层塔心天宫[1]，今藏苏州博物馆。经卷用竹丝编织成经帙包裹（图 0-14），再置入黑漆嵌螺钿的经函内。卷轴装，共 7 卷，其中第六卷被毁，每卷纵 27 厘米至 27.6 厘米，通长 951 厘米至 1215.5 厘米，碧纸，泥金书。

　　各卷卷首均有一幅佛画，泥金绘制并略设色，外有几何纹边框，画高 25.2 厘米、宽 34.2 厘米。据许鸣岐的分析，第一、三、七卷前的佛画在五代时未经修补[2]，保留了原初的面貌。除此之外，卷首画背面还绘制出泥金牡丹纹样，同样绘在几何纹内，左上角以泥金书写"妙法莲华经卷第 ×"字样（图 3-3）。

　　考察瑞光寺塔本《法华经》卷首画，各卷都以体量较大的说法图为主，在此基础上，再描绘表现各卷内容的小型叙事图。从晚出的大量宋元时期插图本《法华经》（包括绘本和刊本）看，这的确是《法华经》卷首画最常用的构图法，可见这一表现方式形成很早。然而"瑞光寺塔本"的早期性在于，各卷说法图的表现模式各异，比如第一卷（图 3-4）主尊体量最大，呈正面角度，构图形式更像壁画；其余各卷说法图幅面不及第一卷大，主尊呈四分之三侧面，其中第二、三卷（图 3-5）的主尊释迦面朝左侧，第四、七卷（图 3-6）则改为面朝右向，说明这时的《法华经》插图还没有形成固定的图像模式。

①　苏州市文管会、苏州博物馆：《苏州市瑞光寺塔发现一批五代北宋文物》，《文物》，1979 年第 11 期，第 21—31 页。
②　许鸣岐：《瑞光寺塔古经纸的研究》，《文物》，1979 年第 11 期，第 34 页。

图3-3 瑞光寺塔本《法华经》第三卷背面牡丹图案，唐五代，
碧纸，泥金淡设色，苏州瑞光寺塔出土，苏州博物馆藏

图 3-4 瑞光寺塔本《法华经》第一卷卷首画，唐五代，碧纸，泥金淡设色，高 25.2 厘米，苏州瑞光寺塔出土，苏州博物馆藏

　　第一卷卷首画右侧残破严重，但仍可看出画面呈左右对称式构图，正面的主尊居中结跏趺坐，身旁围绕着众多弟子、菩萨及护法。释迦眉间"白毫"放出两道光芒，向画面上方两侧延展，对应《序品》这段经文："尔时佛放眉间白毫相光，照东方万八千世界，靡不周遍，下至阿鼻地狱，上至阿迦尼吒天。"画面左上角有一个较小的说法图，半侧面的佛陀面向左侧。左下隅绘三个童子，其中一童子正绘制佛像，这表现的是《方便品》偈颂部分："乃至童子戏，若草木及笔，或以指爪甲，而画作佛像，如是诸人等，渐渐积功德，具足大悲心，皆已成佛道。"画面右下方亦出现一童子，但残失严重，难以辨识，可能描绘《方便品》"乃至童子戏，聚沙为佛塔"内容。

图 3-5 瑞光寺塔本《法华经》第三卷卷首画，唐五代，碧纸，泥金淡设色，高25.2厘米，苏州瑞光寺塔出土，苏州博物馆藏

第三卷卷首画对应《药草喻品》《授记品》和《化城喻品》，共有三个情节。（一）图像上方中部绘一团云气，上有雷神，下有两株树，描绘的是"法华七喻"之三"药草喻"（"三草二木"），显示"佛平等说，如一味雨，随众生性，所受不同"之义。（二）右侧及下半部是一个场景宏大、人物众多的说法图，可能表现了《授记品》内容。（三）左上角绘一座城门，城外一位长者，用手指着城内，他身后有五位双手合十的男子，这无疑是"法华七喻"之四"化城喻"。

图 3-6 瑞光寺塔本《法华经》第七卷卷首画，唐五代，碧纸，泥金淡设色，高 25.2 厘米，
苏州瑞光寺塔出土，苏州博物馆藏

　　第七卷卷首画共有五组图像。（一）画面左上角绘说法图，佛陀面前跪着男女二人。（二）画面上方偏右位置绘《观世音菩萨普门品》之"寻声救苦"场景，然而观世音菩萨的形象却未在画面中出现。（三）左下角绘一大菩萨，有头光及身光，面前跪着一菩萨三俗，均双手合十，可能是表现《观世音菩萨普门品》"恭敬礼拜观世音菩萨"内容。（四）右上隅绘《妙庄严王本事品》，其标志性图像为神变图，即净藏、净眼二王子（药王、药上菩萨前生）为劝导其父妙庄严王信奉佛法，而现"身上出水、身下出火、身下出水、身上出火"等神变。（五）画面右侧下半部，以较大幅面描绘乘象的普贤菩萨及其眷属。右下角绘一张放置经书及经函的桌子，桌后无人，桌前一比丘，跪在普贤菩萨面前顶礼。这组画面表现的是《普贤菩萨劝发品》，描绘普贤菩萨在受持读诵《法华经》的比丘面前现身，并守护之，那么桌上的书函自然就是《法华经》。

瑞光寺塔本《法华经》的断代依据，主要来自卷末题记和纸张分析两方面证据。第一卷卷末墨书题记：

常州建元寺长讲《法华经》，大德知□记。

另，第二卷卷末出现纪年题记：

大和辛卯四月二十八日修补记。

此外第七卷卷末还有泥金题记：

时显德三年岁次丙辰十二月十五日，弟子朱承惠特舍净财，收赎此古旧损经七卷，备金银及碧纸请人书写，已得句义周圆，添续良因。伏愿上报四重恩，下救三涂苦。法界含生，俱占利乐。永充供养。

通过对纸张的分析显示，该卷"《法华经》的原经碧纸的上限在8世纪中叶的中唐，下限在9世纪中叶的晚唐"①。根据上述信息，可知这部经卷在南吴大和三年（931）进行过修补，到了后周显德三年（956），朱承惠称其为"古旧损经"，这时他再次对经卷进行修复。既然五代时经卷已然残破，需要修补，说明它必然使用了一段时间，因此可以基本否定经卷最初制作于五代的可能。综合以上方面，苏州博物馆将瑞光寺塔本《法华经》定为唐五代之作。

最后，讨论一下瑞光寺塔本《法华经》的材质问题。现存唐宋间的绘本《法华经》插图，无一例外以泥金或泥金银绘制在深蓝色纸张上；后面经文部分则以同样的纸张，用泥金（瑞光寺塔本、钱宏信本）或泥金银（杜遇本、何子芝本）书写，即所谓"金银字写经"（图3-7）。从这点上看，"瑞光寺塔本"就是现存最早的插图本金银字《法华经》。另一方面，其独特性在于画师在用泥金绘制的同时，还略加设色，比如在第二卷《譬喻品》之火宅喻，以及第七卷《妙庄严王本事品》神变图等画面，染朱色表示火焰。

"瑞光寺塔本"所用的深蓝色纸张在写经中很常见，现在多称"瓷青纸"或"磁青纸"，然而明代以前的文献却找不到这样的叫法。"瑞光寺塔本"第七卷的

---

① 许鸣岐：《瑞光寺塔古经纸的研究》，《文物》，1979年第11期，第35页。

图3-7　瑞光寺塔本《法华经》第三卷局部，唐五代，碧纸、泥金，苏州瑞光寺塔出土，苏州博物馆藏

后周显德三年发愿文中称之为"碧纸"，谓"备金银及碧纸请人书写"。南宋金允中《上清灵宝大法》记述五代吴越国编修《道藏》，"拘集道童及僧寺行者，众共抄录，以实其中，碧纸银书，悉成卷轴"[1]。此种称谓一直沿用至元初，周密（1232—1298）《齐东野语》卷十五"腹笥"条：

> 雪川南景德寺，为南渡宗子聚居之地。……佛像尤古。咸淳辛未（1271年）三月，
> 火忽起自佛腹，其中藏经数百卷，多五代及国初时人手写，皆硾碧纸，金银书。……
> 尝见一仆得金银书《心经》一囊，凡十卷，长仅二寸，卷首各绘佛像，亦颇极精妙。[2]

---

① ［宋］金允中：《上清灵宝大法》卷二四，涵芬楼影印本《道藏》第31册，文物出版社、上海书店、天津古籍出版社，1988年，第496页。
② ［宋］周密撰，朱菊如等校注：《〈齐东野语〉校注》，华东师范大学出版社，1987年，第298、299页。

可知五代宋元之际，此种深蓝色写经纸称"碧纸"。这是一种价格高昂的佳纸，以桑皮纸为原纸，用靛青（indigo）染成，需多次浸染，然后加蜡砑光方成，[①]纸质厚实、坚韧，可分层揭开，且岁久不蛀、入水不濡。到明代才出现"瓷青纸"或"磁青纸"，尽管唐宋"碧纸"与明"瓷青纸"外观相似，但毕竟技术不同。现在很多人用晚出的概念"瓷青纸"或"磁青纸"命名唐宋时的深蓝色写经纸，这是一种有失严谨的做法，因此古纸专家刘仁庆呼吁："鉴于上述存世和出土的那些蓝色的、以金银泥书写的佛经，均为珍贵文物（不许损坏），难以对其纤维原料、加工方法与染料品种等进行全面的分析化验，在未对古今瓷青纸（明代以前、宣德年间、现代仿造）的样品做出对比鉴定之前，请不要随意做出'瓷青纸'的始制年代已提前到晋唐代的结论。"[②]

总之，存世的唐宋《法华经》绘本插图，无一例外地选用价格高昂的碧纸和泥金银，从材质选择上可以体会出古人对《法华经》的尊崇。

[①] 王国财、王益真、苏裕昌：《磁青蜡笺与羊脑笺之研制》，《台湾林业科学》，第 18 本第 2 分（2003 年），第 126 页。
[②] 刘仁庆：《论瓷青纸——兼羊脑笺——古纸研究之十七》，《纸和造纸》，2012 年第 2 期，第 61 页。

第二节　钱宏信本《法华经》扉画

现存第二古老的绘本《法华经》是上海图书馆收藏的一套泥金写本，简称"钱宏信本"，因供养人叫钱宏信（钱俨）而得名。[①] 这套经卷的形制为经折装，泥金书，写在碧纸上，7 卷，每卷 1 册，每册自 55 开至 69 开不等，折高 20 厘米，上下各 2 厘米，折心高 16 厘米。7 册经卷被放置在一个牡丹纹织锦函套内，这个函套是民国时制作的。

钱宏信本《法华经》各卷卷首有一幅泥金绘制的佛画，占四折面半。扉画中最重要的图像仍是释迦说法图，所占面积较大，其余幅面再描绘诸如"法华七喻"等小型叙事图。"钱宏信本"说法图的表现模式亦不固定，但已从"瑞光寺塔本"说法图的三种表现模式减少为两类。

第一类包括第一卷（图 3-8）、第二卷（图 3-9）、第五卷和第七卷扉画，画面呈对称式构图，说法图位于扉画中部。主尊及整个说法图场景，包括背后的山峦（耆阇崛山 / 灵鹫山）均呈正面角度。说法图两侧绘制较小的各品图像。这类扉画和"瑞光寺塔本"第一卷卷首画相似。

第二类，说法图绘制在扉画右半部，占两折面多。主尊面向左侧，呈四分之三侧面。整个说法图场景及耆阇崛山都呈斜向角度，面积较小的各品图像则集中绘于扉画左半部。属于该类扉画的有第三卷、第四卷（图 3-10）和第六卷（图 3-11），它们和"瑞光寺塔本"第三卷卷首画近似。

---

① 上海图书馆、上海古籍出版社编：《上海图书馆藏敦煌吐鲁番文献》第 2 册，上海古籍出版社，1999 年，第 45—152 页；上海图书馆编：《缥缃流彩：上海图书馆藏中国古代书籍装潢艺术》，上海书画出版社，2018 年，第 17—23 页。

图 3-8 钱宏信本《法华经》第一卷扉画，五代末北宋初，碧纸，泥金，高 20 厘米，上海图书馆藏

　　第一卷扉画呈对称式构图，释迦正面朝向观者，头顶华盖，身前置供桌。周围簇拥着四菩萨、十弟子、二天王和二龙王，天王身后各有一菩萨装人物，背后分别有狮（右）和象（左）。画面前方描绘众多歌舞伎乐及供养人，上方另有两身飞天。扉画两侧有四个小图像，均描绘《方便品》内容，根据文本顺序，介绍如下：首先是左侧上部，描绘供养舍利："诸佛灭度已，供养舍利者，起万亿种塔……清净广严饰，庄校于诸塔"；其次是左侧下部，描绘聚沙成塔："乃至童子戏，聚沙为佛塔"；复次为右侧上部，描绘刻雕佛像："若人为佛故，建立诸形像，刻雕成众相，皆已成佛道"；最后是右侧下部，描绘供养作乐："若使人作乐，击鼓吹角贝，箫笛琴箜篌，琵琶铙铜钹，如是众妙音，尽持以供养"。

图3-9 钱宏信本《法华经》第二卷扉画，五代末北宋初，碧纸，泥金，高20厘米，上海图书馆藏

第二卷扉画与第一卷相似，也呈对称式构图。释迦居中结跏趺坐，周围有二菩萨、十二弟子及二天王，前方另有两身供养菩萨，上方绘二飞天，两侧云端绘出十身菩萨立像。扉画右侧为"火宅喻"（《譬喻品》），该图的特色在于象征"三乘"（声闻乘、辟支佛乘、大乘）的"三车"分列于火宅两侧，近处绘羊车，鹿车和牛车在远处。扉画左侧有一座院落，院内外的人物描绘都较简略，但仍可判断表现的是"穷子喻"情节（《信解品》）。

第四卷扉画右半部为释迦说法图，主尊、闻法众、护法众以及场景都呈斜向角度，释迦身旁有四菩萨、十弟子、二天王及八位护法诸天，供桌旁有两身供养菩萨，右上角另绘一身飞天。扉画左半部绘制各品图像。比如，扉画左侧中部绘一床榻，一男子睡卧，床侧另有一手中持物之人，这是"法华七喻"之五"系珠喻"（《五百弟子授记品》）。再如，第四折面上部绘一团大火，火中有一怀抱柴草的男子，该图对应《见宝塔品》中"担负干草，入中不烧"内容。这组图像右侧有一座下窄上宽的山峦，顶部有三座建筑，或为《见宝塔品》"若接须弥，掷置他方"内容。扉画左下角有一坐佛，在他身前，众人簇拥着一王者，该图描绘的是《提婆达多品》之"国王出家"情节："于多劫中常作国王，发愿求于无上菩提，心不退转。……为于法故，捐舍国位，委政太子。"

图3-10 钱宏信本《法华经》第四卷扉画，五代末北宋初，碧纸，泥金，高20厘米，上海图书馆藏

图3-11 钱宏信本
《法华经》第六卷
扉画，五代末北宋
初，碧纸，泥金，
高20厘米，上海
图书馆藏

第六卷扉画和第四卷构图相似，右半部以释迦说法图表现"灵山法会"，左半部绘各品叙事图。说法图之供桌左侧，绘一座亭式建筑，亭内有一比丘，亭外绘三位合掌而跪的菩萨，此图描绘了《随喜功德品》内容："如来灭后，若比丘、比丘尼、优婆塞、优婆夷，及余智者，若长若幼，闻是经随喜已，从法会出，至于余处，若在僧坊，若空闲地，若城邑、巷陌、聚落、田里，如其所闻，为父母、宗亲、善友、知识，随力演说。"扉画左上角绘一人坐在山洞中，洞外二人合掌跪拜，可能表现的也是《随喜功德品》这段文本。扉画左侧中部，描绘四人持木杖追打一比丘，这显然是《常不轻菩萨品》之常不轻菩萨遭掷打情节。在此叙事图的右上方绘四座佛塔，一菩萨二俗众面塔跪拜；此外扉画左下角绘一跪姿菩萨，身在火焰之中，这两组图像为《药王菩萨本事品》之一切众生喜见菩萨（药王菩萨前生）"礼拜佛塔"及"燃身供佛"情节。

最后简要讨论钱宏信本《法华经》的几个基本问题，涉及供养人、制作时间及制作地。

这套《法华经》各卷扉画左缘均有一条纵向边框，据《上海图书馆藏敦煌吐鲁番文献叙录》（以下简称《叙录》），边框内原题有"弟子彰义军节度使钱宏信敬舍"字样，但是均被刮去①。如今，边框内的一些字迹仍可辨识，只是刮去供养人题记的时间及原因尚不清楚。《叙录》云：

> 彰义军，唐乾元（758—759）中置泾原节度使，治泾州（今甘肃泾川、固原等县地），大顺（890—891）初赐彰义军。钱宏信，即钱俨，字诚允，本名弘信。吴越国王钱俶异母弟。俶袭国，命领镇东军安抚副使。宋咸平六年（1003）卒，年六十七。

这段文字介绍，对照传世史料，尚有不可解之处。钱俨（937—1003）是吴越国末代国君钱俶同父异母之弟，记载其生平的史料，以《宋史》卷四八〇《钱俨列传》及吴任臣（1628—1689）《十国春秋》卷八十三最为周备。根据上述两书，钱俨"幼为沙门，及长，颇谨慎好学"②，先后出任镇东军安抚副使、衢州刺史（957）等职。入宋后，历任湖州知州（970）、宣德军安抚使、随州观察使、金州观察使、和州知州等职。咸平六年（1003）卒，"赐昭化军节度使，谥曰静宣，葬和州"③。《宋史》和《十国春秋》只记载钱俨过世后被"赐昭化军节度使"，而他是否出任过"彰义军节度使"，传世史料中无载。

其次是制作时间，上海图书馆将它定为五代，理由不详。首先，如果供养人"钱宏信"就是钱俨，钱俨生卒年很明确，他横跨五代、北宋两个朝代，在没有确凿理由的情况下，断代

---

① 上海图书馆、上海古籍出版社编：《上海图书馆藏敦煌吐鲁番文献》第 4 册，上海古籍出版社，1999 年，《叙录》第 12 页。
② ［元］脱脱等：《宋史》第 40 册，中华书局，1977 年，第 13914 页。
③ ［清］吴任臣：《十国春秋》第 3 册，中华书局，1983 年，第 1208 页。

时不能轻易排除任何一个时段。其次，钱俨是否出任过彰义军节度使，以及出任的具体时间，这些都不清楚，那么只能讨论他的名字问题，因为钱俨一生多次改名。《宋史》卷四八〇《钱俨列传》："俨字诚允，俶之异母弟也。本名信，淳化初改焉。"可知钱俨这个名字是淳化元年（990）才使用的，此前他叫钱信。众所周知，钱俶原名钱弘俶，由于吴越国尊奉中原为正统，北宋建立（960）后，为了避赵匡胤之父赵弘殷的名讳，才改名钱俶。毫无疑问，这时钱弘信也必要改名，是否有这种可能：题记中写作"钱宏信"，而非"钱弘信"，就是出于避讳的缘故？但是后来发现，选择以"改字"的方式来避讳也不妥，所以才将扉画左缘的泥金题记刮去？如果上述推测成立，那么该经卷制作于960年以后。尽管吴越国延续至北宋太平兴国三年（978），但五代的结束以赵宋代后周为分界点，所以五代的观点并不正确，笔者倾向于"钱宏信本"制作于北宋初年（960—990）。即便上述推测不成立，目前也无法排除北宋，不妨定为"五代末北宋初"，更为妥适。

最后讨论制作地。钱宏信本《法华经》收入《上海图书馆藏敦煌吐鲁番文献》，但是书中没有阐明理由，这件文物的流传过程也不甚明了，它是否有可能制作于敦煌或者新疆？根据《宋史》和《十国春秋》记载，钱俨的活动范围集中在中国南方之浙江、江苏、湖北、安徽等地，并没有任何到中国西北的记载。前引《叙录》谓"彰义军，唐乾元（758—759）中置泾原节度使，治泾州（今甘肃泾川、固原等县地）"，或许这是将其归入敦煌吐鲁番文献的原因。然而唐宋时的彰义军不止一处，另有一彰义军属淮西镇，以唐州（今河南南阳）、申州（今河南信阳）一带为中心，有时也包括随州。[①] 钱俨曾出任随州观察使（约978—979），或许这是他署"彰义军节度使"的缘故。再者，考察扉画的风格样式，也指向中国南方，而非西北地区。尽管敦煌也有少量碧纸泥金银写经，但没有以碧纸绘

---

① 《旧唐书》卷十五《宪宗本纪》："（元和）十一年（816年）秋七月丁丑……以荆南节度使袁滋为唐州刺史、彰义军节度使、申光唐蔡随邓州观察使，权以唐州理为所。"［后晋］刘昫等：《旧唐书》第2册，北京：中华书局，1975年，第456页。

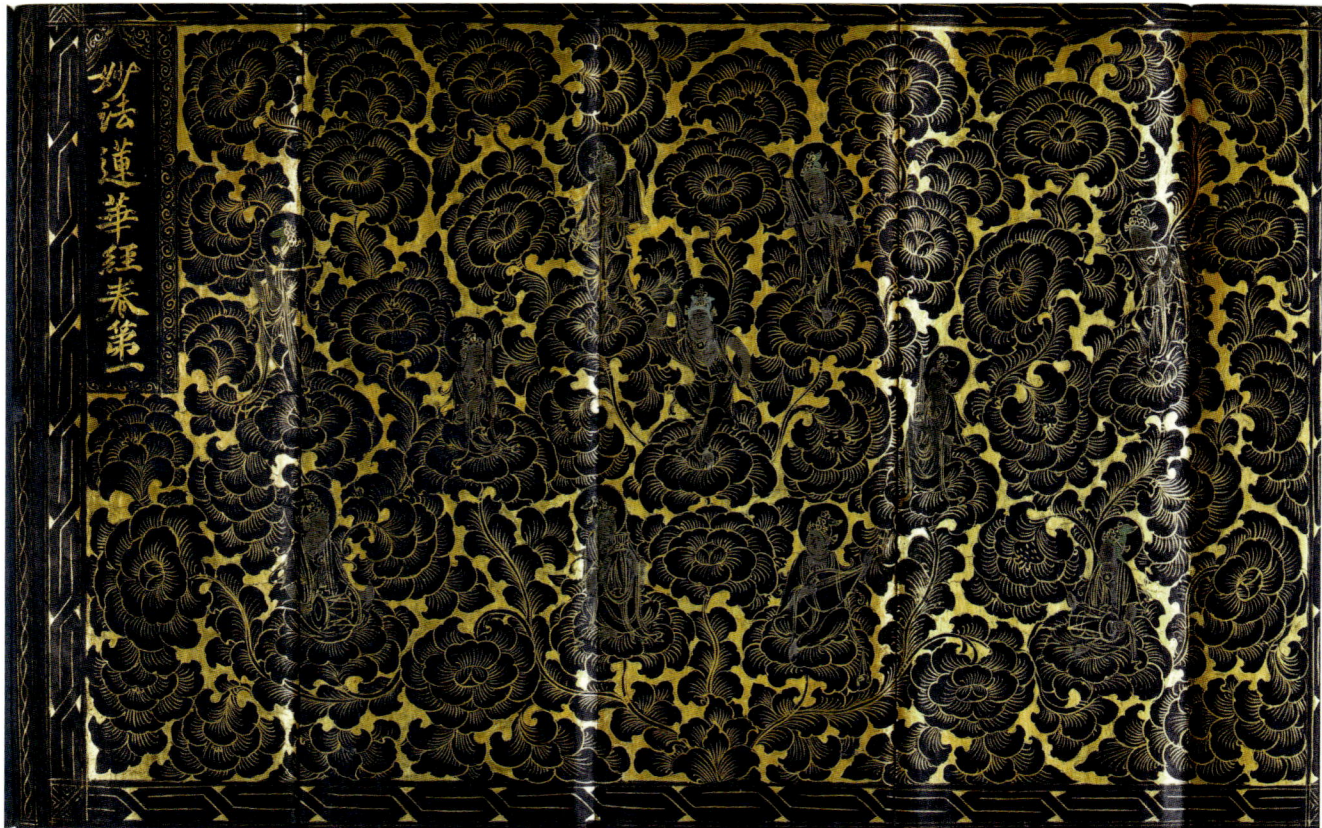

图3-12　钱宏信本《法华经》第一卷背面牡丹图案，五代末北宋初，
碧纸，泥金，高20厘米，上海图书馆藏

制的经卷插图。如果将"瑞光寺塔本"和"钱宏信本"佛画进
行比较，很容易找出二者的相似性。特别是"钱宏信本"经折
包背（扉画背面）上也绘有牡丹图案（图3-12），左上角同样
以泥金书写"妙法莲华经卷第 ×"字样，只不过画风更趋繁缛
精致，牡丹上还描绘出众多歌舞伎乐，应该是在诸如"瑞光寺
塔本"等江南地区早期经卷佛画基础上的发展。因此，笔者认
为"钱宏信本"制作于南方，绘制者很可能来自浙江。

第三节　何子芝本《法华经》卷首画

何子芝本《法华经》，因供养人名何子芝而得名，共 7 卷，现分藏于山东即墨市博物馆（第一至第五卷、第七卷）和胶州市博物馆（第六卷），2008 年入选首批"国家珍贵古籍名录"，名录号 00940[①]。这套《法华经》为卷轴装，高 30.5 至 31 厘米，每卷用 16.5 至 25 张纸不等。经文以泥金银书写在碧纸上，每纸 26 至 33 行。第七卷末有北宋庆历四年（1044）银书发愿文：

庆历四年太岁甲申十二月 / 戊子朔五日壬辰弟子
何子芝 / 造此经一部谨记。

各卷卷首均有一幅长卷形式卷首画，亦以泥金银绘制而成。由供养人题记可知，该经卷制作于四川"果州西充县"。西充县，唐至北宋属果州，今属南充。至于经卷如何从四川流传到山东，有一种推测认为，可能与即墨五大家族之一的明代兵部尚书黄嘉善（1549—1624）家族有关，但目前还缺乏确凿证据。[②] 何子芝本《法华经》是现存所有唐宋插图本《法华经》（包括绘本和刊本）中图像最丰富、完备的一例，堪称宋代法华美术登峰造极之作。

---

① 中国国家图书馆、中国国家古籍保护中心编：《第一批国家珍贵古籍名录图录》第 1 册，北京图书馆出版社，2008 年，第 148 页。
② 王灵光：《名家与国宝〈妙法莲华经〉》，《文物鉴定与鉴赏》，2011 年第 11 期，第 66 页。

一、图像模式

　　何子芝本《法华经》插图给人印象最深的，是各卷卷首画呈现出一种异常固定的图像模式，显然比更早的"瑞光寺塔本"和"钱宏信本"更为成熟。除首卷残损外，其余6卷卷首画保存完好，尽管内容各异，但图像模式高度一致，不仅尺幅相同，还遵循着相同的构图原则（图3-13、图3-14），从而形成一种高度成熟的"形式套路"，标志着《法华经》插图的成熟。

　　其卷首画的基本图像模式如下：各幅卷首画均用三张纸，因此画面分为三个尺幅大致相等的部分（图3-15）。

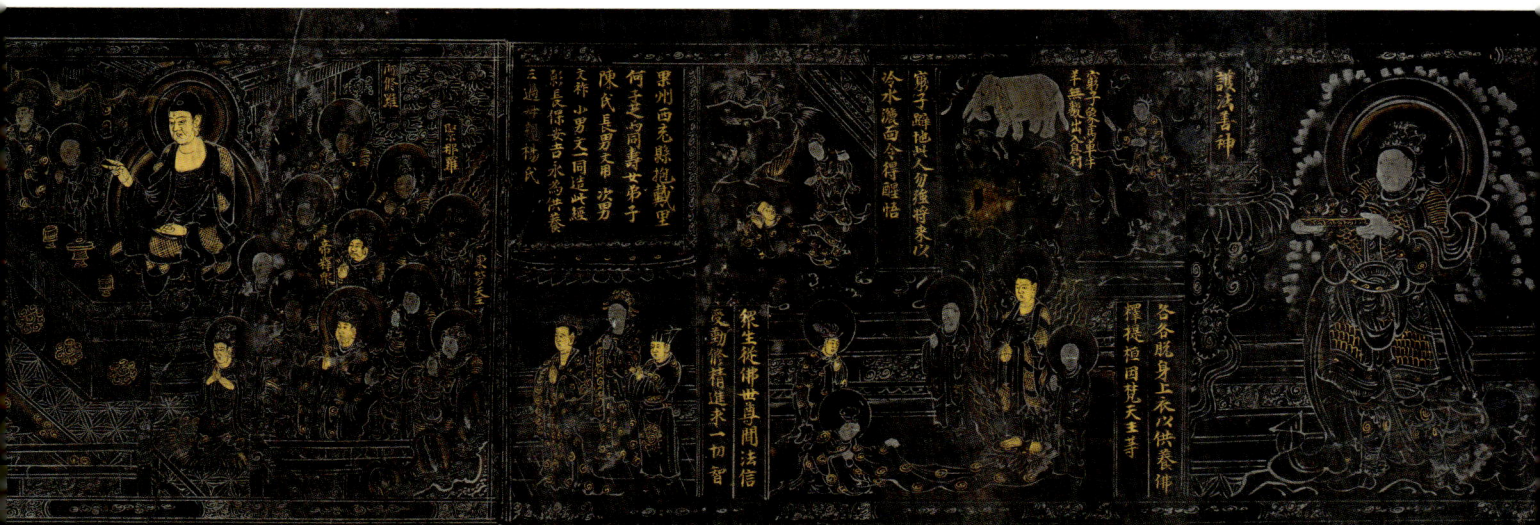

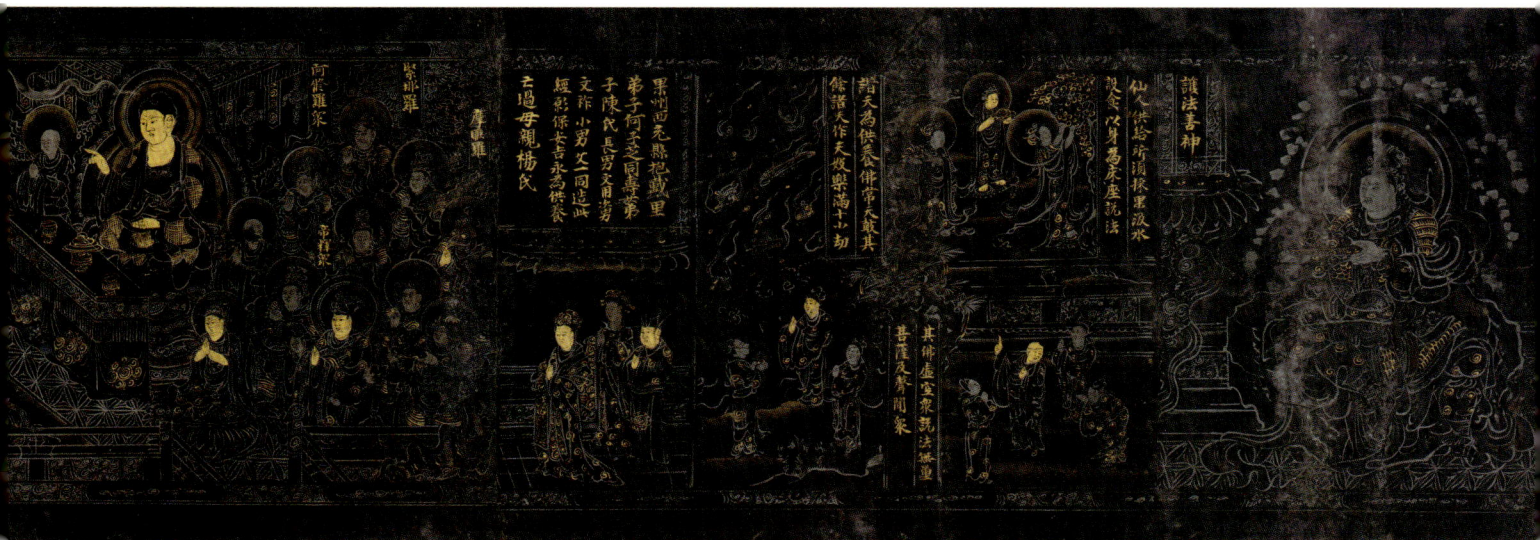

右侧第一部分由三段构成（图 3-16）：右段是或坐或立的护法善神，左上角金书"护法神"或"护法善神"；中段面积较大，以上下分栏形式绘出《法华经》各品内容，均为叙事性图像，每个画面都有榜题；左段下半部绘供养人像，上半部为金书题记，各卷文字大同小异。以第六卷（现装裱在第五卷经文前）[1]为例，供养人题记云：

上：图 3-13　何子芝本《法华经》第二卷卷首画，北宋庆历四年（1044），碧纸泥金银，即墨市博物馆藏

下：图 3-14　何子芝本《法华经》第三卷卷首画，北宋庆历四年（1044），碧纸泥金银，即墨市博物馆藏

---

① 按：何子芝本《法华经》第五、六卷卷首画与经文内容交叉对应，很可能是明代重新装裱时弄混。

第三纸	第二纸	第一纸		
各品图像	释迦说法图	题记供养人像	各品图像	护法善神

图3-15　何子芝本《法华经》卷首画示意图

图3-16　何子芝本《法华经》第六卷卷首画第一纸，北宋庆历四年（1044），碧纸，泥金银，胶州市博物馆藏

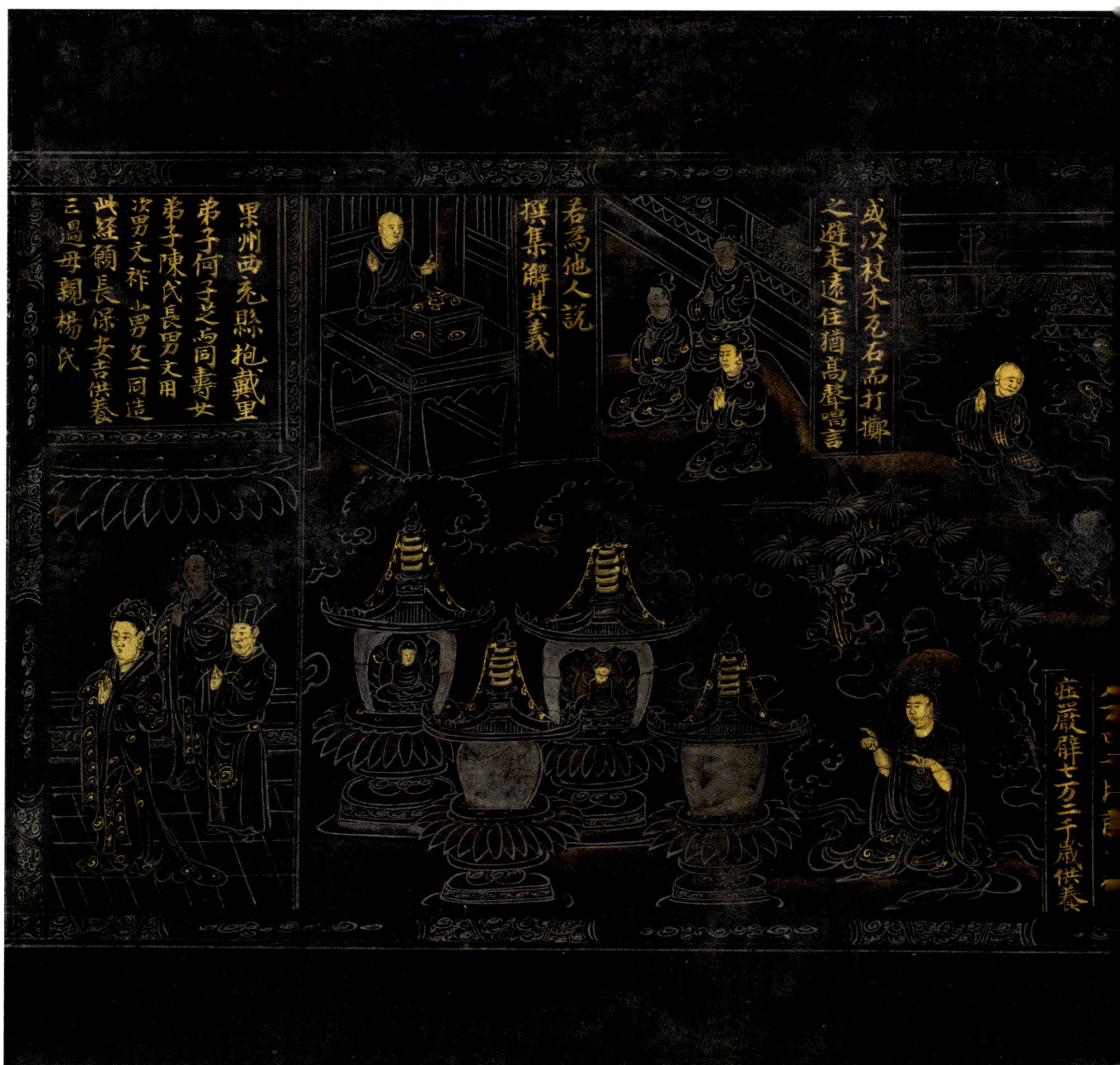

果州西充县抱戴里弟子何子
芝与同寿女弟子陈氏长、男文用
次男文祚、小男文一同造此经，
愿长保安吉，供养亡过母亲杨氏。

居中的第二部分是一个完整的画面，
以释迦说法图表现"法华法会"，画面显得
庄严气派（图3-17）。这是卷首画中面积
最大的图像，出场人物众多，各幅均绘出
宽敞华美的高台，正在说法的释迦位于画
面偏右处，以四分之三侧面角度加以表现，
周围有"闻法众"，各卷画中出现5至8个
不等的榜题，如第六卷有"紧那罗""摩睺
罗""阿修罗众""帝释众""梵王众"和"诸
菩萨众"6处榜题。

左侧的第三部分仍以分栏形式表现
《法华经》各品内容，每个图像都有榜题
（图3-18）。在图像性质和内容上，第三部
分与左侧第一部分中段完全相同，只是第
三部分的面积更大，图像数量更多。左右
两部分相加，各卷卷首画中的叙事性图像
总共有44个之多。

这种图像模式在其他《法华经》插图，
特别是唐宋绘本中找不到第二个相似的实
例。再看雕版刊本，尽管南宋至元的《法
华经》雕版扉画也形成了成熟的"形式套
路"（详见第四章），且具有相当程度的认
可度和流行度，但如果和何子芝本《法华
经》卷首画进行比较，其图像的复杂性和
丰富性远不及之。基于这个原因，不得不
说"何子芝本"是图像模式高度成熟的一
件宋代经卷佛画珍品。

梵王众

诸菩萨众

图 3-17　何子芝本《法华经》第六卷卷首画第二纸，北宋庆历四年（1044），碧纸，泥金银，胶州市博物馆藏

阿修羅眾

緊那羅

帝釋眾

摩睺羅

图3-18 何子芝本《法华经》第六卷卷首画第三纸，北宋庆历四年（1044），碧纸、泥金银，胶州市博物馆藏

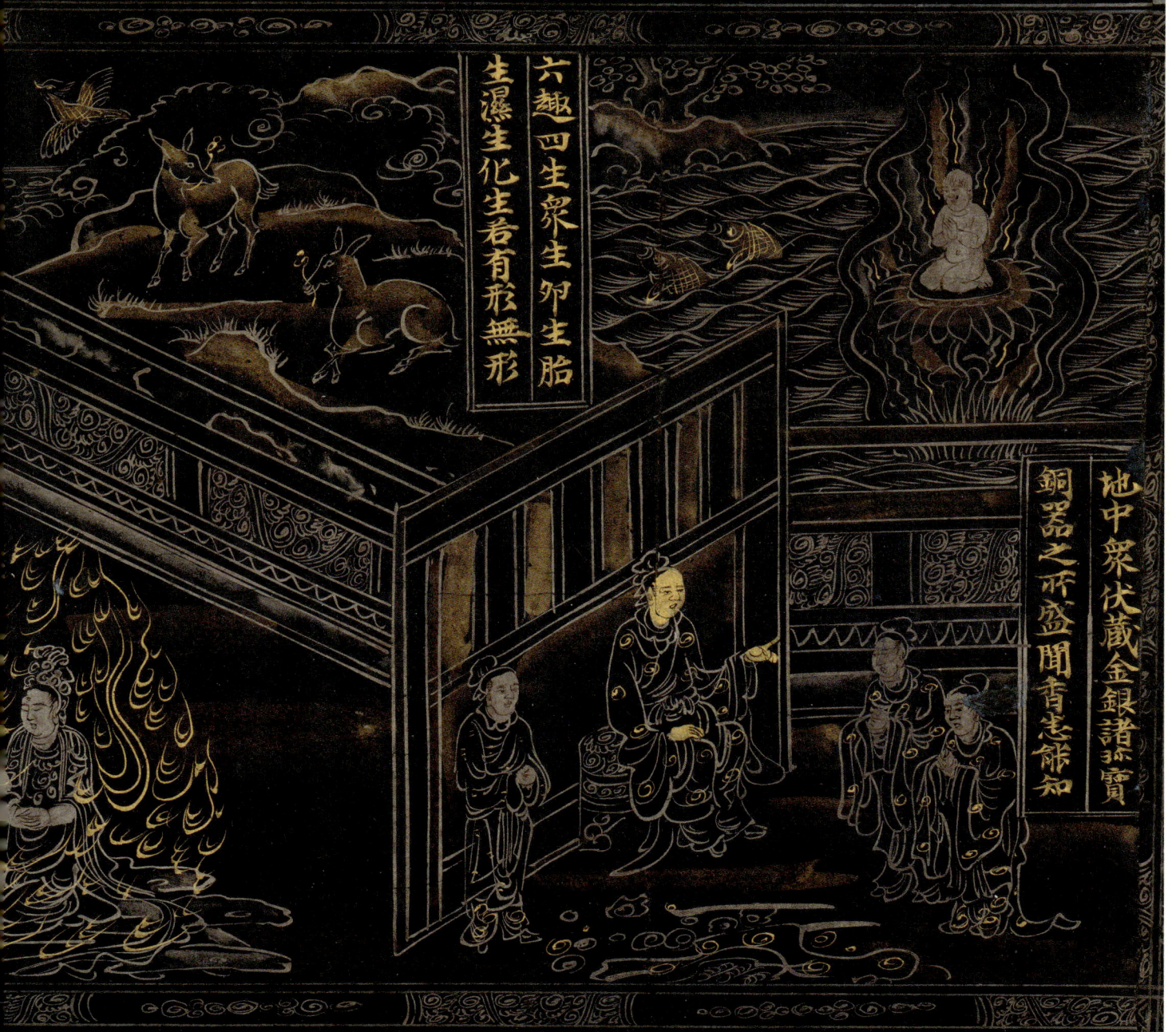

六趣四生衆生卵生胎
生濕生化生若有形無形

地中衆伏藏金銀諸珍寶
銅器之所盛聞青悉能知

唯一的特例是第一卷卷首画,其长度不及其余 6 卷。第七卷末有明代金书题记"大明洪熙元年孟秋吉旦,善人葛福诚重修补造毕",显示该经卷在明代经历过修补和重新装裱。估计最初 7 卷佛画的图像模式一致,第一卷由于破损后经明代修补,才形成现在的面貌。但其中右段的"护法神像"及"释迦说法图"仍为原初之宋绘。

二、各品图像

如前文所述,何子芝本《法华经》卷首画的图像模式固定而成熟,再具体分析,各卷第一纸两侧的护法神和供养人像,以及第二纸的说法图这三个部分高度相似,而第一纸中部和第三纸的 44 个"各品图像"仅框定在固定范围内,它们基本都是叙事性图像,内容各异、形式多变,是这套佛画的精华之所在。以下选取若干实例加以介绍,有些属习见主题,有些则是法华美术的图像孤例。

（一）羊鹿牛三车（图 3-19）

（二）饥民食王膳（图 3-20）

（三）凿井喻（图 3-21）

（四）入中不烧（图 3-22）

（五）六趣四生（图 3-23）

（六）鼻根功德（图 3-24）

（七）月天子喻（图 3-25）

（八）普门品（图 3-26）

（九）普贤菩萨（图 3-27）

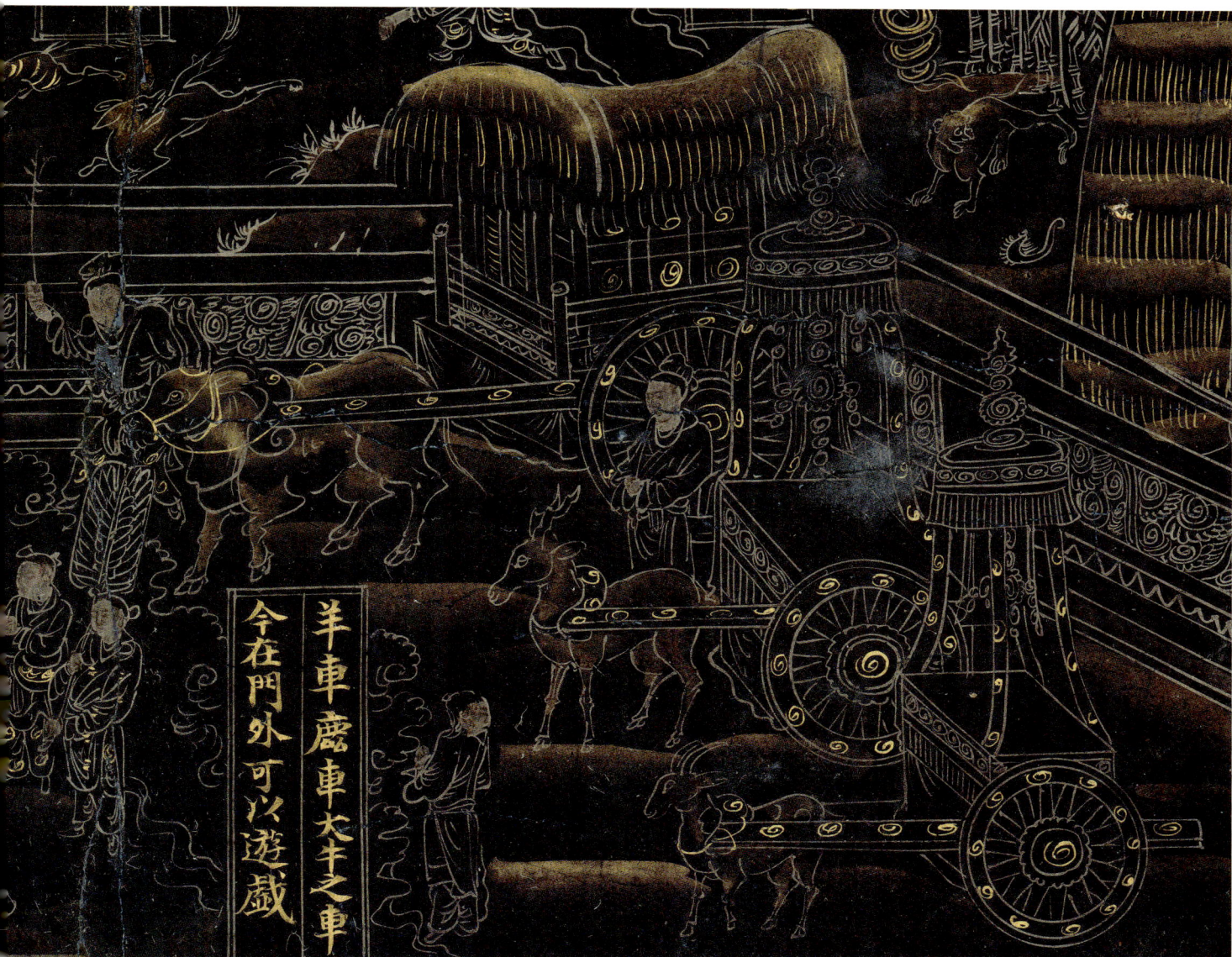

图 3-19　何子芝本《法华经》第二卷"火宅喻"，即墨市博物馆藏

　　位于第二卷第三纸下栏。画面描绘三车，从前到后依次是羊车、鹿车和牛车，均装饰华美，每车各有一赶车人。左下侧有榜题："羊车鹿车，大牛之车。今在门外，可以游戏。"该图表现的是《譬喻品》之"火宅喻"（"法华七喻"之一）。三车为"火宅喻"的标志性图像，羊、鹿、牛三车象征着三乘佛法（声闻乘、辟支佛乘、大乘），莫高窟隋第 420 窟窟顶壁画已出现三车的图像表现。

图3-20 何子芝本《法华经》第三卷"饥民食王膳",即墨市博物馆藏

位于第三卷第三纸下栏。画面右侧有一高屏风,屏前端坐一高冠华服长者(国王),其身旁站立着三人,其中一人双手端盘向前呈送。左侧有四人(饥民),双手捧碗,席地而坐。右下侧书榜题:"如从饥国来,忽遇大王膳。心犹怀疑惧,未敢即便食。"该图内容是"饥民食王膳",出自《授记品》,大目犍连、须菩提、摩诃迦栴延等弟子以"饥民食王膳"之喻,形容他们这些佛弟子(喻饥民)在接受释迦(喻国王)授记、教以一乘佛法(喻施王膳)后所获得的安乐。

图3-21　何子芝本《法华经》第四卷"凿井喻"，即墨市博物馆藏

　　位于第四卷第三纸上栏。左侧绘三个挥动撬镐的男子，正挖土凿井，他们身后有一株大树。画面右侧有僧俗三人，站在前面的僧侣正为后面两人讲着什么。右侧书写榜题："如人渴须水，穿凿于高源。犹见干燥土，知去水尚远。"本图像的主题是《法师品》之"凿井喻"，通过穿凿求水的比喻称扬《法华经》，认为凡听闻者均"近于佛智慧"。在宋代的插图本《法华经》中，"凿井喻"图像很罕见，目前只能见到"何子芝本"一例。

图3-22　何子芝本《法华经》第四卷"入中不烧"，即墨市博物馆藏

　　位于第四卷第三纸下栏。画面呈横向构图，中部有一火堆，右侧二人正在搬运柴草。左半部有僧俗四人，僧侣右手指向火堆，回头与另外三人交流。榜题在火堆上方："假使劫烧，担负干草。入中不烧，亦未为难。"在《见宝塔品》结尾处，释迦用柴草入火不烧的比喻，彰显弘扬《法华经》之难能稀有。

图 3-23　何子芝本《法华经》第六卷"六趣四生"，胶州市博物馆藏

　　位于第六卷第三纸上栏。中部书写榜题，将横向画幅分割为两部。右半部绘一泓清水，水中有两尾大鱼，右侧另有一双手合十的化生童子。左半部描绘一片坡地，两只正吃草的牛（或鹿）一卧一立，悠闲惬意；左上方还有两只昂首飞翔的鸟。榜题："六趣四生众生，卵生、胎生、湿生、化生，若有形无形。"在《随喜功德品》中，释迦告弥勒等，佛灭度后，凡随喜听闻《法华经》能获广大功德，这时提到了"六趣四生众生"。图像中禽鸟、牛（或鹿）、鱼和化生童子，分别代表卵、胎、湿、化"四生"。然而按照佛教分类，鱼和鸟皆属"卵生"，飞蛾、蚊蚰等才是真正的"湿生"。在宋代法华插图中，表现《随喜功德品》"六趣四生"图像的唯此一例。

图3-24 何子芝本《法华经》第六卷"鼻根功德"，胶州市博物馆藏

位于第六卷第三纸下栏。图像左侧绘出一扇屏风，屏前一男子居中而坐，身着袍服，左手抬起。身旁侍立一僮仆，对面另有二僮仆，皆拱手侍立。地面上，以泥金银绘若干珠宝细软。榜题位于右侧："地中众伏藏，金银诸珍宝。铜器之所盛，闻香悉能知。"这幅图像内容是《法师功德品》"六根清净功德"之"鼻根功德"，大意是说由于往昔受持《法华经》，此生获得"鼻根功德"，可闻到"三千大千世界上下内外种种诸香"，包括地下伏藏、金银珍宝、铜器等。如前述"六趣四生"图像一样，"何子芝本"的这个图像是唐宋描绘《法师功德品》"鼻根功德"之孤例。尽管如此，其图样却并非"原创"，比对"何子芝本"第二卷的"穷子喻"图，其中出现描绘穷子之父"其家巨富，多诸金银"内容的插图，与此幅"鼻根功德"图像可谓如出一辙，说明画师一定利用了"图样"或"粉本"。

图3-25 何子芝本《法华经》第六卷"月天子喻"，胶州市博物馆藏

位于第六卷第三纸左端。图像呈纵向构图，画师描绘出一处庭园，僧俗三人站在庭中，比丘右手指天，另两位着袍者仰面观望天空。天上星宿众多，当空有一代表明月的圆形，月轮中端坐一高冠华服的天人。右侧书写榜题："又如众星之中，月天子最为第一；此法华经……"在《药王菩萨本事品》后半段，释迦通过大海、须弥山、月天子、日天子、转轮圣王、帝释、大梵天王、小乘圣者和佛等多重比喻，用以彰显《法华经》之珍贵稀有。上图表现的就是其中的月天子喻："又如众星之中，月天子最为第一；此《法华经》亦复如是，于千万亿种诸经法中，最为照明。"该图像在宋代《法华经》插图中亦属首次出现，给人耳目一新之感。

图 3-26　何子芝本《法华经》第七卷"普门品"，即墨市博物馆藏

位于第七卷第三纸左侧。这是何子芝本7卷佛画中，除各卷释迦说法图外画幅最大的图像。画面横向，居中是正面的观世音菩萨像，头顶华盖，背后有头光与巨大的圆形举身光。菩萨头盖花冠，双目低垂，右手持杨枝，外披天衣，帔帛严身，右腿盘屈、左足垂踏坐在山岩上。观世音菩萨两侧绘"救八难"主题。菩萨左、右两侧各分上、下二栏，每栏绘两个图像，并书榜题。上栏自右向左分别是："蚖蛇及蝮蝎"（蛇蝎难）、"如日虚空住"（堕须弥难）、"刀寻段段坏"（刀杖难）和"云雷鼓掣电"（雷雨难）。下栏为："或值怨贼绕"（怨贼难）、"火坑变成池"（火难）、"咒诅诸毒药"（咒诅毒药难）和"若恶兽围绕"（恶兽难）。在《普门品》中，长行部分讲述观世音"救七难"，偈颂部分则拓展为"救十二难"。何子芝本佛画的这组"普门品"图，榜题文字与图像内容皆来自《普门品》偈颂部分。

唐宋之际"普门品"图像（包括"观音经变相"）极流行，仅就经卷佛画而论，也有多种表现方式，在构图模式、观音形象、表现苦难的数量与内容等方面存在着差异。与其他唐宋《法华经》绘本插图相比，这组"普门品"图像最为丰富。进一步扩大视野，把宋代《法华经》版画一同考察，可将"普门品"图归纳为几种基本类型，其中"何子芝本"属正面对称式类型。该类型的作品不多，还可举出两个实例：一江阴孙四娘子墓出土北宋写本《佛说观世音经》；二黑水城遗址出土西夏汉文刻本《普门品》（编号 TK167）。

图 3-27　何子芝本《法华经》第七卷"普贤菩萨"，即墨市博物馆藏

　　位于第七卷第三纸右侧。竖式构图画幅，图中有九身像，居中是骑白象的普贤菩萨。菩萨呈四分之三侧面，背后有圆形头光与身光，双手合十，结跏趺坐在白象驮的莲座上。普贤身旁拱卫着六身菩萨及护法众，前有驯象师，左下角绘善财童子。榜题："尔时普贤菩萨乘六牙白象王俱诣佛所。"图像表现的是《普贤菩萨劝发品》，画面构图饱满、人物众多，显得庄严而气派，比其他经卷佛画该主题图像明显更为复杂，而与壁画较为接近，如敦煌莫高窟中唐第 159 窟西壁或晚唐第 12 窟西壁"普贤变"（图 3-28），很可能是运用了壁画粉本。

三、小结

何子芝本《法华经》插图的结构清晰、图像模式高度成熟，与之构成鲜明对比的是，每卷两侧"各品图像"在图像程序方面异常无序。或者说，表现各品内容的图像与《法华经》文本顺序很不相符，特别是叙事性图像，表现同一故事的多个图像之间的位置关系往往是跳跃性的。一个典型实例是描绘第四卷《提婆达多品》的4个图像，分别位于第三卷第一纸上栏，第四卷第一纸下栏、第三纸上栏，以及第五卷第三纸右半部，图像跳跃性极强，看不出任何逻辑关系。

何子芝本卷首画的另一个特色是榜题众多，44个叙事性图像，共有52处榜题，是所有唐宋插图本《法华经》榜题最多的一例。按说榜题内容应直接选自《法华经》，然而对照经文，可发现榜题中出现大量缺字、删减、倒序和错讹，往往语焉不详，观者难以正确理解。如此严重的榜题缺字和错讹现象，与精湛的绘画技艺构成鲜明对照，说明榜题书写者（很可能也是绘制者）对经文并不熟悉。

经考察7幅卷首画形式以及图像程序和榜题，可以得出如下结论：绘制何子芝本《法华经》的画师并非直接根据《法华经》进行创作，而是尽可能利用既有"图样"或"粉本"，而且很可能利用了壁画粉本。尽管这位画师技艺高超，但由于他和书写榜题者（或许是同一人）对经文不甚熟悉，所以出现了诸如图像失序、榜题错讹等问题。进一步讲，何子芝本《法华经》插图的这些特点，应该体现了大多数古代画师的真实工作状态：远据经文，近依图样。

图3-28 普贤变壁画，晚唐，莫高窟第12窟主室西壁

中国
佛教美学
典藏

第四章

契经连相

引 言

雕版印刷的黄金时代

第三章通过"瑞光寺塔本""钱宏信本"和"何子芝本"三个实例，介绍唐代后期到北宋《法华经》七卷绘本插图的情况。入宋后，随着雕版印刷的渐趋流行，七卷刻本类型的《法华经》插图逐渐多了起来。根据版画上刊刻的文字，可知宋人称这类成组的经卷佛画为"连相"。南宋至元，此种类型的插图本《法华经》盛极一时，数量远比"七卷绘本"类型更多，不少印本保留至今。

宋代雕版刻本《法华经》插图的盛行，有两个主要原因：其一是《法华经》和法华信仰继续流行，这是制作《法华经》绘本插图与雕版刻本插图的"共因"；其二是宋代雕版印刷术的普及，这是宋代木刻插图本《法华经》盛行的"不同因"，以下略加补充说明。

通过考察两宋时期的雕版印刷业，宿白认为，雕版印刷在宋代急剧发展，刊刻数量激增，特别是到了南宋，迎来了古代雕版印刷业的黄金期：

> 从现存大量的南宋刻本书籍和版画中，可以看出雕版印刷业在南宋是一个全面发展的时期。中央和地方官府、学宫、寺院、私家和书坊都从事雕版印刷，雕版数量多，技艺高，印本流传范围广，不仅是空前的，甚至有些方面明清两代也很难与之相比。[1]

---

[1] 宿白：《唐宋时期的雕版印刷》，文物出版社，1999年，第84页。

钱存训是研究中国古代书籍史和印刷术的权威学者，他在著作《中国纸和印刷文化史》中表达了类似观点，并且特别强调宋代佛教雕印的发达：

> 印刷术经过最初阶段由简到繁的变化，至宋代成长为完美而精湛的艺术。技术的改进，新方法的采用，以及印刷范围的扩大，在这一时期飞跃进展。……宋代卓越的雕版印刷技术，成为后世印工的楷模……宋代实为中国印刷的黄金时代……宋朝三百余年间，《大藏经》的刊刻不下 6 版之多，是雕印佛藏最活跃的时期。[①]

仔细比较不难发现，宿白主要强调的是宋代雕版印刷业（行业）的兴隆；而钱存训的考察略有不同，其侧重点在于雕版印刷术（技术），他同样认为宋代堪称"黄金时代"。如将上述两方面观点综合起来，或许更为全面，可以解释宋代《法华经》刊印本插图数量众多、技艺精湛这两方面现象之成因。

本章主要考察宋代七卷刻本类型的《法华经》插图，即南宋人所谓的"连相"。具体分三个方面加以论述：首先讨论北宋七卷刻本《法华经》插图，这是七卷刻本类型的产生阶段；其次考察南宋至元代的《法华经》连相，这是《法华经》版画最流行的时期，版画制作技艺精良、艺术质量上乘；最后讨论宋代的《法华经》版画对西夏版画以及晚出的绘本《法华经》插图的影响。

---

① 钱存训：《中国纸和印刷文化史》，广西师范大学出版社，2004 年，第 143 页。

第一节 🪷

北宋七卷本《法华经》版画

宋代的《法华经》插图以七卷刻本类型最多见。"七"这个数字，仅指扉画数量，并非经文卷数。雕版《法华经》七卷卷首各有一幅扉画，称"七卷本"；与之相对，七卷《法华经》只有首卷有一幅扉画，称"一卷本"。北宋的七卷刻本类型《法华经》插图，迄今仅有两处发现：第一处是陕西耀州神德寺塔，版画刊刻地点尚不明了；第二处在山东莘县宋塔，这里所出的《法华经》刊刻于杭州。

一、耀州神德寺塔出土版画残卷

迄今可见最早的七卷刻本《法华经》插图，发现于陕西铜川市耀州城北的神德寺塔。这里原是北魏龙华寺所在地，隋代增建大佛阁，唐代更名为神德寺。[①] 寺中佛塔，又名耀县塔，仿木密檐式砖塔，八边九层，塔身中空。2004年维修佛塔时，在第四层拱券门洞中发现一批文物，包括手写经卷241个卷号、刻本佛经54个卷号，部分经卷带有版画。[②] 黄征和王雪梅整理后认为这批经卷是唐五代宋初文物，"其入藏时间，则应在雍

[①] 明嘉靖三十六年（1557）《耀州志》卷二："大像阁，在步寿原南岩下，北魏时龙华寺也，隋仁寿中建阁，覆弥勒像，高二十余仞，故名焉。唐改神德寺。宋时人游览最盛，有富郑公登阁诗石刻。宣和时兵火，阁废。金承安中再建阁，更寺额曰明德。今阁与像久废，寺改书院，独故塔存。"《中国方志丛书·华北地区》第527号，台北成文出版社有限公司，1976年，第72页。

[②] 黄征、王雪梅：《陕西神德寺塔出土文献编号简目》，《敦煌研究》，2012年第1期，第46—51页。

熙二年或稍后的一段时间里"①；还推测这个秘藏经卷的拱券门洞和敦煌藏经洞性质相同。关于这批佛教文物的性质，据推测"是宋初雍熙二年或稍后在神德寺塔举行的一场僧俗共建的祈福禳灾活动的功德经和水陆画"②。带版画的经卷中就有《法华经》，但遗憾的是，所存者仅为数量有限的版画残片，以下选取三块残片介绍（图4-1、图4-2、图4-3）。

以上三个残片，看不出明显的时代差异，整理者一方面认为编号Y0086与Y0018版画残图"为同一幅画的碎片，应该可以缀合"③，另一方面又把不同残片各自定为唐五代和北宋初，令人不解。根据画风、榜题形式和图像中的建筑、服饰等因素，笔者初步判断上述版画都制作于北宋前期。可惜版画残破过于严重，只能通过有限的图像和榜题，判断其内容是《法华经》插图，无法还原经卷佛画的画面结构。推知原初必然是图像丰富、榜题繁多，且现存同一残片上的图像，或有不同品者，但无不同卷者，据此可初步判断应属"七卷刻本"类型。

版画残片，为卷首画右上角，可见菩萨、弟子、天王等形象。推测为说法图一部分，下方菩萨为说法主尊的左胁侍。此外残存人物一律为四分之三侧面，据此推知主尊也应该呈四分之三侧面角度。

图4-1《法华经》第二卷版画残片（编号Y0018-2），北宋初年，陕西铜川神德寺塔出土，耀州区博物馆藏

① 黄征、王雪梅：《陕西神德寺塔出土文献》第1册，凤凰出版社，2012年，前言第14页。
② 同上，前言第13页。
③ 黄征、王雪梅：《陕西神德寺塔出土文献》第3册，凤凰出版社，2012年，第556页。

版画残片，上方有一尊结跏趺坐佛，后有背光，左侧榜题："佛告舍利弗：三界无（安），（犹）如火宅，众苦充满，（甚可怖畏）。"坐佛下方有一乘牛车，车上三人，右下方残存榜题："……快乐，世尊：我亦复如（是）……"画面俨然表现了"法华七喻"之"火宅喻"内容（《法华经》卷二《譬喻品》）。黄征、王雪梅认为这卷版画（残存 Y0018-1、Y0018-2 和 Y0018-3 三个碎片）的制作时间"应该是宋初太祖到太宗之际"（黄征、王雪梅：《陕西神德寺塔出土文献》第 2 册，凤凰出版社，2012 年，第 258 页）。

图 4-2 《法华经》第二卷版画残片（编号 Y0018-3），北宋初年，陕西铜川神德寺塔出土，耀州区博物馆藏

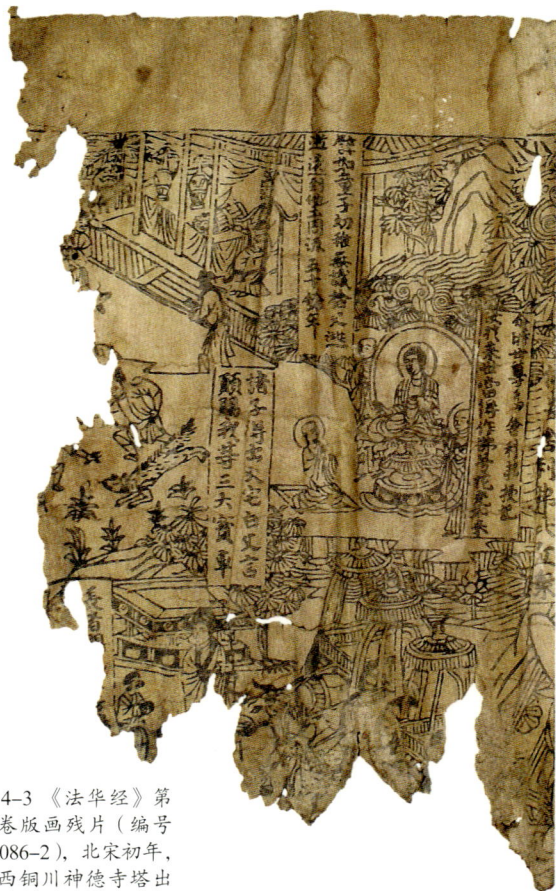

版画残片，画面上部有建筑和树石，屋中端坐一人，屋外有二仆从。榜题："譬如童子，幼稚无识，舍父逃逝，远到他土，周流五十余年。"内容对应《法华经》卷二《信解品》。画面中部右侧有一佛二弟子，另一比丘跪在佛前。右侧榜题："尔时世尊为舍利弗授记：'汝于来世当得作佛，号花光如来。'"左侧甚残，可见人物和狐狼野干一类的动物。右侧榜题："诸子得出火宅，白父言：'愿赐我等三大宝车。'"画面下方虽残，为"三车"无疑，这是"火宅喻"的标志性图像。以上三组画面表现的都是《法华经》卷二《譬喻品》内容。黄征、王雪梅认为"本卷版画的雕刻时间应在唐五代时期。卷内榜题出现两例'世'字皆作缺笔避讳字"（黄征、王雪梅：《陕西神德寺塔出土文献》第 3 册，凤凰出版社，2012 年，第 556 页）。

图 4-3 《法华经》第二卷版画残片（编号 Y0086-2），北宋初年，陕西铜川神德寺塔出土，耀州区博物馆藏

二、莘县宋塔出土杭州刻本

1968 年，山东莘县宋塔内发现数种带版画的《法华经》，为杭州钱氏家族（或为钱俶后人）和晏氏家族出资在当地刊刻的（图 4-4）。根据纪年，可分别命名为"嘉祐五年本"（1060）、"嘉祐八年本"（1063）、"熙宁元年本"（1068）和"熙宁二年本"（1069）。经卷中题"琅邪王遂良书"；每卷均有版画，出现了刻工垢、念、吴钤、叶桂的题名。

这批文物收藏在山东省博物馆，仅 1982 年发表过简报 [1]，至今也没有完整公布过。对于宋代法华美术而言，它们非常重要，通过这批经卷佛画中已公布的材料，可知北宋时七卷刻本类型的《法华经》插图已大体定型。首先，这几卷刊刻年代不同的经卷形制都是经折装，扉画均占四折面，尺寸也基本一致。进一步考察，各卷版画的形式大体统一，都在扉画右侧刊刻体量较大的"释迦说法图"。主尊释迦均呈四分之三侧面，面向画面左方，身旁围绕着菩萨、弟子、护法等众。扉画中部和左侧绘制出表现各品内容的叙事性图像，此类图像因卷而异、各不相同，但因图像尺寸小于说法图，位置也固定，并不影响各卷扉画间的视觉一致性。下面选取其中的三幅扉画，分别是这批经卷年代最早的"嘉祐五年本"第一卷扉画（图 4-5）、第四卷扉画（图 4-6），以及年代最晚的"熙宁二年本"第三卷扉画（图 4-7）。

莘县宋塔所出杭州刊印《法华经》中，"嘉祐五年本"（1060）与"熙宁元年本"（1068）都公布了第一卷扉画图像 [2]，可进行比较研究。尽管这两个经卷相隔数年，"嘉祐五年本"为钱家刊刻，而"熙宁元年本"为晏家所刻，但两幅扉画图像几乎一般无二，区别仅在于上下边框，以及"熙宁元年本"扉画右缘下方多刻出"杭州新开大字经忏"字样，由此亦可见北宋《法华经》雕版插图业已趋于成熟。美国莱斯大学副教授黄士珊

---

[1] 崔巍：《山东省莘县宋塔出土北宋佛经》，《文物》，1982 年第 12 期，第 40 页。
[2] 同上，第 39—42 页。

妙法蓮華經卷第一

姚秦三藏法師鳩摩羅什奉　詔譯

妙法蓮華經序品第一

如是我聞。一時，佛住王舍城耆闍崛山中。與大比丘眾萬二千人俱皆是阿羅漢諸漏已盡無復煩惱逮得已利盡諸有結心得自在

俱威王之餘勳輒於經首序而綜之庶得早淨六根仰慈尊之嘉會速成四德趣樂土之玄猷弘贊其窮永貽諸後云爾

大宋嘉祐五年庚子正月杭州錢家重請講僧校勘兼於逐卷內重分為（平聲）為（去聲）字章并及添經音在後彫印施行

图4-4　嘉祐五年本《法华经》第一卷，北宋嘉祐五年（1060），
山东莘县宋塔出土，山东省博物馆藏

　　嘉祐五年本《法华经》为杭州钱家出资刊刻。经折装，匡高22.7厘米，宽10.4厘米，半叶六行，行十七字。《弘传序》后附刊记："大宋嘉祐五年庚子正月，杭州钱家重请讲僧校勘兼于逐卷内重分为（平声）为（去声）字章并及添经音在后，雕印施行。"

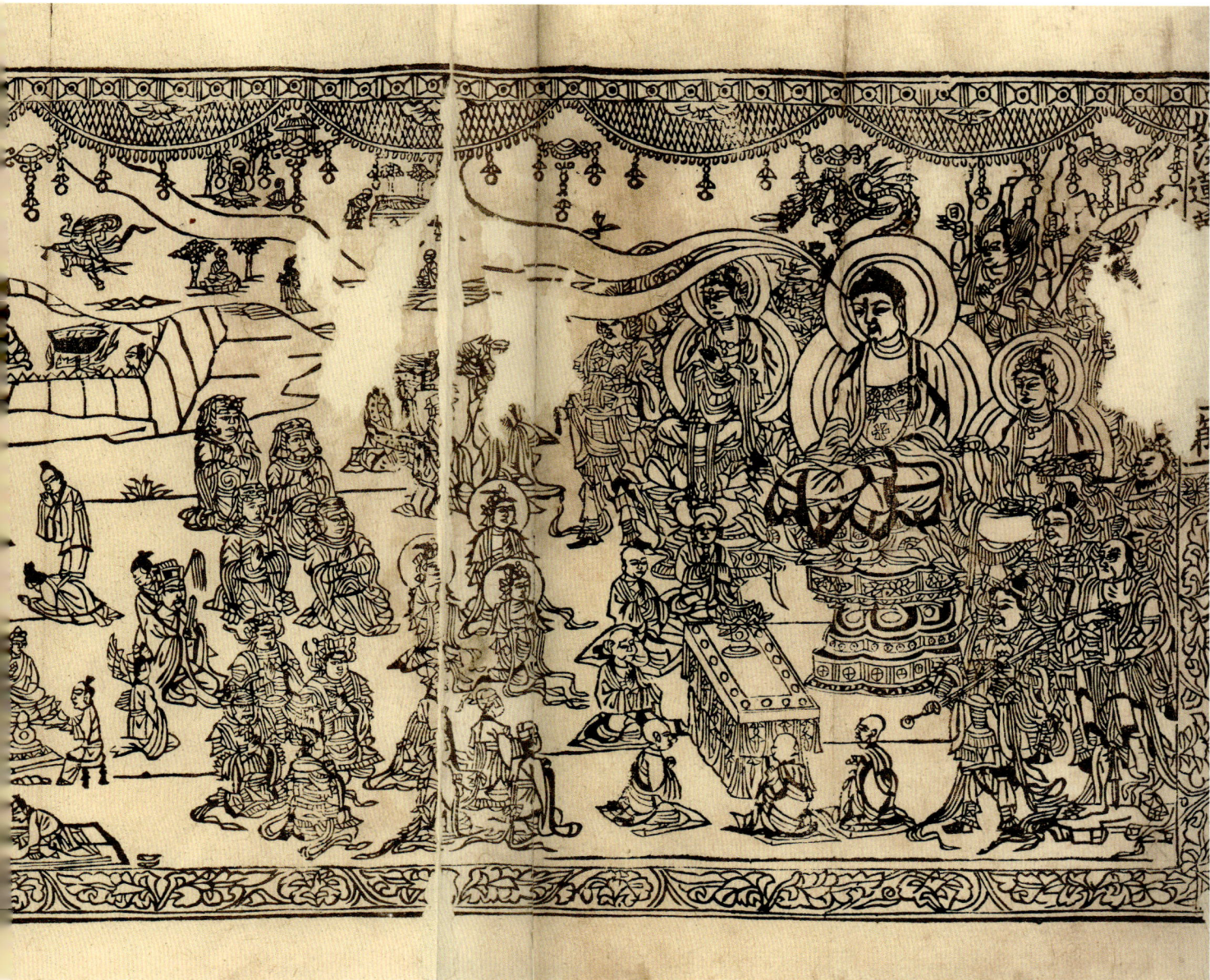

图4-5　嘉祐五年本《法华经》第一卷扉画，北宋嘉祐五年（1060），
山东莘县宋塔出土，山东省博物馆藏

嘉祐五年本《法华经》共七卷，现存第一、二、四、五、六卷扉画。首卷扉画占四折面，右侧描绘释迦说
法图，较其余卷所占幅面更大，佛陀"放眉间白毫相光"（《序品》），画面左上角也有一菩萨"处林放光"（《序
品》）。扉画左下部图像均为《方便品》内容。

扉画占四折面。同样是右侧刊刻释迦说法图，左侧刻各品图像的构图。"嘉祐五年本"的第二卷和第四卷（本卷）出现刻工题名"垢刀"字样。

（Shih-shan Susan Huang）曾指出，"从 1060 年钱家卷四和晏家 1069 年卷三的比较，可以看出钱、晏两家的扉画设计已反映了相当程度的标准化格式"①。

已公布的莘县宋塔材料中，有一件《法华经》插图算是个特例。"熙宁二年本"首卷有一幅四折面的扉画，其特殊之处正如崔巍所称："卷首佛像分片总画七卷法身变相。"②换句话说，该画面内容并不仅对应《法华经》第一卷，而是还绘出了其余各卷的内

① ［美］黄士珊：《唐宋时期佛教版画中所见的媒介转化与子模设计》，颜娟英、石守谦主编：《艺术史中的汉晋与唐宋之变》，台北石头出版股份有限公司，2014年，第 406 页。
② 崔巍：《山东省莘县宋塔出土北宋佛经》，《文物》，1982 年第 12 期，第 41 页。

图 4-6　嘉祐五年本《法华经》第四卷扉画，北宋嘉祐五年（1060），山东莘县宋塔出土，山东省博物馆藏

图4-7 熙宁二年
本《法华经》第三
卷扉画，北宋熙宁
二年（1069），山东
莘县宋塔出土，山
东省博物馆藏

熙宁二年本《法华经》推测为杭州晏家出资刊刻，首卷有题记："杭州□□□□□□勘定雕印，熙宁二年六月日印行。"七卷均存扉画，各占四折面，唯第一卷扉画内容较特殊（后详）。本卷（第三卷）扉画左下角出现刻工题名"叶桂刀"字样，另第一卷扉画有"吴钤刀"字样。

容。版画的四折面各分上、下两段，共八段，右侧首折面上段绘说法图，无榜题；其余七段分别对应七卷《法华经》的一卷，并在各段画面右上角刊刻"第 × 卷变相"字样。尽管考古简报过于简短、图片亦不清晰，更深入的讨论还有待于未来资料被全部披露后方可开展，但从目前公布的材料，我们仍可大致得出北宋《法华经》版画呈"七卷本"和"一卷本"两种类型并行发展的暂时性结论。

第二节 ⚘ 南宋至元代的《法华经》连相

七卷刻本类型的《法华经》版画在北宋初步定型后，到了南宋盛极一时，流行势头一直延续到元代。南宋人有时将这种具有七幅雕版扉画的《法华经》插图称为"连相"。台北故宫博物院藏南宋王仪等雕《法华经》刊本，七卷卷首各有一幅扉画，[①]画面右上角刻出"法华经第 × 卷连相"或"妙法莲华经连相卷第 ×"字样（图4-8）。连相，就这个词的本义而言，是指由多幅扉画所构成的经卷佛画，并不专指《法华经》。而在现实中，宋代真正流行的只有《法华经》连相，特别是七卷刻本类型，不同版本之间的关系非常密切，有必要系统考察。

南宋至元代的七卷本类型《法华经》版画，先后出现了两个版本系列，流行度都很高，特别是第一版本系列。

一、第一版本系列

第一个版本系列大约出现在南宋初年的高宗朝（1127—1162），流行于南宋的两浙路，包括临安（杭州）、明州（宁波）、吴兴（湖州）等地。现存多套扉画图像相似度极高的《法华经》，皆为形式成熟、制作精良之品。

现存最早的一套作品是"南宋大字本"[②]，日本京都栗棘庵藏全经，中国国家图书馆藏第五、六卷，这个版本出自"四明

---

① 葛婉章：《妙法莲华经图录》，台北故宫博物院，1995年，图7；林柏亭主编：《大观：宋版图书特展》，台北故宫博物院，2011年，第236—243页。
② 奈良国立博物馆：《聖地寧波：日本仏教1300年の源流》，奈良国立博物馆，2009年，图74。

图4-8　王仪刊本《法华经》扉画榜题，宋末元初，台北故宫博物院藏

陈忠、陈高、李荣"等匠师之手，约刊刻于12世纪中期①。该版本的七幅扉画，在莘县所出北宋杭州刊印的《法华经》扉画基础上有所发展，构图形式和北宋版画大体一致，图像更为精致完善，扉画边饰也不同。最重要的区别在于画面右侧说法图中增加了高台的表现。释迦和"闻法众"同处在一个宽阔的矩形高台之上，台上面满铺花砖，高台边缘设阑干，左侧设台阶，显得精致华丽、庄严异常（图4-9、图4-10）。高台的形象，成为南宋大字本这一系列《法华经》扉画区别于北宋杭州《法华经》版画最显著的特征。

　　这套扉画的高台形象，特别是满铺花砖的处理手法，让人联想到敦煌所出唐咸通九年（868）《金刚经》扉画。高台的出现应非凭空创造，很可能借鉴了《金刚经》扉画说法图的形式。另外在文本上也能找到依据，玄奘（602—664）《大唐西域记》卷九"鹫峰及佛迹"条，对释迦说《法华经》之处姞栗陁罗矩吒山（即灵鹫山）的描述就是"又类高台"：

① 刊刻年代主要依据南宋刻工陈忠、陈高所刻其他书籍推知的，详阅范邦瑾：《美国国会图书馆藏中文善本书续录》，上海古籍出版社，2011年，第256、257页。

图4-9　南宋大字本《法华经》第一卷扉画，南宋（12世纪中期），
每折面高23.3厘米，宽12.6厘米，日本京都栗棘庵藏

　　南宋大字本《法华经》，经折装，第一卷扉画占四折面。右侧三折面为说法图，场景宏大，并且出现周缘设阑干的高台，这是迄今所知七卷刻本类型《法华经》扉画说法图中，最早表现高台形象的实例。主尊释迦"放眉间白毫相光"（《序品》），有两道旋光：上面一道光中有"涅槃图"（残）和结跏趺坐佛，佛前跪一弟子；下面一道光中有六道众生的图像，一直延展到扉画左上角。左侧折面上段表现菩萨"处林放光"，对应《序品》偈颂部分。余下图像均表现《方便品》。

图 4-10　南宋大字本《法华经》第四卷扉画，南宋（12 世纪中期），
每折面高 23.3 厘米，宽 12.6 厘米，日本京都栗棘庵藏

　　南宋大字本《法华经》的第四卷扉画也占四折面，右侧说法图占两个半折面。横跨第二、三折面有一宝塔，内有二佛，这是《法华经》的标志性图像"多宝佛塔"与"二佛并坐"（《见宝塔品》）。第三折面上段刻大海，海上虚空中有手持如意的文殊菩萨，表现的是文殊菩萨海中涌出（《提婆达多品》）；中段有三佛，代表多佛，表现释迦"分身诸佛"（《见宝塔品》）；下段描绘一僧一俗端坐高台诵读经卷（《法师品》）。第四折面上段刻"法华七喻"之五"系珠喻"（《五百弟子授记品》）；中段表现"担负干草，入中不烧"（《见宝塔品》）；下段刊刻"龙女献珠"与"即身成佛"（《提婆达多品》）。

宫城东北行十四五里，至姞栗陀罗矩咤山。（唐言鹫峰，亦谓鹫台。旧曰耆阇崛山，讹也。）接北山之阳，孤标特起，既栖鹫鸟，又类高台，空翠相映，浓淡分色。如来御世，垂五十年，多居此山，广说妙法。[①]

"南宋大字本"之后，陆续出现了庆元年间（1195—1200年）"秦孟等刊本"（台北故宫博物院）、景定二年（1261）"陆道源本"（中国国家图书馆）、"李度刊本"（中国国家图书馆）以及宋末元初的"王仪刊本"（台北故宫博物院）等多套插图本《法华经》（表4-1），它们的扉画形式与"南宋大字本"一脉相承。最突出的特点就是这些版本的扉画中都表现了高台，有别于北宋版画。上述几个版本的南宋扉画，尽管尺幅小有差异，同时还有四折面和五折面的区别，但扉画的图像内容与形式差异性很小，几乎如出一辙，同属一个图像系统。

表4-1 现存南宋七卷木刻插图本《法华经》作品简表[②]

版本	年代	形制/尺寸	工匠	地点	收藏地
南宋大字本	12世纪中期	经折装（四折面），每折面高23.3厘米，宽12.6厘米	四明陈忠、陈高、李荣	宁波	京都栗棘庵（全经）/中国国家图书馆（第五、六卷）
秦孟等刊本	庆元年间（周心慧）、南宋（李之檀）	经折装（四折面），高25厘米，宽50厘米	秦孟、边仁	浙江	清毓秀宫旧藏，现藏台北故宫博物院
陆道源本	景定二年（1261），1289年补刻	经折装（五折面），每折面高25.1厘米，宽11厘米	建安范生	湖州	中国国家图书馆
李度刊本	南宋	经折装（四折面）改卷轴装，高23.5厘米，宽49.8厘米	李度	不详	中国国家图书馆
王仪刊本	宋末元初（李之檀）	经折装（四折面），高31.4厘米，宽59.5厘米	古镇王仪	不详	清乾清宫旧藏，现藏台北故宫博物院

① ［唐］玄奘、辩机原著，季羡林等校注：《大唐西域记校注》下册，中华书局，2000年，第725页。
② 附表中的版画信息，主要来自以下7部著作（以出版时间为序）：葛婉章：《妙法莲华经图录》（台北故宫博物院，1995年）；周心慧：《中国古代佛教版画集》（学苑出版社，1998年）；林柏亭：《大观：宋版图书特展》（台北故宫博物院，2006年）；李之檀：《中国版画全集·佛教版画》（紫禁城出版社，2008年）；奈良国立博物馆：《聖地寧波：日本仏教1300年の源流》（奈良国立博物馆，2009年）；郑振铎：《中国版画史图录》（中国书店，2012年）；翁连溪、李洪波主编：《中国佛教版画全集》第2卷（中国书店，2014年）。

需要指出，这批南宋版画多数缺乏准确纪年，只能通过工匠等因素判断大致的制作时间段，对某件作品的年代观点往往存在差异，不同经卷的时代关系也有待进行更深入的研究。考察上述南宋《法华经》版本的刊刻地点，大概不出浙江（宁波、湖州）、福建二地，由此亦可见12世纪中期以后，"南宋大字本"这一系列的《法华经》扉画图像在江南之流行。

以下通过分析南宋景定二年（1261）道源本《法华经》扉画，考察宋元雕版经卷佛画的制作特点。这是一套经折装经卷，曾为毛晋（1599—1659）汲古阁藏书，现藏中国国家图书馆。卷四结尾处有南宋"景定二年三月"发愿文（图4-11），指出供养人陆道源住在"安吉州归安县琅耶乡"，今属浙江湖州市。此外扉画中多次出现刻工题记，如"范刀"（第一卷）、"范生刊"（第三卷）和"建安范生刊"（第四卷），第四卷卷首经题下还刊刻出"建安范山甫刊"字样。以上信息说明陆道源本《法华经》是由福建刻工在湖州地区制作完成的。

陆道源本《法华经》共有七幅扉画，均保存完好。每幅都占五折面，右半部为场面宏大的高台说法图，左半部刊刻各品图像，整套扉画令人感到技艺成熟精湛，形式感高度统一，足可代表古代雕版印刷术盛期的水准（图4-12）。

考察陆道源本《法华经》扉画，通过图像比对和形式分析，可以发现这套版画具有三个突出现象，很好地体现了宋元雕版佛经插图的制作特点。

第一种现象，利用既有图样刊刻新版。

宋元之际插图本《法华经》高度流行，考察这一阶段的《法华经》扉画，一个极为普遍的现象就是利用既有图样雕刻新版。以陆道源本《法华经》扉画为例，如果向前追溯，则可发现该版显然是在借鉴更早的"南宋大字本"（或类似的早期版本）扉画的既有图样基础上，重新雕制新版而成。新版和旧版之间，尺幅、折面数量或有差异，比如"南宋大字本"扉画占四折面，而"陆道源本"扉画改为五折面，但是如果把图像放在一起进行比较，无论是构图形式、图像内容，还是人物、建筑的样式，二者都具有极高的相似性，区别只体现在诸如高台纹饰、边框形式等细节上（图4-13）。

第二种现象，补版重雕。

除了借鉴既有图样重雕新经外，当雕版印了一段时间发生损坏，特别是出现严重破坏或残失，则需要进行补版重雕。补刻的现象也较为常见，因此一套版画，有时会出现雕版时间不同的情况。陆道源本《法华经》第七卷扉画就是重雕新版的实例（图4-14），其风格较前几卷具有显著的差异，线条较粗，

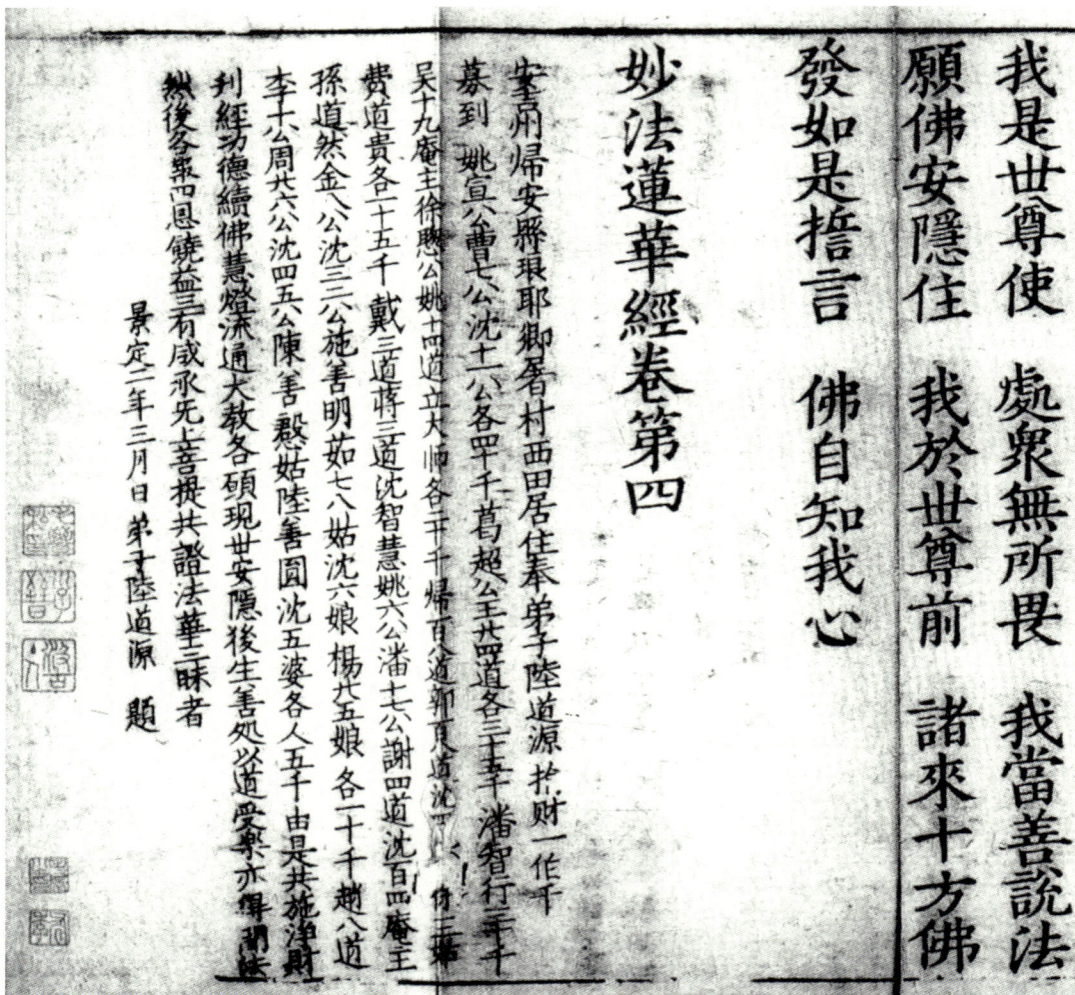

图4-11　陆道源本《法华经》第四卷卷尾题记，
南宋景定二年（1261），中国国家图书馆藏

第四卷卷尾供养题记："安吉州归安县琅耶乡屠村西田居住奉弟子陆道源舍财一伯千，募到姚宣公、曹七公、沈十一公各四十千，葛超公、王廿四道各三十五千，潘智行三十千，吴十九庵主、徐聪公、姚十四、道立大师各二十千，归百八道、郭百八道、沈四□三姑、费道贵各一十五千，戴三道、蒋三道、沈智能、姚六公、潘十七公、谢四道、百四庵主、孙道然、金八公、沈三二公、施明善、茹七八姑、沈六娘、杨廿五娘各一十千，赵八道、李十公周、廿六公、沈四五公、陈善□姑、陆善圆、沈五婆各人五千。由是共施净财，刊经功德，续佛慧灯，流通大教。各愿现世安隐，后生善处，以道受乐，亦得闻法，然后各报四恩，饶益三有，咸承（成）无上菩提，共证法华三昧者。景定二年三月日弟子陆道源题。"

图 4-12　陆道源本《法华经》第一卷扉画，南宋景定二年（1261），
每折面高 25.1 厘米，宽 11 厘米，中国国家图书馆藏

陆道源本《法华经》，经折装，扉画均占五折面。以第一卷扉画为例，右侧三个折面以及第四折面一部分为说法图，与"南宋大字本"一样，表现出高台和释迦"放眉间白毫相光"的图像。左侧折面上段表现菩萨"处林放光"，其余图像描绘《方便品》。扉画右缘下段刊刻"范刀"字样。

图 4-13 《法华经》第四卷扉画比较图（上：南宋大字本；下：陆道源本）

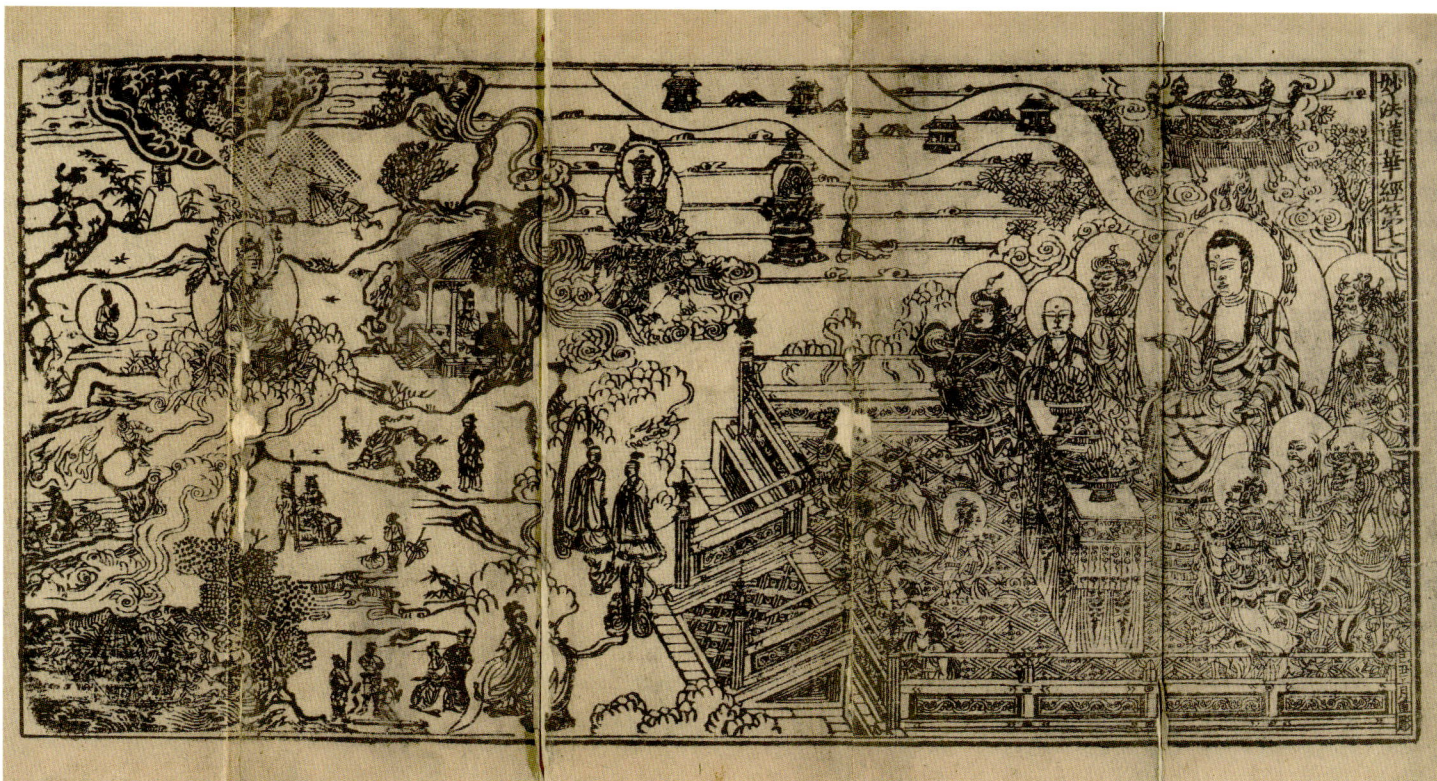

图 4-14　陆道源本
《法华经》第七卷扉
画，元代至元二十六
年（1289），每折面高
25.1厘米，宽11厘米，
中国国家图书馆藏

陆道源本《法华经》第七卷扉画同样占五折面，右侧两折面半为说法图。第三折面上段右侧为妙音菩萨礼拜多宝塔（《妙音菩萨品》），左侧是骑象的普贤菩萨（《普贤菩萨劝发品》）；下段左侧是净藏、净眼二王子神变图，他们的斜下方是双手合十的妙庄严王和净德夫人（《妙庄严王本事品》）。左侧两折面主要表现《观世音菩萨普门品》。扉画右上角刻"妙法莲华经第七"，右下角刻"己丑正月重雕"。

同时还不及前几卷那样流畅。为什么会出现这种现象？画面内的题记给出了答案，扉画右下角有"己丑正月重雕"字样，李之檀注意到了这个细节，他认为："当然也有新补刻的部分，如卷七首图右下角'己丑（公元1289年）正月重雕'，为二十八年后补刻。"[1]这时南宋已被元所灭，陆道源本《法华经》的补版时间为元代至元二十六年（1289）。

第三种现象是补绘，这种情况并不多见。

对于那些已经印制出来的版画，如果出现残破，有时工匠会以绘制的方式修复。在陆道源本《法华经》各卷扉画中，第二卷很特殊（图4-15），仔细观扉画右侧三折面的图像，无论是画

---

① 李之檀：《中国版画全集·佛教版画》，紫禁城出版社，2008年，第25页。

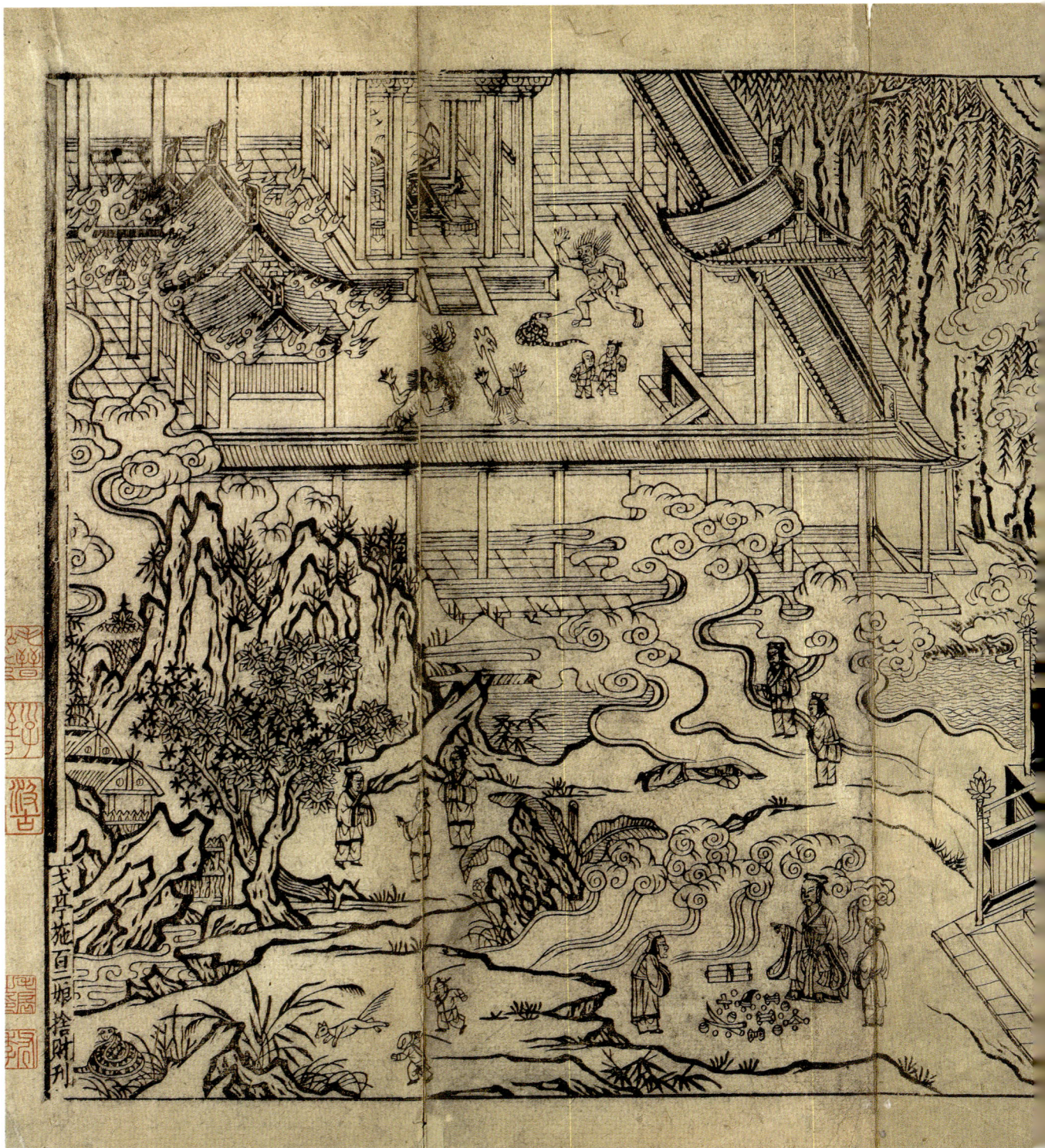

图4-15 陆道源本《法华经》第二卷扉画，南宋景定二年（1261），每
折面高25.1厘米，宽11厘米，中国国家图书馆藏

　　陆道源本《法华经》第二卷扉画中，右侧三折面半描绘释迦说法图。左侧两折面上段为"火宅喻"（《譬喻品》），下半段表现"穷子喻"（《信解品》），左下角刊刻"戈亭施百二娘舍财刊"字样。

中物象还是边框线条，都不似雕版印制出来的，更像是绘制出来的。第三折面上段"火宅喻"右侧部分，也没有按宋代的通则表现"三车"，只泛泛地描绘出树木和云气。另外右侧"说法图"的部分细节（特别是供桌样式）也与其余各卷有所不同。以上各点都令人生疑，这些视觉信息提示我们，第二卷扉画右侧三折面很可能是后世的补绘。至于补绘年代，有待未来深入考察。

综上所述，陆道源本《法华经》是一套难得的雕版佛画实例，这套版画同时具备利用旧图样（"南宋大字本"）雕刻新版、补版（如第七卷扉画）和补绘（第二卷扉画）三种现象，很好地体现了宋元时期佛经版画的制作实况。

二、第二版本系列

七卷刻本《法华经》版画还有第二个版本系列，它的出现和流行时间都晚于上述第一版本系列，从现存材料看，流行程度也略逊于第一版本系列。

这个系列今天可见到最早的经卷，是一套经折装大字《法华经》刻本，现藏在中国国家图书馆和常熟市博物馆，[①]时代大约在宋元之交（一说南宋庆元年间）。该经每卷之首各有一幅精美的扉画，构图与第一版本系列扉画大体相似，但绘制风格有所不同。最显著的区别在于，第一个版本系列中，扉画右半部的说法图都在高台之上；而第二个版本系列不再表现高台，又恢复到山东莘县所出杭州北宋刻本的早期做法。14世纪上半叶，"大字本"的扉画样式流行开来，陆续出现"顾逢祥大字本"（图4-16，中国国家图书馆）、"元刊苏体本"（台北故宫博物院）、"陈道荣刊苏写本"（台北故宫博物院）和"元重刊陈道荣本"等多个版本，扉画形式都类似于"大字本"的图样，均无高台这一图像要素，形成了又一个广为流行的七卷刻本《法华经》扉画模式。

---

① 北京图书馆：《中国印本书籍展览目录》，中央人民政府文化部社会文化事业管理局，1952年，展品五十；翁连溪、李洪波主编：《中国佛教版画全集》第2卷，中国书店，2014年，第110、258、259页。

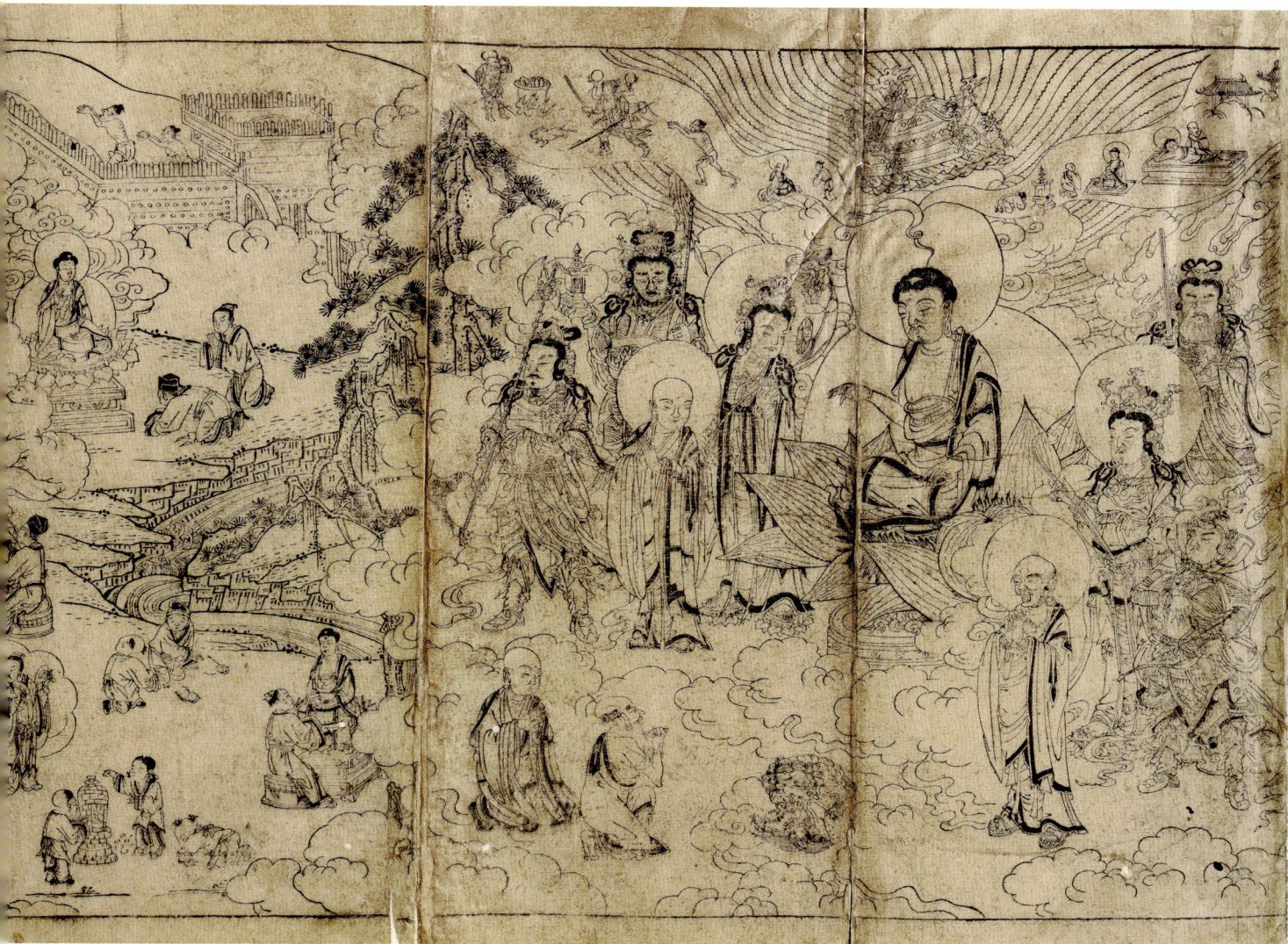

图4-16　顾逢祥大字本《法华经》第一卷扉画，元至顺二年（1331），高 31.3 厘米，宽 61.2 厘米，中国国家图书馆藏

元至顺二年（1331）嘉兴路顾逢祥施刻，至正六年（1346）印行。经折装，上图为卷一扉画，四折面。扉画右半部刻释迦说法图，左半部刻《方便品》的内容。说法图的构图形式和第一版本系列没有太大区别，释迦也呈四分之三侧面，而省略了说法图中的高台表现，改绘云气。随之改变的还有两项：其一，佛前不再出现斜向供桌；其二，释迦两侧的护法，以及跪在释迦前的弟子数量减少。扉画左下角刻一团云气，云气内有一男一女两位供养人像。

第三节 七卷刻本《法华经》版画的影响

南宋至元，七卷刻本《法华经》版画广为流行，涌现出大量插图本经卷，雕工精良、样式固定，形成了形式高度相似的版本系列，一时影响甚著。这个影响，可以从两个方面加以分析：一是地域上的，至少向西影响到西夏王朝，向东传播至日本和高丽；二是艺术形式上的，雕版佛画对晚出的《法华经》绘本插图产生过直接影响。

一、黑水城出土西夏雕版佛画

两宋法华美术兴盛，除作品众多、质量上乘这些表层特征外，还有一个不容忽视的重要特征，就是宋朝《法华经》插图类型丰富，具备七卷绘本、七卷刻本、单幅刻本三种类型。从这个角度说，宋代工匠正在努力穷尽各种可能。相比之下，辽与西夏的《法华经》插图仅发现"七卷刻本"一种类型，与宋朝的法华美术形成鲜明反差。

西夏的插图本《法华经》存世数量相对较多，除一件吐鲁番出土西夏文经卷（原藏德国柏林民俗博物馆）外，绝大多数西夏《法华经》刻本都属汉籍，出自内蒙古的黑水城遗址，现藏在俄罗斯科学院东方文献研究所，编号俄 TK1（卷一）、俄 TK3（卷三）、俄 TK4（卷四）、俄 TK10（卷六）、俄 TK11（卷七）和俄 TK15（卷二）。[①]

　　黑水城遗址出土的西夏《法华经》扉画，明显体现出来自宋代版画的影响，无论整体构图，还是图像样式，无不延续了中国南方《法华经》扉画的模式。夏安（Anne Saliceti-Collins）和黄士珊先后指出，西夏版画中的法华图像样式，借鉴了北宋杭州地区的《法华经》版画。[②]笔者完全同意西夏借鉴杭州版画的观点，但同时也认为，西夏版画接受的不仅是莘县出土北宋雕版佛画的影响。原因在于，两宋至元初，南方的七卷刻本《法华经》插图具有清晰的发展阶段性，以说法图中"高台"之有无为标志，分作三期：第一期实例仅有莘县出土杭州北宋佛画，此时说法图中未出现高台；第二期作品众多（即第一版本系列），均描绘"高台说法图"，无一例外，堪称南宋《法华经》插图的"标准样式"；第三期扉画（即第二版本系列）高台消失。黑水城所出西夏《法华经》第一卷扉画出现了高台（图4-17），这是南宋两浙地区版画新发展出的特色，所以它所接受的应是《法华经》第一版本系列早期作品的影响。

　　另一方面，西夏人在南宋《法华经》扉画基础上，对图像进行了大幅删减、缩略，这个特点集中体现在第一卷以外的几卷扉画上（图4-18、4-19）。南宋的经折装《法华经》扉画通常占四或五折面，西夏工匠将其缩为两折面，被大幅"弱化"的部分是右侧说法图。以南宋四折面扉画为例，说法图往往占去三折面，画面场景宏大；而西夏版画中主尊释迦以及弟子、菩萨、护法众的比例不变，斜向的供桌也保留了下来，省去宽阔的高台，跪在释迦面前的弟子减少到两身。西夏扉画左侧的各品图像也占一折面，相对右侧说法图而言，变化不算太大。

　　整体考察这套西夏版《法华经》扉画，第一卷力求比肩宋画，画幅四折面，借鉴了两浙地区刚流行的"高台说法图"新样，给人开卷宏阔之感；或许窘于财力，余下几卷退而求其次，制作出更务实的"简化版"，彰显出夏、宋之别。

① 俄罗斯科学院东方研究所圣彼得堡分所、中国社会科学院民族研究所、上海古籍出版社编：《俄藏黑水城文献》第 1 册，上海古籍出版社，1996 年，第 1—49、241—324 页。
② 详阅 Anne Saliceti-Collins, *Xi Xia Buddhist Woodblock Prints Excavated in Khara Khoto: A Case Study of Transculturation in East Asia, Eleventh-thirteenth Centuries*, MA thesis, University of Washington, 2007；Shih-shan Susan Huang, "Reassessing Printed Buddhist Frontispieces from Xi Xia"（《西夏佛教雕版扉画重探》），浙江大学艺术与考古研究中心编：《浙江大学艺术与考古》第 1 辑，浙江大学出版社，2014 年，第 129—181 页。

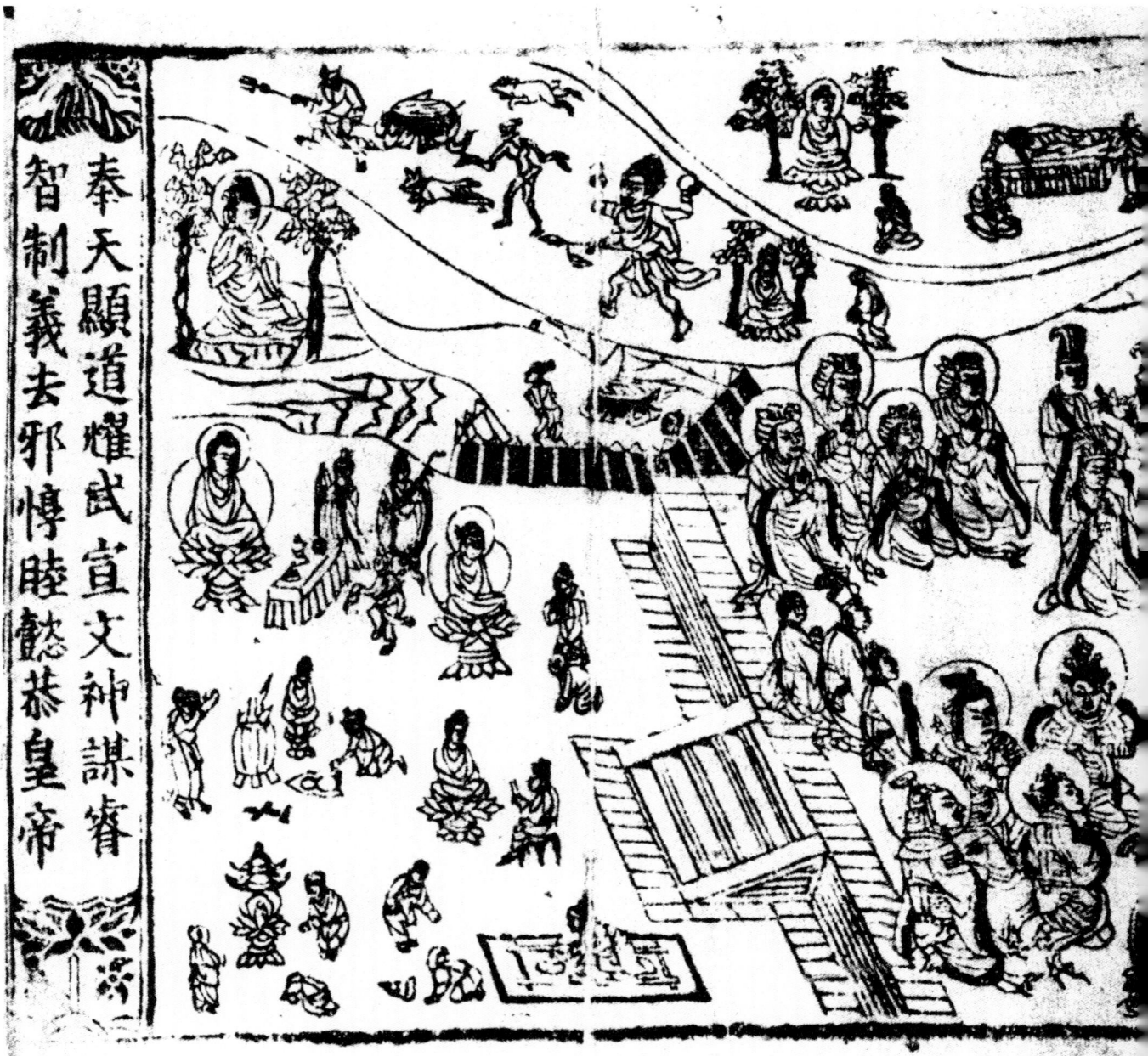

图 4-17　TK1《法华经》第一卷扉画，西夏人庆三年（1146），
黑水城遗址出土，俄罗斯科学院东方文献研究所藏

　　黑水城遗址出土西夏刊本《法华经》，经折装。第二至七卷版画都仅有两折面，唯独第一卷是特例，有四折面，画幅较宽，类似宋刊扉画。说法图占右侧三折面，气势宏大，图像中也像南宋版画一样出现了高台，但省去了周缘阑干和表面花砖处理，显得相对朴素。释迦也表现

出"放眉间白毫相光"(《序品》)，这点也与宋代版画（莘县出土北宋版画、南宋大字本等）相同。左侧折面，上段刊刻菩萨"处林放光"(《序品》)，余下图像均为《方便品》内容。左缘刻"奉天显道耀武宣文神谋睿智制义去邪惇睦懿恭皇帝"字样，这是西夏仁宗（1140—1193年在位）的尊号。

图4-18　TK15《法华经》第二卷扉画，西夏人庆三年（1146），黑水城遗址出土，
俄罗斯科学院东方文献研究所藏

　　西夏刊本《法华经》第二卷扉画，仅两折面，像是在四折面扉画基础上缩略而成。右侧
折面为说法图，主尊及其身旁站立的闻法众，以及斜向供桌，这些都和杭州版画相近，区别
在于省去高台，释迦面前的弟子数量也有所缩减。左侧折面刊刻"火宅喻"（《譬喻品》）和
"穷子喻"（《信解品》）图像。由于画幅限制，缺少过渡性空间，两部分图像的并置稍嫌生硬，
不及四折面扉画那样自然。

图4-19 TK11《法华经》第七卷扉画，西夏人庆三年（1146），黑水城遗址出土，
俄罗斯科学院东方文献研究所藏

　　这幅是黑水城出土《法华经》第七卷扉画，亦为两折面。右侧折面为说法图，与除第
一卷之外的扉画说法图形式完全一致，比较细节，可知乃是利用同一图样进行雕版而成，而
并不是用同一块雕版印制出来的。左侧折面图像较多：右部上段为骑象的普贤菩萨（《普贤
菩萨劝发品》）；中段为妙音菩萨礼拜多宝塔（《妙音菩萨品》）；下段为净藏、净眼二王子神
变图，两位王子头顶、足下各生水和火，在他们面前合掌者是其父母妙庄严王和净德夫人
（《妙庄严王本事品》）。左部为《观世音菩萨普门品》的救难图。该卷末有人庆三年（1146）
题记："今有清信弟子雕字人王善惠、王善圆、贺善海、郭狗埋等，同为法友，特露微诚，
以上殿宗室御史台正直本为结缘之首，命工镂板，其日费饭食之类，皆宗室给之。……大夏
国人庆三年岁次丙寅五月……"

图4-20 克利夫兰藏本《法华经》卷首画，镰仓时代（13世纪），
绀纸泥金，高 24.5 厘米，宽 78.7 厘米，克利夫兰艺术博物馆藏

二、从雕版印本到绘本

南宋至元代，七卷刻本《法华经》版画对东亚地区的绘本《法华经》插图
产生过显著影响。以下从日本镰仓佛画和高丽佛画两方面，观察中国两浙地区
雕版印本的影响力。

美国克利夫兰艺术博物馆（Cleveland Museum of Art）收藏一卷金书《法华
经》写本，编号 1970.64，卷轴装，绀纸，卷首画高 24.2 厘米，宽 78.7 厘米，
泥金绘制，金彩夺目，颇具气象（图 4-20）。[1]

在画面右侧的释迦说法图中，释迦呈四分之三侧面，结跏趺坐于莲台上，
头顶华盖，眉间"白毫"放出两道光芒，身旁簇拥着二弟子、四护法与四菩萨，

---

① ［美］魏玛莎编：《中国晚期的佛教艺术：850-1850 年》（*Latter Days of the Law: Images of Chinese Buddhism, 850-1850*），University of Hawaii Press, 1994, p. 20。

四比丘和十位人天或龙王跪在佛前。

　　这幅说法图，有两个特征格外值得注意，它们都源自版刻插图。第一个是对"说法处所"的独特表现方式，画面描绘出了一个长方形的高台，四边设阑干，两侧有台阶，表面铺花砖。整个说法图构图以及平台样式，与南宋大字本《法华经》如出一辙。第二个特征是释迦"放眉间白毫相光"。比照另外几件唐宋《法华经》插图绘本，或完全没有描绘"放眉间白毫相光"（"钱宏信本"），或仅绘放一道光（"何子芝本"），或虽有两道光却没有出现六道众生等图（"瑞光寺塔本"）。与之相对，《法华经》雕版扉画自莘县所出北宋刊本开始大多表现两道旋光，光内的"涅槃""六趣众生"等图，与"克利夫兰藏本"酷似（图4-21）。

　　当然，"克利夫兰藏本"的说法图与《法华经》版画之间也存在着差异，其中一处显著区别是，释迦背后有一座猛禽式造型的山峰，这是"山顶似鹫"的

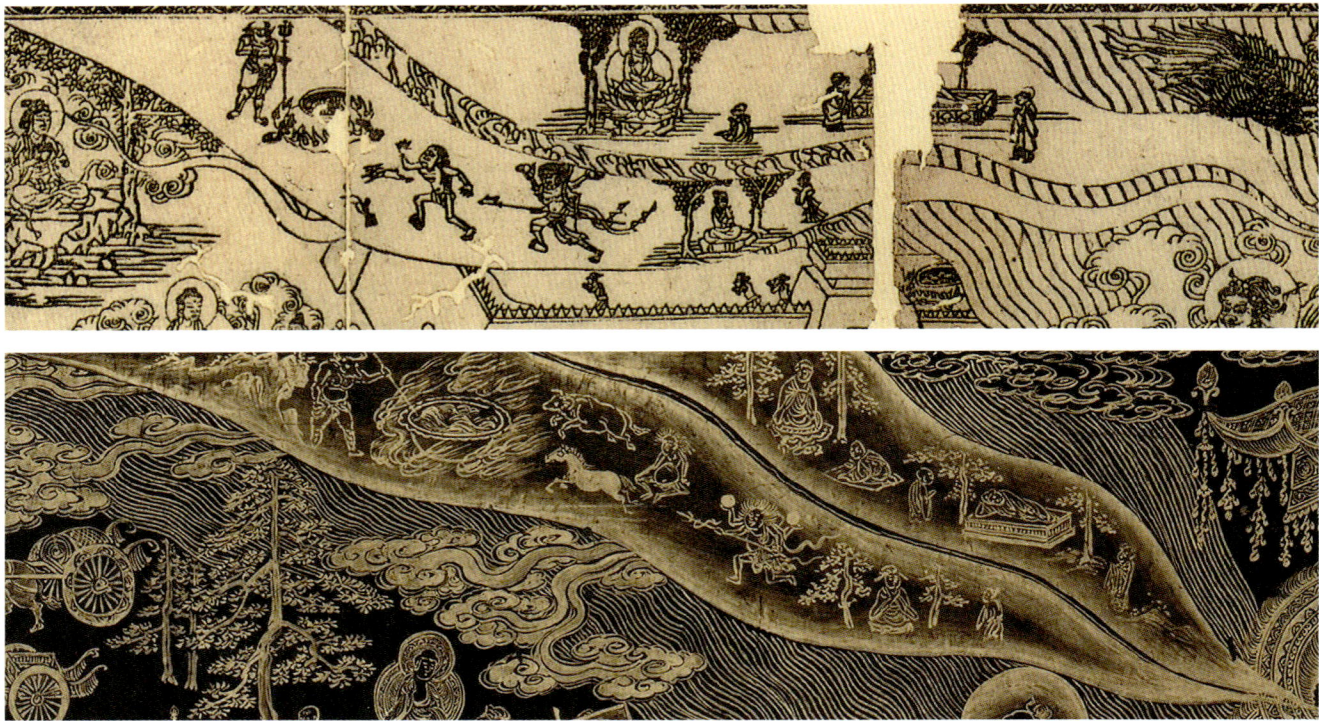

图 4-21 "眉间白毫相光"比较图（上：南宋大字本；下：克利夫兰藏本）

耆阇崛山，[①] 而两宋版画中找不到类似的图像，这是日本描绘耆阇崛山的常见手法。

　　画面中部及左侧是 16 幅较小的各品图像，紧凑地填满整幅画面。比对经文的顺序，可知图像大体按照从右到左的顺序排布（图 4-22）。笔者对图像进行编号，以两位数字表示图像所对应的文本，第一位数字代表《法华经》卷数，第二位数字代表品数。根据经文顺序，这 16 幅图像依次为：[②]

　　　　1-2：画佛造像，聚沙为塔（《方便品》）；

　　　　2-3：火宅喻（《譬喻品》）；

　　　　2-4：穷子喻（《信解品》）；

　　　　3-5：药草喻（《药草喻品》）；

　　　　3-6：饥民食王膳（《授记品》）；

　　　　3-7：化城喻品（《化城喻品》）；

　　　　4-10：凿井喻（《法师品》）；

　　　　4-11：见宝塔品（《见宝塔品》）；

[①]　"耆阇"，译作鹫或灵鹫；耆阇崛山，亦称灵鹫山、鹫头山、灵山、鹫台等。龙树《大智度论》卷三："是山顶似鹫，王舍城人见其似鹫故，共传言鹫头山，因名之为鹫头山。"（《大正藏》第 25 卷，第 76 页下）
[②]　详尽的图像分析，参阅张建宇：《克利夫兰藏金书〈法华经〉扉画研究》，《故宫博物院院刊》，2017 年第 2 期，第 81—95 页。

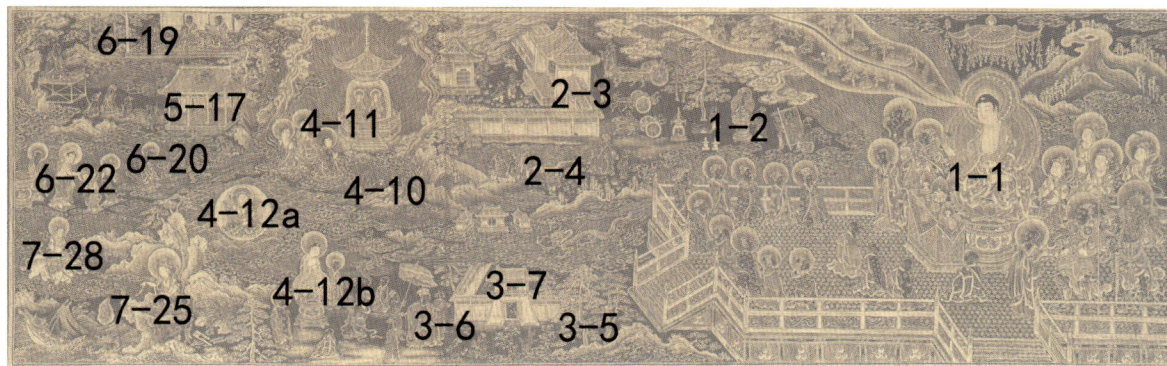

图 4-22　克利夫兰藏本《法华经》扇画图像编号

4-12a：五髻文殊（《提婆达多品》）；

4-12b：龙女献珠（《提婆达多品》）；

5-17：造立僧坊（《分别功德品》）；

6-19：五种法师（《法师功德品》）；

6-20：常不轻菩萨（《常不轻菩萨品》）；

6-22：摩顶付嘱（《嘱累品》）；

7-25：普门品（《观世音菩萨普门品》）；

7-28：普贤菩萨（《普贤菩萨劝发品》）。

通过图像比较，可以看出"克利夫兰藏本"中的很多具体图像与"南宋大字本"等七卷绘本类型的《法华经》版画类似（图 4-23、图 4-24），二者之间必然存在着借鉴关系。

接下来的问题是，到底谁是模仿者，谁是被模仿者？笔者推测，"克利夫兰藏本"借鉴版画的可能性更大。首先，南宋时七卷刻本《法华经》版画广为流行，其扇画形式受到社会的广泛认同，而单卷绘本的艺术影响力则远不及之。其次，《法华经》版画表现了更丰富、完整的法华图像。合理的假设是，"克利夫兰藏本"在七卷刻本中选取了比较重要的图像，或许还参考了其他法华图像，在此基础上进行加工、改造、重新组合，从而形成现在扇画的面貌。比如"画佛造像，聚沙为塔"，图像从右向左依次为"绘制尊像""雕刻佛像"和"童子礼塔"，都与版画相似，但后者多描绘出"礼敬佛陀"与"作乐供养"两组图（图 4-25）。再如"穷子喻"图像（图 4-26），"克利夫兰藏本"把版画中的穷子昏倒情节、雇佣穷子情节中的草庵等图像略去，故事表现得不够完整，

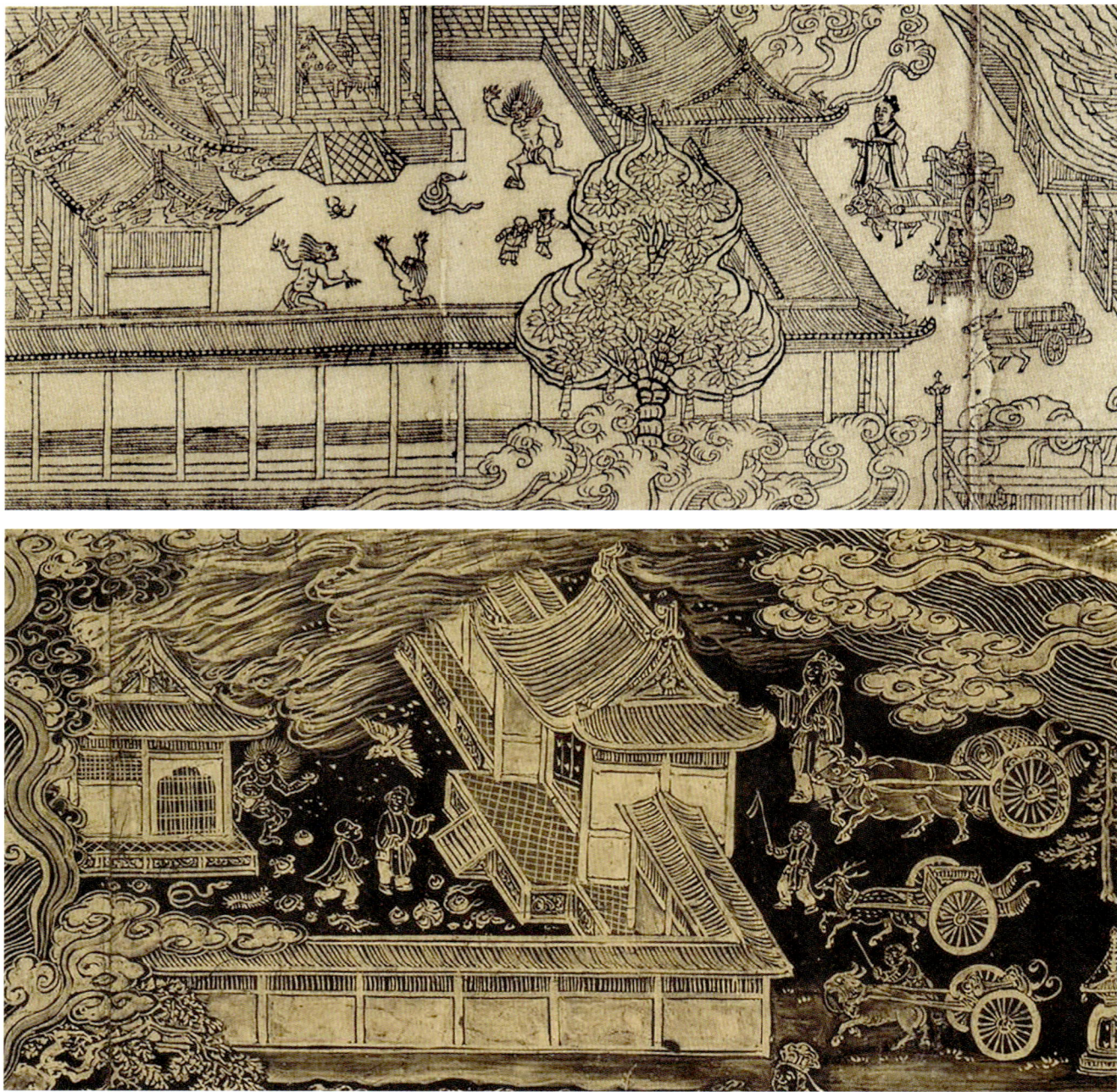

图4-23 "火宅喻"比较图（上：秦孟等雕本；下：克利夫兰藏本）

左：图 4-24 "龙女献珠"比较图（上：南宋大字本；
下：克利夫兰藏本）

右：图 4-25 "方便品"比较图（上：南宋大字本；
下：克利夫兰藏本）

图 4-26 "穷子喻"比较图（上：秦孟等雕本；下：克利夫兰藏本）

增加了识图困难，这些应该不是艺术家的"原创"，而是在版画基础上缩略、简化所致。

克利夫兰艺术博物馆馆方及多数学者认为"克利夫兰藏本"是南宋写本，只是制作时代是 12 世纪还是 13 世纪这个问题上存在着分歧。近年来，日本学者须藤弘敏提出新观点，认为它制作于日本。[①] 理由是纽约公共图书馆（New York Public Library）收藏一卷 13 世纪《法华经》泥金写本（图 4-27），卷末出现"小仓加贺"的题记，俨然为日本镰仓时代写本，而该经卷与"克利夫兰藏本"尺寸相仿、材质相同、写经字体和卷首画形式几乎完全相同，很可能出自同一画坊，那么"克利夫兰藏本"自然也是日本写经。仔细观察上述两件《法华经》写本，包括经卷形制、卷首画图像细节以及写经文字，笔者赞同须藤弘敏的主张，认为它们同为日本镰仓时代写经，这两卷经卷也体现出日本镰仓佛画对南宋雕版佛画的借鉴。

元代时，产生于江南的《法华经》插图样式向北传入高丽，现在日本寺院及欧美博物馆里收藏多套 14 世纪前后的《法华经》高丽写本，[②] 卷首画多以泥金银绘制，图像明显在模仿南宋版画。比如，本书绪论部分曾讨论过一件藏在纽约大都会艺术博物馆的高丽泥金写本《法华经》，目前仅存第二卷（编号1994.207），大约制作于 1340 年。经折装，扉画四折面（图 0-39），右半部绘高台说法图，左半部绘《譬喻品》和《信解品》内容，样式与南宋版画高度相似。对此朴英淑曾指出，这幅高丽《法华经》佛画模仿了南宋"王仪刊本"版画。[③]只是高丽佛画的材料和技艺不同，大量运用泥金兼精致描绘，创造出庄严异常的视觉效果，体现了高丽宫廷的审美趣味。

另一个模仿南宋版画的高丽《法华经》绘本插图是"尹得时本"，该本仅存一幅扉画，今藏波士顿美术博物馆（Museum of Fine Arts, Boston），编号50.3605。经卷原为经折装，绀纸，扉画占四折面，由于经文不存，扉画后来被改装成立轴，画面上仍可见三道明显的纵向折痕。扉画右半部绘高台说法图，左侧的 10 组叙事性图像均来自《法华经》第三卷《药草喻品》《授记品》和《化城喻品》，扉画样式俨然在模仿南宋两浙地区版画，左下角书"护军尹得时

① 详阅［日］须藤弘敏：《〈法华经〉写经及其庄严》（法華経写経とその荘厳），中央公论美术出版，2015 年，第 177—211 页。
② 详阅［日］菊竹淳一、吉田宏志编集：《高麗仏画》，朝日新闻社，1981 年，图 67（大乘寺藏本）、图 68（天伦寺藏本）、图 69（羽贺寺藏本）、图 70（锅岛报效会藏本）、图 71（根津美术馆藏本）、图 72（东北大学附属图书馆藏本）。
③ Pak Youngsook, "The Korean Art Collection in The Metropolitan Museum of Art", in Judith Smith ed., *Arts of Korea*, The Metropolitan Museum of Art, 1999, pp. 436-440.

图 4-27　纽约藏本《法华经》卷首画，镰仓时代（13世纪），绀纸泥金，高23.4厘米，宽77.1厘米，纽约公共图书馆藏

画"字样（图 4-28）。波士顿美术博物馆将其定为元代绘画，朴英淑首先向馆方建议改为高丽佛画，后黄士珊再次提出它是高丽画的看法，笔者经观察比对，赞同她们的判断。[①]

黄士珊提出一个颇有价值的观点："在版画风气日渐兴盛的宋代，除了复制自古画外，当时也有不少版画取材自当代的绘画"，并称之为"从'画'到'版画'的媒介转化"[②]。然而艺术的借鉴往往是双向的，除了从绘画到版画这种媒

① 朴英淑和黄士珊的观点并未发表，笔者在同她们交流中获知其观点，特此说明，并致谢忱。
② ［美］黄士珊：《唐宋时期佛教版画中所见的媒介转化与子模设计》，收入颜娟英、石守谦主编：《艺术史中的汉晋与唐宋之变》，台北石头出版股份有限公司，2014年，第392页。

介转化方向，版画也会对绘画产生"逆向影响"。上面所举几则镰仓和高丽佛画实例，之所以出现从"版画"到"画"（绘本）的"媒介转化"，有两个交织在一起的原因：其一，12至14世纪的东亚地区，两浙地区文化发达，自然会影响周边国家和地区，或者说成为"被效仿者"；其二，南宋雕版印刷业兴盛，当时的日本和高丽远不及之，在书籍制作上仍以传统的写本（绘本）为主。在此情境下，从"版画"到"画"的逆向影响，不仅合理，甚至具有某种必然性。

图4-28 尹得时本《法华经》第三卷扉画，高丽（14世纪），绀纸泥金，高20.9厘米，宽45.8厘米，波士顿美术博物馆藏

扉画右侧为泥金绘释迦说法图，一如南宋版画那样描绘高台，气象庄严。其余部分绘制较小的各品图像，共10组，每组图像均配榜题。第二折面左缘："授记迦叶等作佛"（《授记品》）；第三折面："寂然安不动"（《化城喻品》）、"诸梵天王，各献宫殿"（《化城喻品》）、"时十六王子，请佛转法轮"（《化城喻品》）、"在险济众难"（《化城喻品》）和"十六沙弥，为众说法"（《化城喻品》）；第四折面："忽遇大王饍"（《授记品》）、"三草二木"（《药草喻品》）、"雨于一切"（《药草喻品》）和"前入化城"（《化城喻品》）；扉画左下角书"护军尹得时画"。这些图像主题都来自《法华经》第三卷，可知原先必然有七幅扉画。由于现在的装裱形式为日式，推测为日本工匠所为。

第五章

山水梵音

引言

古今优劣之辨

北宋郭若虚所著的《图画见闻志》是一部极重要的绘画史学著作，书中详细记录了自晚唐至北宋熙宁七年（1074）间的艺人绘事。在《图画见闻志》卷一"论古今优劣"条中，郭若虚提出了一个重要观点：

> 或问近代至艺，与古人何如？答曰：近代方古多不及，而过亦有之。若论佛道、人物、士（仕）女、牛马，则近不及古；若论山水、林石、花竹、禽鱼，则古不及近。……至如李（成）与关（仝）、范（宽）之迹，徐（熙）暨二黄（黄筌、黄居寀）之踪，前不谢师资，后无复继踵，借使二李（李思训、李昭道）、三王（王维、王熊、王宰）之辈复起，边鸾、陈庶之伦再生，亦将何以措手于其间哉？故曰古不及近。[①]

从郭若虚所列举的艺术家可知，文中的"近"字指的是五代至北宋，"古"则指唐代。简单来说，郭若虚从画科的消长关系这个角度，考察了唐宋画史之变。他认为唐人长于人物（包括宗教绘画）及牛马题材（"若论佛道、人物、士女、牛马，则近不及古"），宋人则长于山水和花鸟题材（"若论山水、林石、花竹、禽鱼，则古不及近"）。讨论唐以后的山水画成就时，郭若虚列举了五代的关仝（约 907—923）、北宋初期的李成（919—967）、范宽（活跃于 990—1030）这三位山水画大师

[①] 卢辅圣主编：《中国书画全书》第 1 册，上海书画出版社，1993 年，第 470 页。括号中字为笔者补注。

加以证明。

就现存世界各大博物馆的传世画作而论，北宋山水画可谓蔚为大观，可以列举出大量北宋山水画巨制，如传为李成的《茂林远岫图》（辽宁省博物馆，图5-1）和《晴峦萧寺图》（纳尔逊·阿特金斯艺术博物馆）、范宽的《溪山行旅图》（台北故宫博物院）与《雪景寒林图》（天津艺术博物馆），以及许道宁的《秋江渔艇图》（纳尔逊·阿特金斯艺术博物馆，图5-2）、屈鼎的《夏山图》（纽约大都会艺术博物馆）、燕文贵的《江山楼观图》（大阪市立美术馆）、郭熙《早春图》（台北故宫博物院）等，均堪称画史名品。① 这些画作或气象萧疏，或宏远辽阔，或威势撼人，皆画质上乘，足可支持郭若虚的上述观点。在理论建构方面，诸如荆浩《笔法记》、托名李成之《画山水诀》，以及郭熙（约1023—1085）父子的《林泉高致》等一批山水画论的出现，也是山水画走向全盛的一个重要标志。在《图画见闻志》卷一"论三家山水"条中，郭若虚再次表达了他对五代北宋山水画的推崇，提出所谓"三家鼎峙，百代标程"：

> 画山水唯营丘李成、长安关同（通"仝"——笔者注）、华原范宽，智妙入神，才高出类，三家鼎峙，百代标程。前古虽有传世可见者，如王维、李思训、荆浩之伦，岂能方驾近代？②

宗教题材绘画，郭若虚《图画见闻志》中称"佛道"画，《宣和画谱》称"道释"画，按照后来通行的画科之人物、山水、花鸟三分法，属人物画范畴。如果照郭若虚对佛道题材"近不及古"的判定，宗教绘画应该呈衰退之相才对。然而事实并非如此简单，至少北宋的经卷佛画创作，不仅没有走下滑路，而且出现了一种重视山水表现，甚至以新兴的山水画形式表现佛典插图的

① 关于唐宋山水画成就，参阅 Wen C. Fong, *Images of the Mind: Selections from the Edward L. Elliott Family and John B. Elliott Collections of Chinese Painting and Calligraphy at The Art Museum, Princeton University.* Princeton, N.J.: The Art Museum, Princeton University, 1984，第一章。汉译本：［美］方闻：《心印：中国书画风格与结构分析研究》，李维琨译，陕西人民美术出版社，2004年。
② 卢辅圣主编：《中国书画全书》第1册，上海书画出版社，1993年，第469页。

上：图 5-1 《茂林远岫图》卷，（传）李成，北宋，绢本水墨，
纵 45.4 厘米，横 141.8 厘米，辽宁省博物馆藏

下：图 5-2《秋江渔艇图》卷，许道宁，北宋，绢本水墨淡设色，纵 48.9 厘米，横 209.6 厘米，堪萨斯州纳尔逊·阿特金斯艺术博物馆藏

新迹象。这是宋代佛教艺术的一项重要新变，诚如李之檀所说："佛教版画由表现佛、菩萨，发展到表现山水自然景色，点缀以僧侣们的活动，是佛教版画的重大变革。"[①]

为了说明上述观点，本章将重点分析两组北宋佛教木刻版画实例。第一组实例是江阴孙四娘子墓出土的《金光明经》，经卷刊刻于北宋端拱元年（988），卷中出现了4幅制作精良的木刻佛画。尽管这组版画以叙事性图像为主，但匠师格外重视山水与空间场景的处理，人物形象与山水背景浑然一体。第二组实例是北宋《御制秘藏诠》内的著名木刻版画，这组作品被认为是"我国最早的山水版画"。实际上，这组版画的性质是佛藏插图，为诠释宋太宗所撰《御制秘藏诠》而作，后收入北宋官刻佛藏《开宝藏》中。在风格上，这两组北宋雕版佛画与更早的佛经插图大异其趣，很好地体现了五代北宋绘画在山水表现方面的新成就。

---

① 李之檀：《中国版画全集·佛教版画》，紫禁城出版社，2008年，第7页。

第一节　端拱元年《金光明经》变相

🙏

第一个案例来自一座北宋墓葬，较为特殊。1980年12月，江苏省江阴发现北宋"瑞昌县君"孙四娘子墓，墓葬中出土买地券、牒文、墓俑、家具、藤奁盒、铜镜等大批随葬品。据买地券文字，墓主人卒于至和二年（1055），与传世文献蔡襄所撰之《瑞昌县君孙氏墓志铭》相吻合。尤其引人瞩目的是，墓中出土8件经卷，包括佛经7件、道经1件。据发掘简报，它们被"置于馆内尸体左上方，出土时有檀香味"[①]，现藏于苏州博物馆。

这批经卷中，带有插图的共6件，写本、刻本各有3件，分别是：（1）写本：至和元年（1054）金银书《金刚般若波罗蜜经》一卷、《般若波罗蜜多心经》一卷、《佛说观世音经》一卷；（2）刻本：端拱元年（988）《金光明经》四卷、《金刚般若波罗蜜经》一卷、大中祥符六年（1013）《佛说观世音经》一卷。其中艺术价值最高的，当属端拱元年（988）《金光明经》刊本。这件经卷于2010年入选"第三批国家珍贵古籍名录"，名录号07181。[②]

《金光明经》是一部在中国佛教史上颇具影响力的大乘经典，尤以"护国"及"忏罪"功能而闻名。天台宗之"三大部五小部"，其中就有两部论典专门诠释《金光明经》。隋代高僧、天台宗实际创始人智𫖮（538—597）更在《金光明经玄

---

① 苏州博物馆、江阴县文化馆：《江阴北宋"瑞昌县君"孙四娘子墓》，《文物》，1982年第12期，第29页。
② 中国国家图书馆、中国国家古籍保护中心编：《第三批国家珍贵古籍名录图录》第2册，国家图书馆出版社，2012年，第38—39页。

义》中称赞此部佛经为"经王"。①

随着《金光明经》的弘布,"金光明经变"壁画开始出现。张彦远《历代名画记》记载,长安兴唐寺有吴道子弟子李生所画的"金光明经变"壁画,此外黄休复《益州名画录》卷上载,唐宝历年间(825—827),左全于成都大圣慈寺极乐院绘《金光明经变相》,然而这些长安及成都寺院中的壁画早已湮灭。保存下来的唐宋时期"金光明经变"(包括"金光明最胜王经变"),多见于中国西部,集中于敦煌、高昌(今新疆吐鲁番)及于阗(今新疆和田)三地。②其中敦煌莫高窟至少存 10 铺"金光明经变";高昌地区已发现两铺"金光明经变"壁画;于阗壁画常出现地神图像,被一些学者认定为"金光明经变"。总之,此前学界所掌握的唐宋时期"金光明经变",无一例外发现于中国西陲各地,而孙四娘子墓出土的这件北宋初期经卷佛画,填补了中国东部地区"金光明经变"主题佛教艺术的阙如,具有重要学术价值。

孙四娘子墓出土的这部北宋《金光明经》刊本为北凉昙无谶(385—433)译本,四卷,纸本卷轴装,共 62 开,每开长 50 厘米、高 34 厘米。单线版框,每开 28 行,各行 17 字(长行部分),或四四成行(偈颂部分)。各卷卷尾均镌刻"大宋端拱元年戊子岁二月□日雕印"字样,并有墨书行楷题识"孙氏女弟子经"六字,经末另附《金光明经忏悔灭罪传》。

四卷卷首均有一幅雕版佛画,图像各自与本卷经文内容相匹配(图5-3、图5-4、图5-5、图5-6)。各幅画面的四周均刊刻出海水、八宝图案边饰,卷首右上角刻"金光明经第 × 变相"字样。这组作品是唐宋之际中国东部地区仅见的"金光明经变",同时也是目前可知中国古代唯一完整的"金光明经变"连相,且形象生动流畅,刻工精湛,保存完好,是研究北宋佛教艺术的珍贵实例。

---

① [隋]智𫖮《金光明经玄义》卷上:"此金光明甚深无量。太虚空界,尚不喻其高广……以金为名,名盖众宝之上。以法性为体……故文号经王,教摄众典。故唯贵为名,唯极为体,唯深为宗,唯大为用,唯王为教。"《大正藏》第39卷,第1页。
② 参阅张建宇:《江阴出土北宋端拱元年〈金光明经〉变相研究》,《南京艺术学院学报(美术与设计版)》,2014年第5期,第14—19页。

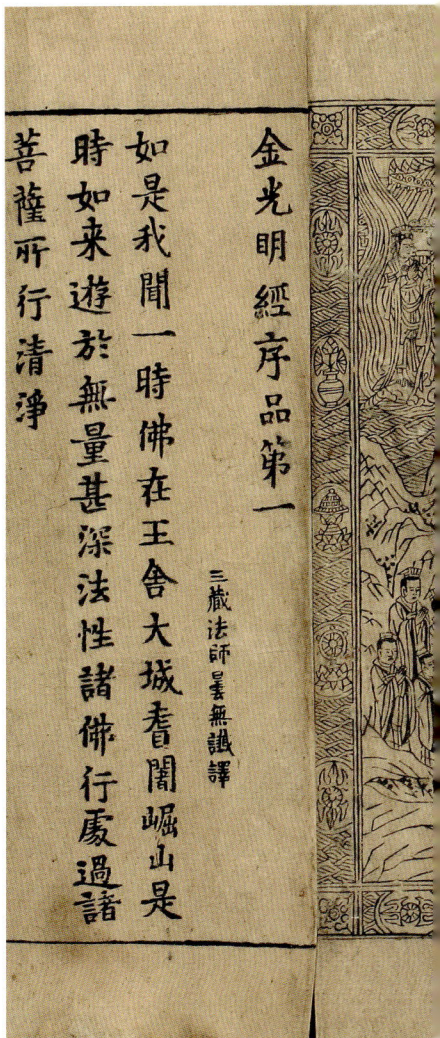

金光明經第一變相

图5-3　北宋刻本《金光明经》第一变相，北宋端拱元年（988），纸本，宽46.5厘米，高23.7厘米，江阴孙四娘子墓出土，苏州博物馆藏

第一变相表现的是《金光明经》卷一内容，自《序品》第一至《空品》第五，共4个情节，依经文顺序介绍如下。（一）左上方殿堂中端坐五尊坐佛，殿堂外近有两身合掌而立的供养菩萨，该画面表现的是《寿量品》之四方四佛（多描绘出一佛）。（二）画面上方中央有一奋力击鼓的男像，鼓的右侧树下有一菩萨。此处表现的是《忏悔品》，击鼓是"金光明经变"的标志性图像。（三）扇画右半部图像形式与习见的说法图几无区别，然而与佛陀相对的是一菩萨，说明这里表现的不是《序品》，而是《忏悔品》中信相菩萨对释迦叙述其梦境的情节。（四）画面左下隅绘一菩萨，坐在方形坐榻上，似在说法，周围眷属围绕，面前有合掌长跪的四天王。推测此处描绘的是《赞叹品》中金龙尊王赞叹诸佛的场景，图像运用了一种巧妙的方式，以信相菩萨"现在"的菩萨形象，表现其"过去"做金龙尊王时的事迹。

金光明經卷第二

四天王品第六

尒時毗沙門天王提頭賴吒天王毗樓勒义天王毗留博义天王俱從座起偏袒右肩右

三藏法師曇無讖譯

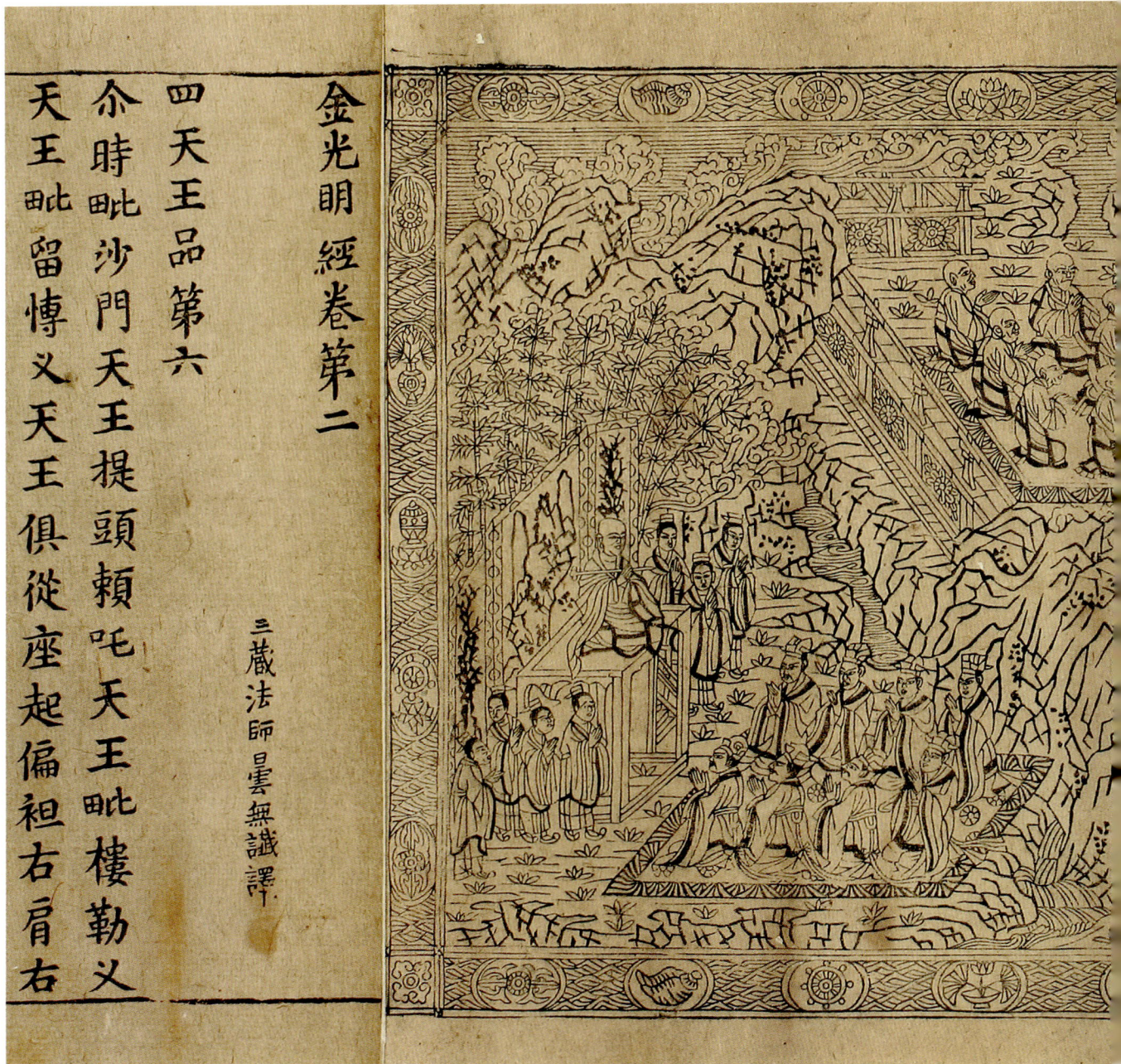

图5-4　北宋刻本《金光明经》第二变相，北宋端拱元年（988），纸本，宽46.8厘米，高23.7厘米，江阴孙四娘子墓出土，苏州博物馆藏

金光明經第二變相

　　第二变相表现了《金光明经》卷二自《四天王品》第六至《坚牢地神品》第九的 3 个情节。
（一）画面右半部为"耆阇崛山说法图"，佛陀身旁有二弟子、二天王、四菩萨、二长跪供养菩萨，面前跪一菩萨和四天王，近处还跪着八位优婆塞，这里表现的是《四天王品》。（二）画面左下角，一比丘正在山间空地上升座说法，这组图像描绘的是《坚牢地神品》。（三）画面上缘有一座放置经函的宝台，六位比丘面对宝台合掌而跪。在《四天王品》《功德天品》及《坚牢地神品》中，多处出现恭敬供养法宝的内容，均与此图相合。

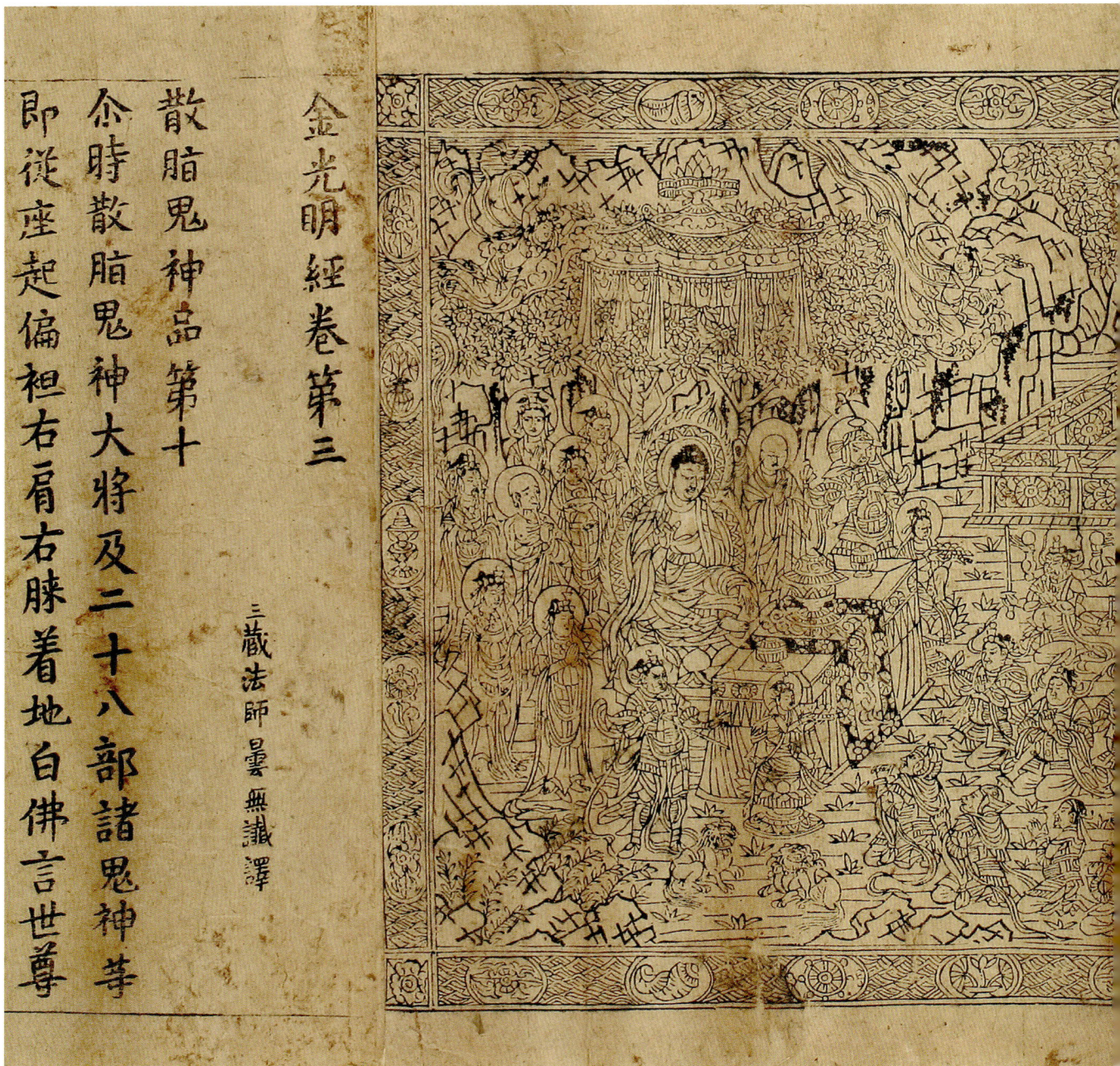

散脂鬼神品第十

尔时散脂鬼神大将及二十八部诸鬼神等

即从座起偏袒右肩右膝著地白佛言世尊

金光明经卷第三

三藏法师昙无谶译

图5-5 北宋刻本《金光明经》第三变相，北宋端拱元年（988），纸本，宽46.2厘米，高23.1厘米，江阴孙四娘子墓出土，苏州博物馆藏

　　第三变相对应《金光明经》卷三《散脂鬼神品》第十至《除病品》第十五，画面有3个情节。（一）左半部说法图，二十二身护法跪在佛陀面前，这幅图像描绘的是《散脂鬼神品》。经文记述"二十八部诸鬼神"，图像中缺了六身护法，在第四变相中补全。（二）画面上方刻出连绵起伏的群山；居中有一王者，身后群臣相随；队伍最前面有一出家人，转身回顾；右侧山岩间有一端坐修行的比丘。该图像表现的是《善集品》中善集王恭请宝冥和尚之事。（三）画面右

金光明經第三變相

下角绘一长者，两侧及身后有七名男子，另有一男子跪在长者面前。画面左侧有六人，形若病夫，最前面的一人坐在地上。这个图像表现的是《除病品》，在迄今所知的所有《金光明经》变相中（包括壁画和经卷佛画），端拱元年本第三变相的《善集品》和《除病品》两个图像都属首次出现。

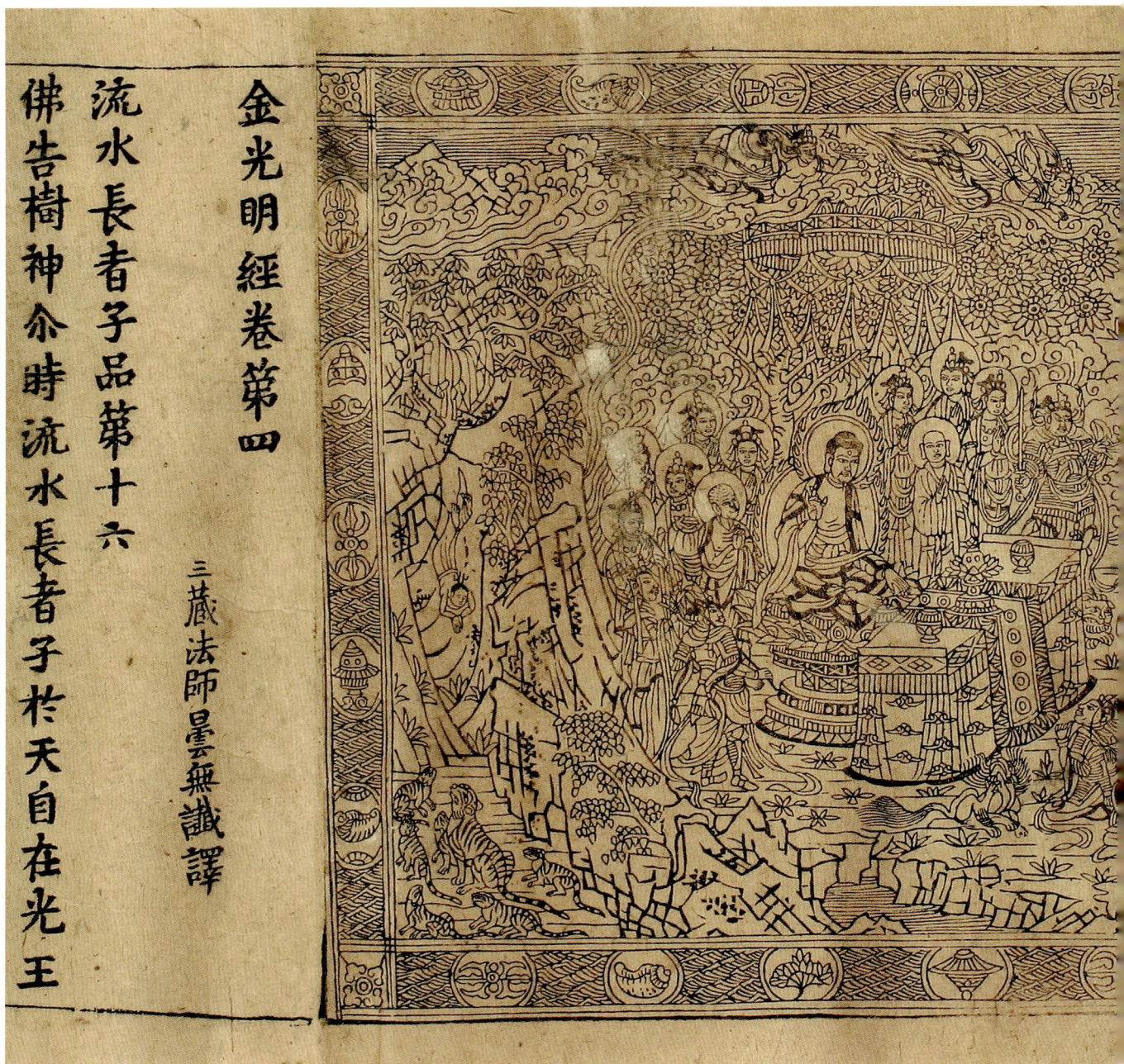

图5-6 北宋刻本《金光明经》第四变相，北宋端拱元年（988），纸本，
宽46.4厘米，高23.0厘米，江阴孙四娘子墓出土，苏州博物馆藏

　　第四变相表现了《流水长者子品》第十六至《嘱累品》第十九，共6个情节，是端拱元年本4幅变相中情节最多的一幅。（一）左半侧幅面较大的说法图，仍描绘《散脂鬼神品》，补全了第三变相所缺的六身像。（二）画面上部偏右处绘一株大树，树顶坐一神像，树下立一合掌男子（长者子流水），这是《流水长者子品》之"树神点化"情节。（三）右下角有一水池，有人往池中放水或投食喂鱼，稍远处几人骑象运水囊而来，一策杖者（长者子流水）正坐在池边指挥，这是《流水长者子品》之"救鱼"情节。（四）在"救鱼"情节上方有一

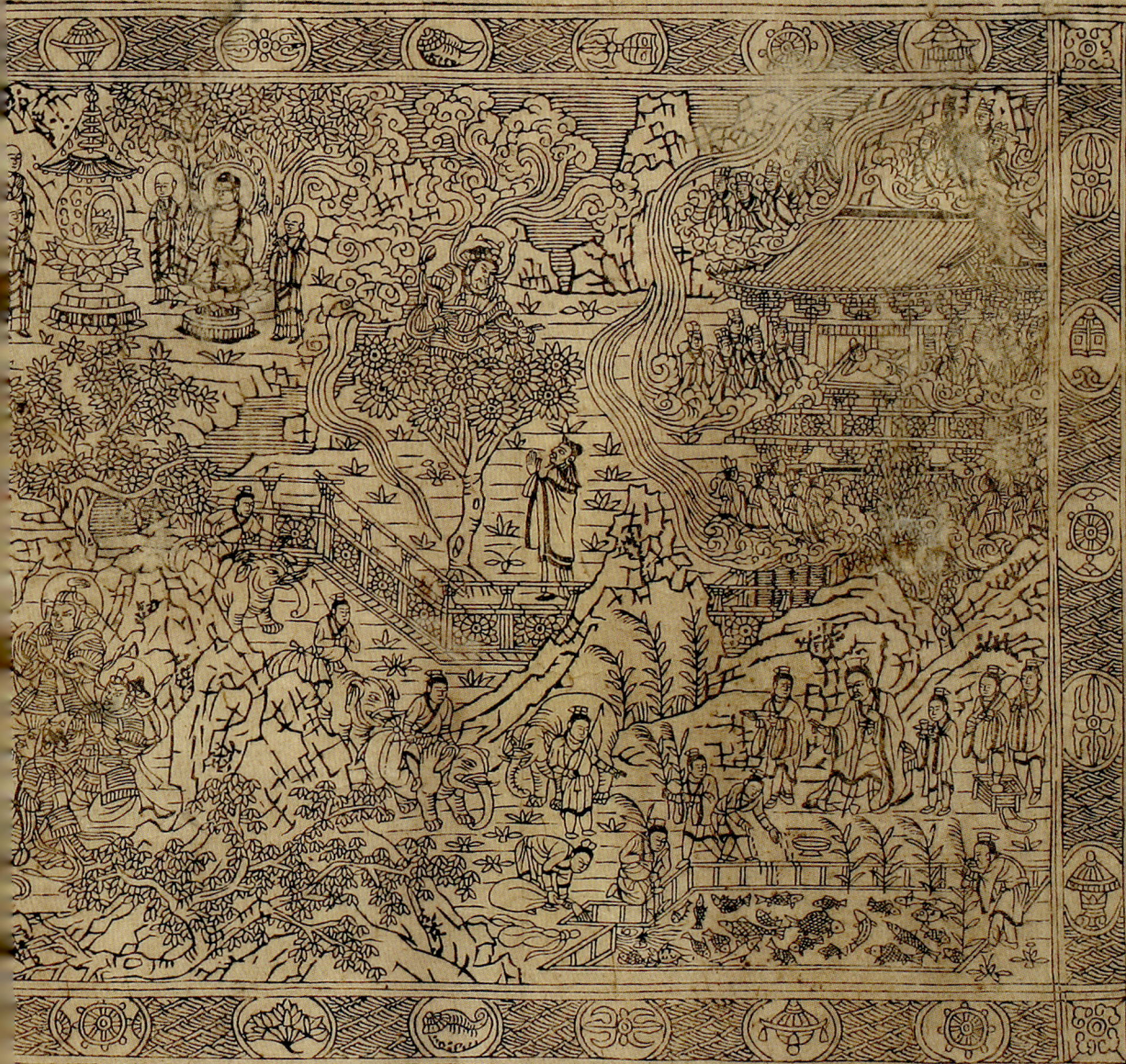

金光明經第四變相

座歇山顶楼阁，室内是右胁睡卧的流水，楼外云团朵朵，云端跪坐着若干天子，这里表现的是《流水长者子品》中的"天子报恩"情节。在《金光明经》中，长者子流水是极重要的人物，乃释迦前身，在端拱元年本的第三、第四变相中一共出现了四次。（五）画面上缘中部刊刻出一佛塔，两侧有一佛、二弟子及五位比丘，这是《舍身品》中释迦说"舍利往昔因缘"的内容。（六）画面左侧有崇山峻岭，山顶树枝上挂衣裳，一人从山上坠下，山脚下有一大五崽共六虎，描绘《舍身品》中著名的"舍身饲虎"故事。

从风格上看，这4幅《金光明经》变相最显著的特征是描绘出了大量山石树木以及建筑图像。对单个叙事图像而言，山水图像作为叙事的背景出现，画师用山石、树木及建筑等元素，把每幅画面划分成若干个"空间单元"（space cells），然后在各个"空间单元"里描绘叙事性图像，更为真实可信（图5-7、图5-8）。另一方面，对整幅变相图来说，山水和建筑图像又能起到分割与整合画面空间的作用。在这4幅变相图中，多者描绘出了6个情节（第四变相），少者也有3个情节（第二变相），运用山水、树石、建筑等图像，有利于把多个不同的叙事情节整合为一体，有效避免了穿凿拼凑之感。

这种以山水和建筑分割出"空间单元"来表现佛教故事的方法，作为中国佛教艺术的一大特色，至迟在北朝晚期已很常见，典型实例如敦煌莫高窟北周第428窟东壁窟门两侧通壁整铺的"萨埵太子本生"（图5-9）与"须达拏太子本生"壁画。[①] 与敦煌北周壁画相比，孙四娘子墓出土北宋《金光明经》木刻版画中的山石、建筑、树木等物象的再现性显著增强，同时画面打破了传统的横向分栏方式，绘画空间感更加真实可信。尽管在绘画技法上，这组版画和同时期卷轴形式的山水画作有着明显差异，因为版画这种形式，通常仅由点、线这两种简单元素组合而成，画面也大多只出现黑色，没有任何中间层次，更无法展现"墨法"及"皴法"等笔墨技巧，然而在物象和空间的再现性上，北宋端拱元年《金光明经》的这组佛教版画却与其他保存至今的10世纪山水画杰作处在同一水准上，同样体现了北宋初期绘画在再现性方面所取得的艺术成就。

台北故宫博物院的胡进彬曾指出，端拱元年《金光明经》的这组变相存在着不足，该画作"林园竹石背景雕琢繁复，占画面一大半，使主题不明确，犯了喧宾夺主的缺失"[②]。笔者认为，上述批评有孤立看待作品的过失，忽略了南北朝晚期以来的中国艺术史总体发展脉络，此件作品"林园竹石背景雕琢繁复"的特点，恰恰反映了五代北宋艺术发展的新成就。

① 参阅［美］方闻：《超越再现：8世纪至14世纪中国书画》，李维琨译，浙江大学出版社，2011年，第56、57页；张建宇：《汉唐美术空间表现研究：以敦煌壁画为中心》，中国人民大学出版社，2018年，第三章第三节。
② 胡进彬：《西夏文刊本〈金光明最胜王经〉的两幅扉画》，《法光学坛》，2002年第6期，第138页。

图 5-7 北宋刻本《金光明经》第一变相局部

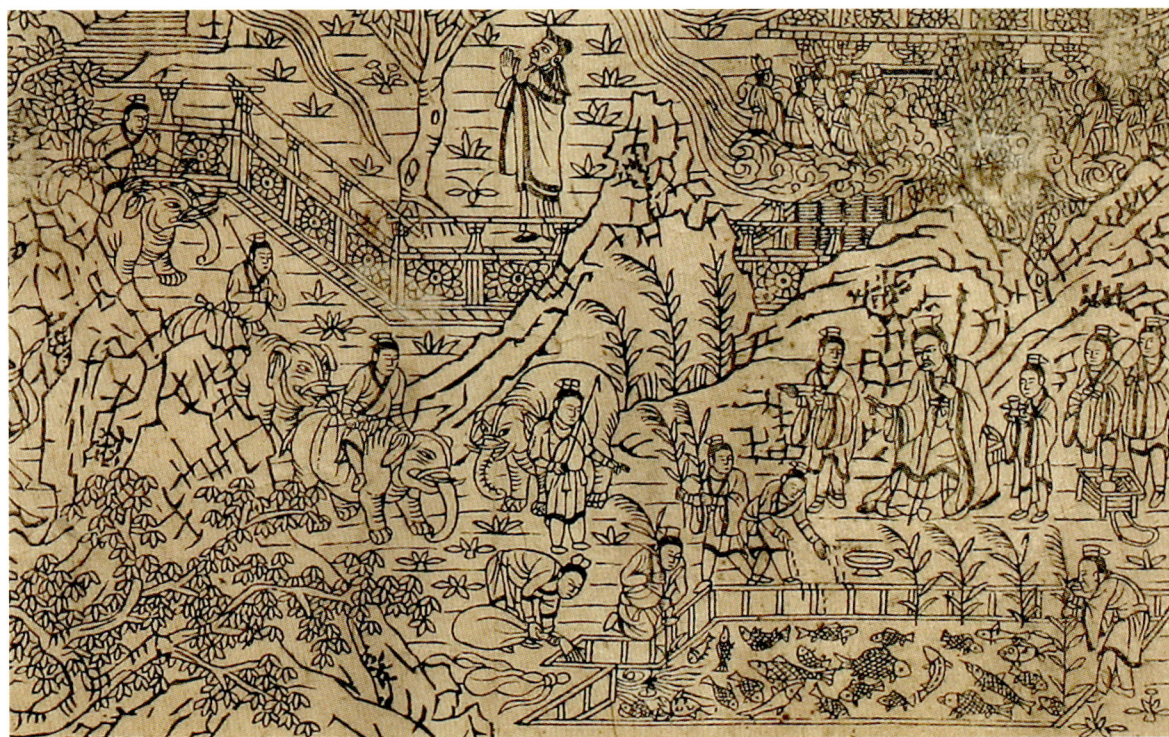

图 5-8 北宋刻本《金光明经》第四变相局部

图 5-9　萨埵太子本生图局部，北周，敦煌莫高窟第 428 窟东壁南侧

第
二
节

北宋《御制秘藏诠》版画

端拱元年《金光明经》的 4 幅变相是以当时流行的新画风描绘出来的佛教经变画，山水建筑还只是叙事画的配景。北宋还出现了以纯然山水画面貌加以呈现的经卷佛画，这便是著名的《御制秘藏诠》中的木刻插图。美国堪萨斯大学教授李铸晋（1920—2014）认为，该作品"在中国山水画之研究上，甚为重要"[1]。

《御制秘藏诠》是由宋太宗（939—997，976—997 年在位）创作的佛教义理诠释性诗文。所谓"秘藏"是指大藏经，太宗撰写诗文后，再由数十位"义学文章僧"援引《法华经》《维摩诘经》《金刚经》等经典加以注释，从而形成总共 30 卷的文本，最后再配上山水版画作为插图。尽管《御制秘藏诠》并非佛经，但它被我国第一部刻本大藏经《开宝藏》收入，因此《御制秘藏诠》版画也可纳入对经卷佛画的考察中来。

今藏哈佛大学艺术博物馆（Harvard Art Museums）的《御制秘藏诠》为第十三卷残卷，民国年间流散至美国，后由哈佛大学教授罗樾（Max Loehr，1903—1988）收购，[2] 入藏哈佛，称"哈佛大学藏本"。该《御制秘藏诠》第十三卷残卷包括 14 纸文字与 4 幅木刻版画，它们被装裱成三个手卷。关于这组山水版画的雕版时代，学界素有争议，由于学者们对卷末"大观二年"（1108）纪年牌记（图 5-10）的理解不同，导致出现 10

① ［美］李铸晋：《评罗樾〈中国 10 世纪所刻《御制秘藏诠》之木刻山水画〉》，《香港中文大学文化研究所学报》第 6 卷，1973 年第 1 期，第 319 页。
② Max Loehr, *Chinese Landscape Woodcuts from an Imperial Commentary to the Tenth-Century Printed Edition of the Buddhist Canon*, Cambridge, Massachusetts: Belknap Press of Harvard University Press, 1968.

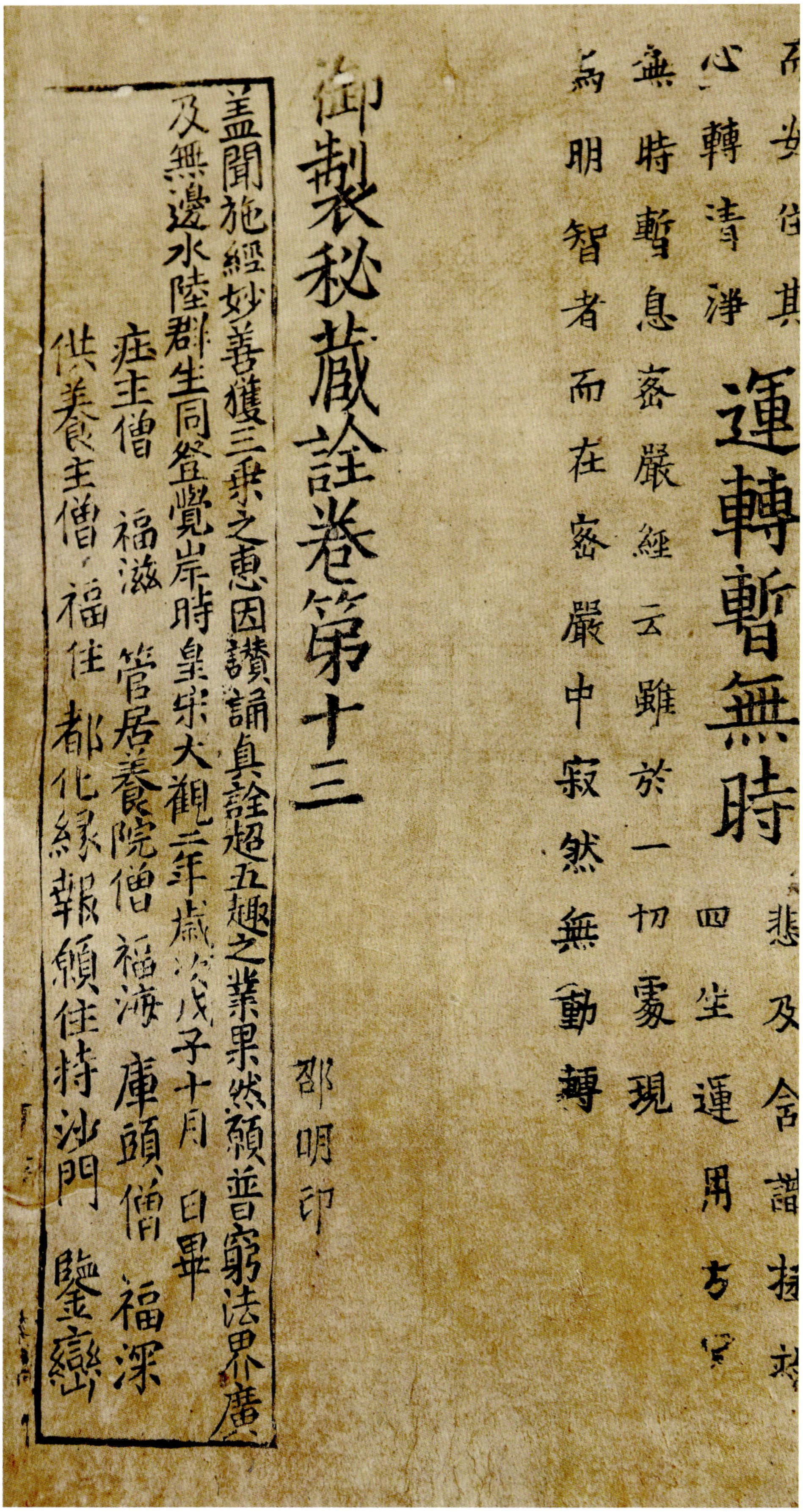

《御制秘藏诠》第十三卷之末刊刻施经题记，共四行："盖闻施经妙善，获三乘之惠因；赞诵真诠，超五趣之业果。然愿普穷法界，广及无边，水陆群生，同登觉岸。时皇宋大观二年岁次戊子十月日毕。庄主僧福滋，管居养院僧福海，库头僧福深，供养主僧福住，都化缘报愿住持沙门鉴峦。"

图5-10 哈佛大学藏本《御制秘藏诠》第十三卷施经题记，北宋，纸本，哈佛大学艺术博物馆藏

世纪末和 12 世纪初这两种观点分歧。①

　　根据学者们提供的理由，结合版画风格考察，以及《御制秘藏诠》三个不同版本插图（"哈佛大学藏本""南禅寺本"和"诚庵本"）间的逻辑关系，笔者倾向于 10 世纪末说，但限于篇幅和体例，此不详述。无论如何，《御制秘藏诠》的性质是北宋官刻，这 4 幅山水版画更是图像丰富、技艺精湛，应该说它代表了当时版刻技术的最高水准。这 4 幅作品皆为全景式山水，画幅也相同，然而仔细观察则不难发现，每张版画上的山川面貌与图像表现的侧重点差异较大（图 5-11、图 5-12、图 5-13、图 5-14）。

　　这组《御制秘藏诠》山水版画，同时具有再现性和装饰性两种特质。一方面，画面有着连续退缩的地面基准线，在辽阔的空间场域中，画师把山水、树石、建筑、人物等物象安布在恰当的远近位置上，且比例恰到好处，反映出北宋初期的全景式山水画在视觉再现方面已渐趋成熟；另一方面，由于版画不同于卷轴画，只有黑、白两色，为了增强表现力，刻工大量刻出水纹、云气、苔点以及装饰性植被等，并有意强调出线条的长与短、曲与直、舒缓与转折、繁密与疏朗等对比，借此创造出一种强烈的装饰美感。

　　《御制秘藏诠》版画中的人物形象也不容忽视。每幅版画都会出现数组人物，僧、俗参半，如李铸晋教授的描述："其中有高僧坐席，与其他僧人及俗人对话，又有僧俗相谈，又有旅人来往。"② 此外还经常同时描绘出山间草堂或草庐（图 5-15），从而传递出某种"入山求法"的主旨。③ 尽管这些人物形象体量有限，而且难以确指其叙事情节，但是在画面中却显得格外突出，往往在画作里扮演着"画眼"的角色，令人印象深刻，同时还可赋予山水图像以佛教色彩。

　　根据《宋史·高丽传》《续资治通鉴长编》《高丽史》等史料记载，高丽国曾多次遣使入宋求请《大藏经》。在北宋初年，至少有过四次入宋求藏，分别在太宗朝的端拱二年（989）和淳化二年（991），以及真宗朝的天禧三年（1019）和乾兴元年（1022），所得均为《开宝藏》。高丽国请回《开宝藏》后，以此为底本编辑覆刻，由崔士成主持刊刻高丽《初雕大藏经》，自高丽显宗二年（1011）开雕，至高丽文宗末年（1082）完成。

---

① 争议在于 4 幅山水版画的雕版时间，而非印刷时间。最先研究该山水版画的罗樾认为，版画制作于 10 世纪末，支持这一看法的有日本学者江上绥、小林宏光，韩国学者柳富铉，以及中国年轻学者陈昱全和孙博，他们认为卷末"大观二年"（1108）纪年牌记仅代表经卷的印行时间，而非版画的雕版时间。提出 12 世纪初观点者，最早的是李铸晋，支持者有宿白、李之檀及韩国学者李成美，他们认为大观牌记代表山水版画的雕版时间。

② ［美］李铸晋：《评罗樾〈中国 10 世纪所刻《御制秘藏诠》之木刻山水画〉》，《香港中文大学文化研究所学报》第 6 卷，1973 年第 1 期，第 327 页。

③ 参阅陈昱全：《北宋〈御制秘藏诠〉版画研究》，台湾师范大学硕士论文，2009 年，第 63 页。

图5-11　哈佛大学藏本《御制秘藏诠》第十三卷第一图，北宋，纸本，宽53厘米，高22.6厘米，哈佛大学艺术博物馆藏

　　较之第一图，第二幅版画（编号 1962.11.2）显得充满戏剧性。两座陡然耸立的山峰把横向的画面分割为三段，两山之间露出一片开阔地带，在三株树枝缠绕在一起的古松下刊刻出四位僧侣形象，其中一位结跏趺坐姿的高僧似在讲法，三位弟子侍立在其身旁。两座险峰的外侧各有一组建筑，其中左侧山峰左前方另有一僧一俗，作问答状。山石把画面中的水体划分为几个部分，水面满绘波纹，画面顶部的云气与之相呼应，这些绵密的横向线条与竖向山体构成强烈对比，形式感极强。

图 5-13　哈佛大学藏本《御制秘藏诠》第十三卷第三图，北宋，
纸本，宽 53.1 厘米，高 22.6 厘米，哈佛大学艺术博物馆藏

　　在第三幅版画（编号 1962.11.3）中，水体和树木所占比重更大。水面大致呈三角形态，占据画面的黄金位置，水面依然满绘波纹，山峦则被安排在左右两侧及画面上方。前景出现两段山坡，其上有很多株树木，枝繁叶茂，在树冠和云气掩映下，显露出远处峰峦方折而硬朗的轮廓线。在画面左侧有一座屋顶呈十字交叉状的临水建筑，其前方有一位策杖而行的老者。画面右半部，山前有一块较为平整的空地，一位高僧坐在空地当中的岩石上，右手持麈尾，岩石上放置净瓶，一僧三俗四位弟子跪在他的面前，似在请法。

图 5-14　哈佛大学藏本《御制秘藏诠》第十三卷第四图，北宋，
纸本，宽 53 厘米，高 22.7 厘米，哈佛大学艺术博物馆藏

在这 4 幅版画中，最后一幅作品（编号 1962.11.4）以山体表现为主，效果最为壮观雄奇。画面绝大部分为三角锥形的山峦，连绵起伏不断。中部前景的山峦左右，各有土坡路向画面两侧延伸，右侧有一座小桥，一位年老的僧侣在桥上小心地前行，他前面有位年轻的童子，伸着双手做出挽扶的姿态。画面左前侧的土路上走着一位负重的樵夫。在稍远的位置，有一组临水建筑物，其右侧不远处的山坳里，露出一位童子的上半身，正在由远及近走来。画面中部上方，群山之中出现一块空地，当中端坐着一位高僧，他前方有一位正在合掌问讯的弟子，似乎表现了"入山求法"的主旨。

图 5-15　哈佛大学藏本《御制秘藏诠》版画局部

除哈佛大学艺术博物馆外，日本京都南禅寺、韩国首尔诚庵古书博物馆也各自收藏一套插图本《御制秘藏诠》，分别称"南禅寺本"和"诚庵本"。其中南禅寺本《御制秘藏诠》共存十九卷、总共 50 幅版画插图，诚庵本《御制秘藏诠》尚存第六卷的 4 件版画[①]。"南禅寺本"与"诚庵本"《御制秘藏诠》均属 11 世纪"高丽藏初雕本"，乃北宋《开宝藏》的覆刻版。比对"南禅寺本"（图 5-16、图 5-17）与"哈佛大学藏本"山水版画，尽管"南禅寺本"版画被改造成经折装，镌刻水准同北宋版画相比也存在着显著差距，但其图像内容和绘画风格都和"哈佛大学藏本"高度相似，显示出 10 至 11 世纪北宋与高丽间的宗教文化交流与艺术传播。

同"哈佛大学藏本"一样，南禅寺本《御制秘藏诠》每幅山水版画中也都刊刻出了高僧像，有参访、传法、行脚、备茶等多种形象（图 5-18）。据推测，画中僧人表现的是禅宗祖师，因此这些山水佛画的主题被认为是以南禅宗谱系为主体的"传法图"。[②]南禅寺本《御制秘藏诠》第二十一卷还出现了佛传主题的插图（图 5-19），看起来与其他各卷的山水版画差异显著，而上述解读可将佛传图与高僧山水图整合为有机整体，因此它们都可以被理解为是佛教传法思想的体现。

考察现存北宋佛经插图，像端拱元年《金光明经》和开宝藏本《御制秘藏诠》这样大量出现山水图像的经卷佛画并不算多，然而这两组插图却代表了北宋经卷佛画发展的一个重要方向，诚如宿白在《北宋的版画》（1985）一文中所指出："（《御制秘藏诠》）从扉画进而演化出书中插图，其内容从以佛和菩萨的形象为主，发展到突出世间僧俗和山水，这是传统悠久的版印佛画的重大变化。"[③]宿白将北宋版画划分为三期：第一期，北宋太祖迄真宗时期（960—1022）；第二期，仁宗迄哲宗时期（1023—1100）；第三期，徽宗时期（1101—1125）。由于他认为哈佛大学藏本《御制秘藏诠》版画的雕版时间在 12 世纪初，因此自然将经卷佛画的这一"重大变化"划归于北宋第三期的成就中去。然而，哈佛大学藏本《御制秘藏诠》版画如果是 10 世纪末之作，此外再把端拱元年（988）《金光明经》变相所呈现出的佛画新风考虑进去的话，那么是否有必要对北宋版画的发展历程加以重新思考呢？

---

① ［韩］李成美：《高丽初雕大藏经的〈御制秘藏诠〉版画——高丽初期山水画的一研究》，裴英姬、李在娟译，《考古美术》，第 169、170 卷，韩国美术史协会，1986 年。
② 孙博：《〈御制秘藏诠〉版画再考察》，中山大学艺术史研究中心编：《艺术史研究》第 18 辑，中山大学出版社，2016 年，第 439—459 页。
③ 宿白：《唐宋时期的雕版印刷》，文物出版社，1999 年，第 79 页。

图 5-16　南禅寺本《御制秘藏诠》第四卷第一幅，11 世纪，
纸本，日本京都南禅寺藏

图 5-17　南禅寺本《御制秘藏诠》第十卷第一幅，11世纪，纸
本，日本京都南禅寺藏

图 5-18　南禅寺本《御制秘藏诠》版画局部

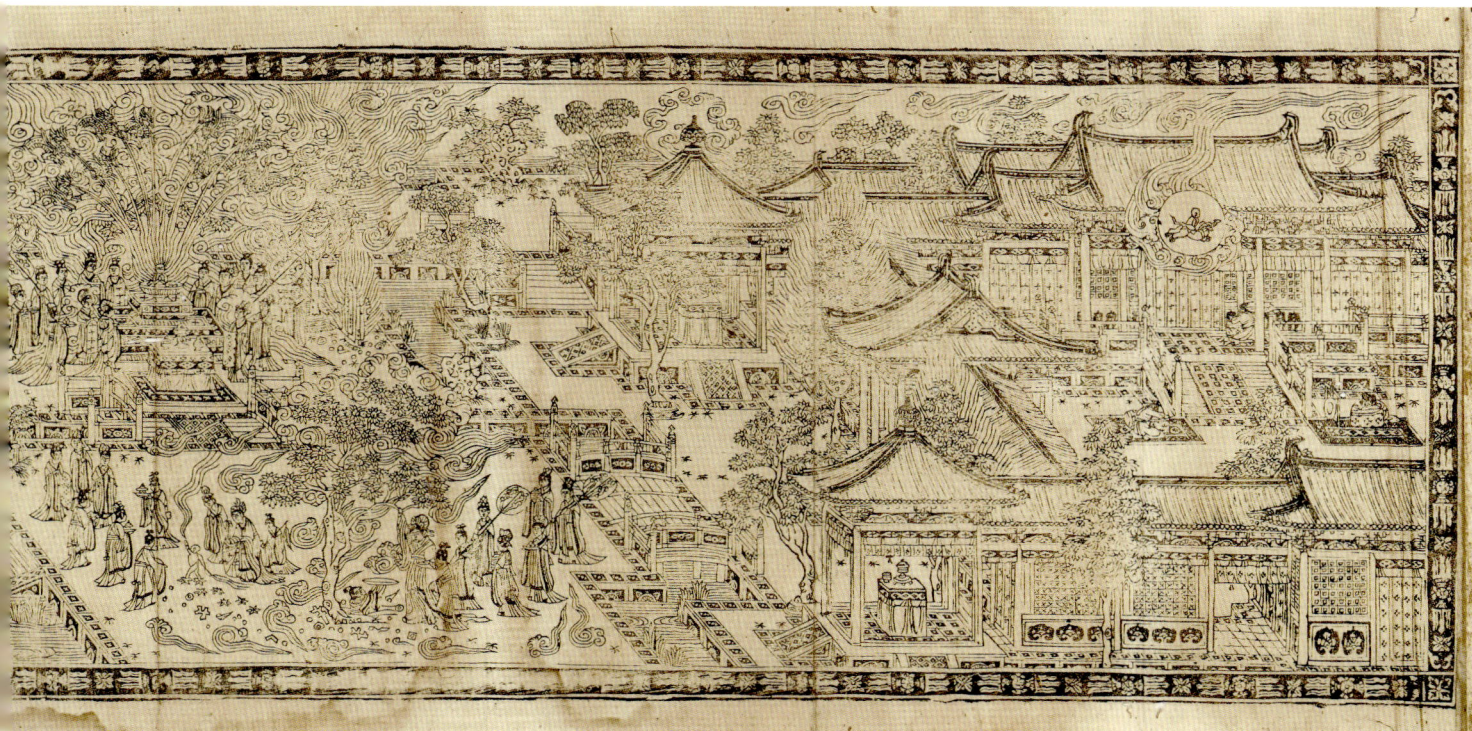

图 5-19　南禅寺本《御制秘藏诠》第二十一卷第一幅，11世纪，纸本，日本京都南禅寺藏

在现存三个版本的《御制秘藏诠》版画插图中，仅"南禅寺本"第二十一卷出现了佛传图。这幅与众不同的版画表现出"佛传"中太子诞生前后的4个情节，依情节顺序先后简介如下。（一）画面右侧为"乘象入胎"，以大面积画面幅描绘出一组汉式宫殿建筑，殿前有两个熟睡的仆从，从天降下一个被云气承托的圆圈，圈内是乘象的太子。（二）插图下缘偏左处刻"树下诞生"，摩耶夫人举右手攀扶着一株大树的树枝，悉达多太子从其右胁诞生，地下有半身的帝释天以盘托举。（三）画面左上角表现了"九龙浴太子"，九条龙，左五右四，口中各出水流，盘中太子双手合十。（四）画面左下隅为"七步行"，太子左手指天，右手指地，所行之处留下莲花形。

第 六 章

汉藏合璧

引 言 🙏

蒙元方略与藏风东渐

元、明、清三朝，藏传佛教及文化艺术东传，汉藏艺术呈交流融合之势，这是中国佛教史上一大事因缘。

早在唐吐蕃时期（7 至 10 世纪），就出现了汉藏艺术融合的现象。11 世纪以后，西夏人更接受了藏传佛教以及西藏艺术风格。然而与后来的元、明、清三朝相比，以上两个阶段的藏传佛教艺术东传，无论是传播的地域幅度，还是艺术风格的融合程度，都还相对有限。

元朝时期，分裂的藏族地区统一于蒙古王朝，元皇室成员更信奉藏传佛教，礼遇藏族高僧，尊崇藏传佛教为国教，藏地与内地间的政治、宗教和文化艺术交流空前繁荣。特别是元世祖忽必烈（1215—1294），尤重萨迦派僧人八思巴（1235—1280），[1] 授权他掌管全国佛教与藏区行政事务，尊奉八思巴为国师（1260）和帝师（1270），大力支持藏传佛教的弘传，有力推动了藏传佛教艺术的东渐进程。在这样的历史背景下，自元初开始，元朝皇室多次延请藏族高僧到内地讲经弘法，内地随即出现了一大批藏传风格或汉藏混合风格的佛教艺术作品，以元大都（今北京）、杭州两地最为集中。著名实例如北京大圣寿万安寺（妙应寺）、居庸关云台，以及杭州吴山宝成寺、飞来峰造像等，此外还有已经不存的杭州大般若寺、万岁尊胜

---

[1] 关于八思巴的生卒年及生平，详阅：《元史》卷二二〇《八思巴传》；［意］图齐：《梵天佛地》第 4 卷第 1 册，魏正中（Vignato Giuseppe）、萨尔吉主编（此部分为熊文彬翻译、陈庆英修订），上海古籍出版社，2009 年，第 52、53 页；陈庆英：《帝师八思巴传》，中国藏学出版社，2007 年。

塔寺和报国寺白塔等。[①]

　　具体到经卷佛画，与塔寺、造像一样，西夏以后，特别是在元代，同样呈现出汉藏两种艺术风格互相混合的现象。本章主要以刊刻于江南地区的汉文大藏经《碛砂藏》中的插图为例，讨论西藏绘画风格传入内地后，是如何与汉地原有的佛画风格结合在一起的。本章的讨论，从西夏时期的经卷佛画开始。

---

① 　关于这三处杭州的"西番"或汉藏混合风格寺院，详阅宿白：《元代杭州的藏传密教及其有关遗址》，《文物》，1990 年第 10 期，第 55、56 页。

第一节

西夏在汉藏之间

11世纪上半叶，党项人建立西夏王朝，定都兴庆府（今宁夏银川市），统治地区为中国西北的宁夏、陕西北部、甘肃西北部、青海东北部和内蒙古一部分。早在西夏建国之前，党项、吐蕃两大民族就杂居融和，党项人还一度被吐蕃所统治。由于两族语言接近，党项人曾借助藏文字母拼写自己的语言。[①]后来西夏人接受了藏传佛教及其文化艺术，致使宋人有一种"大约党项吐蕃，风俗相类"[②]的看法。

西夏的插图本佛经明显体现出兼受南宋佛教艺术和藏传佛教艺术的双重影响，比如内蒙古黑水城遗址曾出土过大量雕版佛经插图，具有两种不同的风格类型。法国学者海瑟·噶尔美（Heather Karmay）曾在《早期汉藏艺术》（*Early Sino-Tibetan Art*）一书中指出，可将西夏版画"分成两种主要的风格流派，绝大多数作品直接与汉族风格有关，其余的作品是按藏族风格创作的"[③]。笔者很赞同海瑟·噶尔美的观点，然而如果深入观察，还有部分作品兼受汉、藏两种风格影响，这样可分作汉风、藏风和混合风格三类。

其中，汉风经卷佛画最多见，以前文所举黑水城出土编号TK98和TK142、TK243《普贤行愿品》扉画，编号TK18和TK247《金刚经》扉画，编号TK177《观世音菩萨普门品》随文插图和《法华经》扉画为代表，本章不再赘述。

---

① 钟侃、吴峰云、李范文：《西夏简史》（修订本），宁夏人民出版社，2005年，第123页；张云：《论吐蕃文化对西夏的影响》，《中国藏学》，1989年第2期，第114—131页。
② 《宋史》卷六四《宋琪传》。
③ ［法］海瑟·噶尔美：《早期汉藏艺术》，熊文彬译，河北教育出版社，2001年，第55页。

西夏时期的西藏风格插图，多数出现在译自藏文的西夏文或汉文佛经中，比较典型的作品有天盛十九年（1167）仁宗仁孝印施的汉文《佛说圣佛母般若波罗蜜多心经》（图6-1）、西夏文刻本《圣妙吉祥真实名经》（图6-2）和《大寒林圣难拿陀罗尼经》，以及西夏文写本《佛说佛母出生三法藏般若波罗蜜经》等。以《佛说圣佛母般若波罗蜜多心经》为例，[①] 扉画图像具有浓郁的西藏风格，画面以佛母为中心，周围圣众围绕，上方有十九尊佛，下方有八大菩萨和十位声闻众。谢继胜认为这幅画作"带有典型的卫藏波罗风格，般若佛母的背光式样与扎唐寺壁画大背光及柏兹克里特石窟同期的背光式样相同，更为突出的是环绕主尊的菩萨的头饰与扎唐寺以及后来的夏鲁寺、敦煌465窟等的菩萨头饰完全一致，画面众菩萨以七分面朝向主尊的构图方式与扎唐寺以及465窟窟顶壁画大致相同"[②]。

另一些西夏的佛经插图则体现出汉藏两种风格的混合，以下举两个汉藏混合风格的典型实例。第一个例子，是黑水城遗址出土的《圣观自在大悲心总持功能依经录》，[③] 刊印于西夏正德十五年（1141），现藏圣彼得堡的俄罗斯科学院东方文献研究所，编号TK164。该经卷尺幅很小，蝴蝶装，内容是两本密宗经典的合刊。根据"后序发愿文"可知，该卷曾用汉文和西夏文各印制了15000份（"印番汉一万五千卷"）。编号TK164就是其中的一件汉文印本，共有三幅雕版佛画，其中一幅体现出汉风与藏风两种造型的混合（图6-3），画面右半部的佛和两尊胁侍菩萨体现出明显的西藏样式，而左侧的闻法众则身着汉装，造型也更接近宋画。同卷中另外两幅版画则体现出浓郁的西藏绘画风格（图6-4、图6-5），李之檀曾指出，这两幅版画"明显不同于中原地区佛经版画风格特点，而具有吐蕃以及印度、尼泊尔佛教艺术的造型特点，是经过西藏传入西夏地区的"[④]。

第二个实例，是乾祐二十年（1189）西夏仁宗印施的《观弥勒菩萨上生兜率天经》（图6-6），它比前述《圣观自在大悲心总持功能依经录》晚出将近半个世纪。黑水城遗址共发现了10件《观弥勒菩萨上生兜率天经》，有汉文印本和西夏文印本两类，均为经折装，前有扉画，占八折面，由两纸黏合而成。

① 俄罗斯科学院东方研究所圣彼得堡分所、中国社会科学院民族研究所、上海古籍出版社编：《俄藏黑水城文献》第3册，上海古籍出版社，1997年，第73—77页。
② 谢继胜主编：《藏传佛教艺术发展史》上册，上海书画出版社，2010年，第123、124页。柏兹克里特石窟，即吐鲁番的柏孜克里克石窟。
③ 俄罗斯科学院东方研究所圣彼得堡分所、中国社会科学院民族研究所、上海古籍出版社编：《俄藏黑水城文献》第4册，上海古籍出版社，1997年，第29—40页。
④ 李之檀：《中国版画全集·佛教版画》，紫禁城出版社，2008年，第35页。

梵去 阿谷栈 末遏斡帝 不羅黑鉢囉囉

弥怛 絣哩綵也 湏嘚囉

此去佛說聖佛母般若波羅蜜多心經

蘭山覺行國師沙門 德慧奉 勅譯

《佛说圣佛母般若波罗蜜多心经》为《心经》的一种译本，是西夏仁宗时期"兰山觉行国师沙门德慧奉敕"从梵文重新译出的。该经卷在天盛十九年（1167）由西夏仁宗所印施，经折装，纸本，卷首扉画占三折面。图像上方正中刊刻出横向的"一切如来般若佛母会众"字样，经末有"天盛十九年岁次丁亥五月初九日"御制后序。

图 6-1 TK128 汉文《佛说圣佛母般若波罗蜜多心经》扉画，西夏天盛十九年（1167），纸本，经折装，高16.5厘米，宽33厘米，黑水城遗址出土，俄罗斯科学院东方文献研究所藏

图6-2 西夏文《圣妙吉祥真实名经》扉画，西夏，纸本，经折装，每折面高20厘米，宽9.5厘米，俄罗斯科学院东方文献研究所藏

这部西夏文《圣妙吉祥真实名经》乃自藏文译出。经卷无纪年，经折装，存占两折面的版画。一折面上为释迦牟尼，结跏趺坐在莲座上，正在讲法，其座前有三位僧人。另一折面上描绘四臂文殊菩萨，其座前有一身较小的合掌胡跪菩萨像。

上：图 6-3　TK164 汉文《圣观自在大悲心总持功能依经录》版画之一，西夏正德十五年（1141），纸本，蝴蝶装，高 13.5 厘米，宽 17.5 厘米，黑水城遗址出土，俄罗斯科学院东方文献研究所藏

下：图 6-4　TK164 汉文《圣观自在大悲心总持功能依经录》版画之二，西夏正德十五年（1141），纸本，蝴蝶装，高 13.5 厘米，宽 17.5 厘米，黑水城遗址出土，俄罗斯科学院东方文献研究所藏

图 6-5　TK164 汉文《圣观自在大悲心总持功能依经录》版画之三，
西夏正德十五年（1141），纸本，蝴蝶装，高 13.5 厘米，宽 17.5 厘米，
黑水城遗址出土，俄罗斯科学院东方文献研究所藏

图 6-6　TK81 汉文《观弥勒菩萨上生兜率天经》扉画，西夏乾祐二十年（1189），纸本，经折装，高 23 厘米，宽 88 厘米，黑水城遗址出土，俄罗斯科学院东方文献研究所藏

　　《观弥勒菩萨上生兜率天经》扉画为横向构图，共八折面，画面分三部分，两侧画幅窄、中间宽，各段之间以纵向分栏进行分割。右侧第一部分占两折面，图像呈现出西藏风格，内容是释迦为弥勒授记。居中的第二部分占五折面，场景宏大、人物众多，描绘出弥勒菩萨在兜率天说法的场景。左侧第三部画幅最小，仅占一折面，然而又分出六个子空间，分别描绘"花香供养""读诵经典""深入正受""威仪不缺""修诸功德"和"扫塔涂地"内容。

　　谢继胜在分析西夏文印本版画时指出："在这部汉藏风格合璧的经前插图中，西藏风格被置于右侧卷首最为尊贵的地位。作品中主尊的身相，佛龛宫殿的样式，两侧的立兽以及上面提到的菩萨三角形头饰都与同时期的唐卡作品相同，但是构图方式更像扎唐寺壁画，实际上反映的是汉地中亚的风格。"[1] 比照同样出自黑水城遗址的汉文《观弥勒菩萨上生兜率天经》扉画，可以说其在图像上与西夏文本版画完全相同，只是榜题文字具有汉文或西夏文的区别（图6-7）。简言之，黑水城遗址出土的《观弥勒菩萨上生兜率天经》扉画生动体现出了汉、藏这两种文化及艺术风格在西夏地区的碰撞与交流。

---

①　谢继胜主编：《藏传佛教艺术发展史》上册，上海书画出版社，2010年，第124页。

图 6-7 《观弥勒菩萨上生兜率天经》扉画局部比较图（左：西夏
文印本，编号 Инв. No.132；右：汉文印本，编号 TK81）

第二节 《碛砂藏》汉风版画

《碛砂藏》是宋元间在苏州刊刻的一部私版大藏经，采用经折装，共6263卷，因在平江府陈湖中的碛砂延圣院（后改名"延圣寺"，今苏州角直镇碛砂村）雕版而得名。《碛砂藏》始刊于13世纪初，元代至治二年（1322）刊毕，前后约百年。①

雕版工作主要分两期：南宋咸淳八年（1272）之前为第一期；宋元易代之际刻经中止，间断20余年；自元大德元年（1297）到至治二年（1322）为第二期，共26年，约七八成的《碛砂藏》经板雕于这一时期，版画也基本都刊刻于此时；之后，不时有所增补或补刻，直至明代，但与版画关系不大。

20世纪30年代中期，叶恭绰（1881—1968）等人在上海发起成立"影印宋版藏经会"，据西安卧龙、开元二寺所藏《碛砂藏》影印刊行，共计60函、593册，影响甚大。卧龙、开元二寺藏本后入藏陕西省图书馆。此外山西太原崇善寺、中国国家图书馆（北京柏林寺藏本）、内蒙古图书馆（五台山大金界寺本）、美国普林斯顿大学葛思德东方图书馆（Gest Oriental Library，北京大悲寺藏本）和日本大阪武田科学振兴财团所属"杏雨书屋"等处也都有比较集中的收藏。

在所有汉文大藏经中，《碛砂藏》的插图数量称最，这些版画大多刊刻于元初，即前述《碛砂藏》雕版工作的第二期。若论《碛砂藏》的插图风格，可分为汉风和藏风两类。

《碛砂藏》的汉风插图数量很少，以《华严经》扉画为代表。

---

① 关于《碛砂藏》的雕版起止年代，特别是始雕时间，众说纷纭，存在着南宋嘉定九年（1216）、绍定二年（1229）和绍定四年（1231）三种主要观点。由于此问题与经卷佛画的关系不大，此处不做辨析。

碛砂藏本《华严经》第73卷卷首有一幅扉画（图6-8），刊刻于元初。扉画横向，画面分两部分，右半部刻"说法图"，为南宋习见样式。左半部刻出一座宏伟的殿宇，额书"万岁殿"，殿内有一端然正坐的王者形象，左右各有一侍从；殿外10位僧侣正在展卷校勘或者译经。宿白曾指出："此帧扉画纯为汉式。因知亡宋不久，在杭（指杭州——笔者注）所雕佛经扉画尚因宋旧。"①

这幅《华严经》扉画并非原创，而是复制了稍早的《普宁藏》版画。《普宁藏》，全称《杭州路余杭县白云宗南山大普宁寺大藏经》，是元初白云宗（宋代产生的华严宗支派）僧人主持刊刻的一部私版大藏经，因在杭州路余杭县（今余杭区）南山大普宁寺雕版，故而得名。关于《普宁藏》的刊刻时间有不同说法②，可以肯定的是，《普宁藏》开雕时间晚于《碛砂藏》，而完成时间却早于《碛砂藏》。山西省图书馆藏一卷普宁藏本《解脱道论》③，20卷，为太原崇善寺旧藏。该《解脱道论》卷首有一幅扉画（图6-9），无论图像内容还是佛画形式，都和碛砂藏本《华严经》扉画高度相似，同样右半部刊刻"说法图"，左半部刻"万岁殿"，殿前10位僧侣正校勘经藏或译经。二者的区别在于，普宁藏本扉画左缘比碛砂藏本《华严经》略少了一些，此外尺幅和题记不同。李之檀注意到这两幅扉画的相似性，他在分析碛砂藏本《华严经》扉画时指出："此图原为《普宁藏》本《解脱道论》卷一扉画……后此图改用于《碛砂藏》本《大方广佛华严经》卷七三卷首。"④ 赖天兵进一步推测，普宁藏本《解脱道论》扉画"应刊造于道安从大都返回杭州路余杭普宁寺之后至他动身第二次赴大都之间，即至元十六年至元十八年年初（1279—1281），最有可能是在至元十六年至元十七年间（1279—1280）"⑤。可以推定，碛砂藏本《华严经》扉画时代略晚，它模仿了20余年前的普宁藏本《解脱道论》扉画。

---

① 宿白：《元代杭州的藏传密教及其有关遗址》，《文物》，1990年第10期，第71页。
② 何梅、魏文星：《元代〈普宁藏〉雕印考》，《佛教研究》，1999年第8期，第210—218。
③ 中国国家图书馆、中国国家古籍保护中心编：《第二批国家珍贵古籍名录图录》第3册，国家图书馆出版社，2010年，第106页。
④ 李之檀：《中国版画全集·佛教版画》，紫禁城出版社，2008年，第47页。
⑤ 赖天兵：《江南抑或西夏——金刚上师胆八与白云宗主道安题款〈普宁藏〉扉画的年代、内容与图本》，《西夏学》，2013年第9辑，第238页。

图6-8 碛砂藏本《华严经》第七十三卷扉画，元大德十年（1302），纸本，经折装，高24.7厘米，宽40.4厘米，中国国家图书馆藏

扉画左缘刻"都功德主江淮诸路释教都总统永福大师杨琏真佳"一行。杨琏（怜）真伽（迦、加、佳），党项族萨迦派僧人，汉姓杨、藏名琏真伽，八思巴弟子，元初为江南释教都总统，掌江南佛教事务。万岁寺在杭州孤山，最初为四圣堂，南宋改为道观，名四圣延祥观，元初杨琏真伽废观改寺。至元年间刊刻《河西字大藏经》，即西夏文大藏经，就在杭州万岁寺。

图 6-9 普宁藏本《解脱道论》第一卷扉画，元初、纸本、经折装、高 26.7 厘米，宽 45.2 厘米，山西省图书馆藏

扉画左缘刊刻出两行文字，右刻"干缘雕大藏经板白云宗主慧照大师南山大普宁寺住持沙门道安"，左刻"功德主檐八师父金刚上师慈愿弘深普皈摄化"。檐八，即藏人高僧胆巴（1230—1303），汉译名为庆喜称，经八思巴推荐，被忽必烈封为金刚上师，住持五台山寿宁寺，为五台山藏传佛教之始。胆巴曾鼎力支持普宁寺住持道安，将他引荐给忽必烈，因此白云宗尊胆巴为《普宁藏》功德主。

图 6-10　碛砂藏影印本《法华经》第三卷扉画，南宋，纸本，经折装，上
海涵芬楼影印

图 6-11　碛砂藏影印本《法华经》第四卷扉画，南宋，纸本，经折装，
上海涵芬楼影印

　　还有一组特殊的例子，需要略加说明，就是《碛砂藏》影印本中的《法华经》插图。我们现在可以在《碛砂藏》影印本第130册中看到带有南宋流行的7卷雕版类型扉画的《法华经》（图6-10、图6-11），7幅扉画俨然宋画风神。其中第三卷扉画右侧有"范生刊"字样，第四卷右侧刊刻"建安范生刊"字样。

　　然而，这7幅《法华经》扉画并非南宋或元代的《碛砂藏》原本插图，它们只可命名为"碛砂藏影印本"，而不能称"碛砂藏本"。原因何在？民国时影印《碛砂藏》，西安卧龙、开元二寺所藏《碛砂藏》颇有残损，当时人们对《碛砂藏》的整体收藏情况又不了解，残损部分无法选择其他地方所藏的《碛砂藏》补足，只能选用非《碛砂藏》的单本佛经或佛藏版本补配影印，这其中就包括了《法华经》。当时采用了叶恭绰所藏之南宋景定二年（1261）陆道源本《法华经》影印（图6-12），而陆道源本《法华经》又恰巧具有7幅扉画（详阅第四章），故而《碛砂藏》影印本中，就出现了原初宋元版《碛砂藏》所没有的插图本《法华经》。

图6-12　《法华经》第一卷扉画对比图［上：陆道源本，南宋景定二年（1261）；下：碛砂藏影印本］

第三节 《碛砂藏》藏风扉画

在讨论著名的《碛砂藏》西藏风格扉画之前，首先看一下《普宁藏》的藏风版画，因为它的制作时代更早。尽管《普宁藏》插图佛画的数量远不及《碛砂藏》，但它同样具有汉、藏两种风格类型，从这点来看，《普宁藏》与《碛砂藏》很类似，甚至《普宁藏》可视为《碛砂藏》藏风版画之先声。

普宁藏本《大集譬喻王经》，现藏台北故宫博物院。经折装，清代的《秘殿珠林》曾著录，但过去一向认为它是南宋版，原题"《思溪藏》经本"，经台北故宫博物院葛婉章研究后，更正为"元刊杭州《普宁藏》经本"①。普宁藏本《大集譬喻王经》卷首有一幅版画《教主释迦牟尼佛说经处》（图6-13）。扉画以藏传绘画风格为主导，特别是佛、菩萨、比丘的面容、躯体造型与服饰等因素，葛婉章认为是"藏传佛教的东印度风貌"，但同时该扉画"也保留了某些汉地画法：宝龛与背光虽以藏式马蹄形为主，已略见人字披。释尊的随侍弟子不是藏画习见的舍利子、目犍连，而是汉传系统的阿难与迦叶。座前宽衣博袖的供养人，听法众中多了汉地诸天、天王与长发道士"②。这幅扉画是元代内地出现最早的西藏风格经卷佛画，直接影响了晚出的《碛砂藏》藏式版画样式。

《碛砂藏》各卷之首均有一幅刊刻于14世纪初的扉画，画面均占四折面，刀法细腻流畅，以西藏风格为主导。几种不同的版画被交替置于各卷之首，常见版画有8种，此外还有少数

① 石守谦、葛婉章主编：《大汗的世纪：蒙元时代的多元文化与艺术》，台北故宫博物院，2001年，第110、321页。
② 同上，第321页。

几幅罕见的版画。扉画下有时刻出画工或刻工的姓名，如画工陈升，刻工陈宁、孙祐或袁玉等。这些版画是《碛砂藏》中出现频率最高、雕版年代最晚的插图，制作于元代大德六年（1302）以后，由"杭州众安桥杨家经坊"雕印并装帧补入各卷之首。由于它们是单独雕版印制的，所以扉画图像与后面的经文并没有直接关系，经文多半雕印在苏州，扉画则全部刊刻于杭州，二者所用纸质也不同，面对实物研究时，可以很容易发现两部分的区别。

《碛砂藏》中这些西藏风格扉画，是在高僧管主巴的主持下完成的。管主巴，亦作管主八、管处八，藏人或党项人，被尊称为广福大师。对于管主巴的事迹，记录最详备的史料当属日本善福寺《碛砂藏》藏本《大宗地玄文本论》卷三所附《管主巴发愿文》：

> ……管主八誓报四恩，流通正教，累年发心印施汉本《大藏经》五十余藏……心愿未周，钦睹圣旨，于江南浙西道杭州路大万寿寺雕刊《河西字大藏经》三千六百二十余卷、《华严》诸经忏板，至大德六年（1302）完备。……今见《平江路碛砂延圣寺大藏经》板未完，遂于大德十年（1306）闰正月为始，施财募缘，节续雕刊，已及一千余卷。……大德十年丙午腊月成道日，宣授松江府僧录管主八谨愿。[1]

《碛砂藏》中常见的那八幅扉画中，有一幅与《普宁藏》之《大集譬喻王经》扉画很接近。这幅扉画首见于千字文编号"宙一"《大般若波罗蜜多经》卷五一卷首，其主题是"释迦牟尼与文殊师利"（图6-14）。这是8幅扉画中唯一主尊呈正面角度之作，画面右侧三折面的释迦说法图部分与普宁藏本《大集譬喻王经》扉画的主尊形象高度相似。

此外还有一种常见的元代佛经扉画，见于1917年宁夏灵武出土的一批西夏文雕版佛籍卷首，如《悲华经》卷九、《说一切有部阿毗达磨顺正理论》卷五（图6-15）和《经律异相》卷十五，现藏于中国国家图书馆。学界普遍认为这几部元刊西夏文佛籍属于由管主八主持，在杭州刊刻的《河西字大藏经》，少数学者对此表示怀疑。[2] 无论如何，宁夏灵武所出的这种西夏文佛籍扉画与普宁藏本《大集譬喻王经》及《碛砂藏》西藏风格版画的风格非常相近，很可能也刊刻于杭州。

---

① 转引自宿白：《元代杭州的藏传密教及其有关遗址》，《文物》，1990年第10期，第64页。
② 李之檀：《中国版画全集·佛教版画》，紫禁城出版社，2008年，第51页。

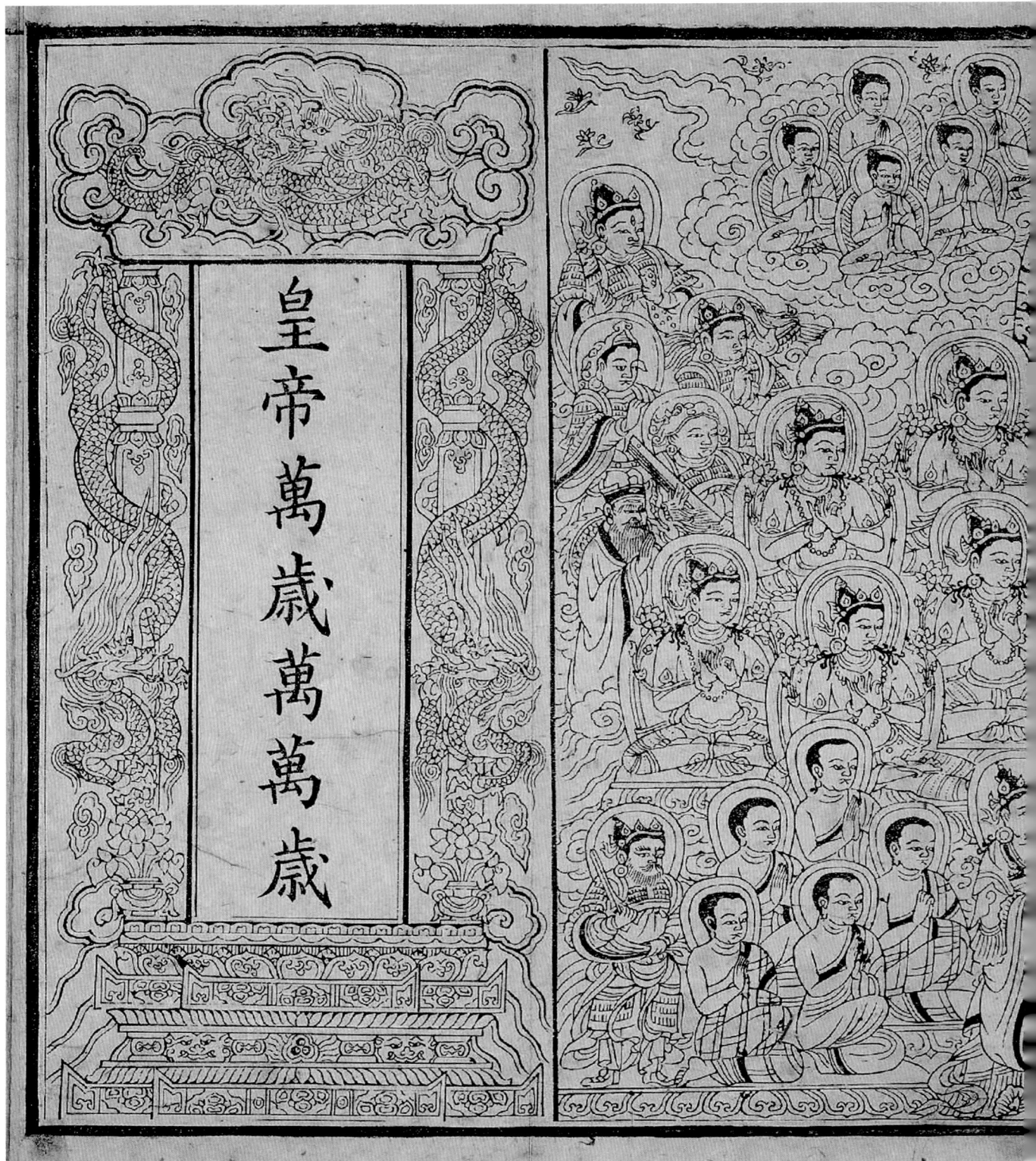

皇帝萬歲萬萬歲

图6-13　普宁藏本《大集譬喻王经》扉画，
元初，纸本，经折装，高24厘米，宽45.2
厘米，台北故宫博物院藏

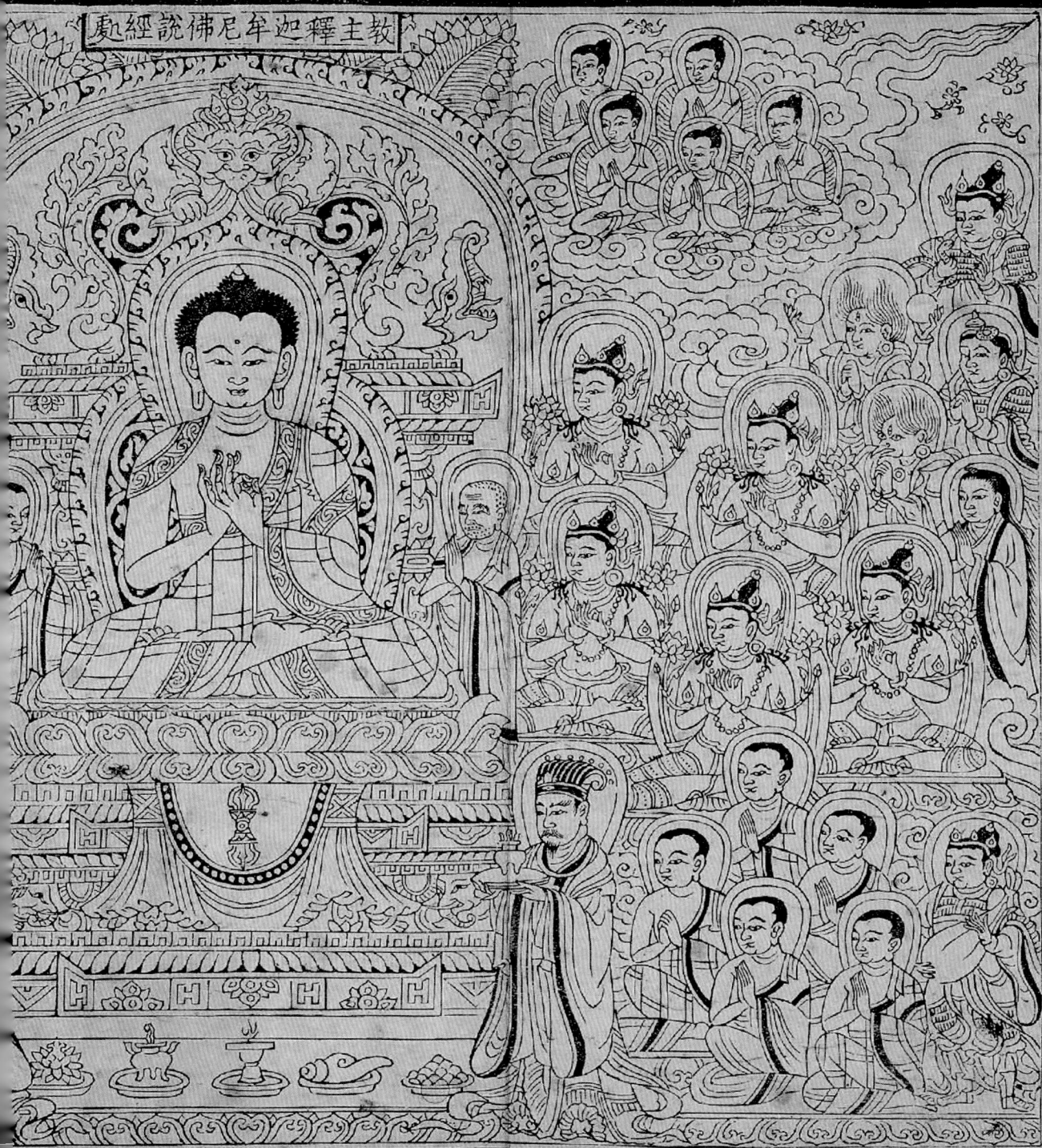

扉画共四折面。三折面为说法图，构图饱满、人物众多、雕工精致。主尊佛陀身量高大，正面角度，结跏趺坐于金刚宝座上，座前设"五供"。周围有"闻法众"，大体呈左右对称，有菩萨、比丘、天王、诸天等，值得格外一提的是，画面右侧出现一位披发的道士。第二折面上缘刊刻"教主释迦牟尼佛说经处"题记。左侧折面刻龙牌，内有"皇帝万岁万万岁"字样。

　　以上所举三件元代雕版经卷佛画，即普宁藏本《大集譬喻王经》扉画、《碛砂藏》扉画之六"释迦牟尼与文殊师利"，以及《说一切有部阿毗达磨顺正理论》卷五扉画，三者图像风格颇为一致，特别是主尊表现高度相似（图6-16），均广额方面、耳垂扁长，头束高发髻、上置宝严，双手当胸施说法印，身着袒右式百衲袈裟，体现出了浓郁的藏传佛像风格。

　　《碛砂藏》中绝大多数的西藏风格扉画，主尊都以四分之三侧面的角度加以描绘，进一步还可再细分为三种不同样式类型。

　　第一种类型，包括第一幅（图6-17）、第四幅（图6-18）和第八幅（图

图 6-14　释迦牟尼与文殊师利，元，《碛砂藏》
扉画之六，纸本，经折装，高 24.1 厘米，宽
44.4 厘米，中国国家图书馆藏

　　该幅扉画分为两部分。右侧三折面刊刻释迦说法图，释迦牟尼佛结跏趺坐在莲
座上，座前两侧侍立着供养人像，其中一人着汉装官服、奉炉。主尊周围刻出弟子、
菩萨、诸天等众，上部有两株菩提树。左侧一折面为四臂文殊，四臂的持物分别是
弓、箭、利剑和托宝箧的莲花。此折面右下角刻"雍庭礼李氏施财"，左下角刻"孙
祐刊"字样。

6-19)，说法图中只有佛陀一个中心，主尊位于扉画中间略微偏右的位置，体量
巨大，两侧围绕着闻法众，填满整幅扉画。

　　第二种类型，有第三幅（图 6-20）和第七幅（图 6-21）两例，说法图中出
现了两个中心，一是扉画偏右位置的主尊佛陀；二是左侧的次要尊像（第三幅
为大白伞盖佛母，第七幅为菩萨），面朝向主尊的方向，体量略小于主尊，但明
显比其他"闻法众"要大。

经折装，卷首有三折面的释迦说法图，然后是四折面的祝赞牌记，最后是韦陀立像一折面。说法图采用对称构图，主尊居中，结跏趺坐在莲座上，两侧为弟子、菩萨、护法、诸天等众，另有帝后二人，亦带头光，分立于前排释迦两侧。值得注意的是，第三折左缘出现一道士形象。说法图后面的龙牌内刊刻西夏文题记，汉译后第一折面为"奉大元国天下一统世上独尊福智名德俱集当今皇帝圣寿万岁敕，印制《一全大藏经》流行"；第二折面为"当今皇帝圣寿万岁"；第三折面为"太后皇后与天寿等"；第四折面为"奉敕大德十一年六月二十五日，皇太子寿长使见千秋，印《大藏经》五十部流行"。

图6-15　西夏文刊本《说一切有部阿毗达磨顺正理论》卷五扉画，元大德十一年（1307），纸本，经折装，每折面高23.8厘米，宽12厘米，中国国家图书馆藏

图 6-16　释迦牟尼坐像比较图（左：普宁藏本《大集譬喻王经》扉画；中：元刊《碛砂藏》扉画之六；右：大德十一年《说一切有部阿毗达磨顺正理论》卷五扉画）

图 6-17　释迦牟尼说法图,《碛砂藏》扉画之一, 元, 纸本,
经折装, 高 24.1 厘米, 宽 44.4 厘米, 中国国家图书馆藏

扉画占四折面，释迦牟尼居中偏右，呈四分之三侧面，结跏趺坐于金刚宝座上，手施说法印，似在说法。两侧围绕着众多弟子、菩萨与诸天，上方两侧云端列小化佛。画幅右下角刊刻"陈升画"，左下角刊有"袁玉刊"字样。

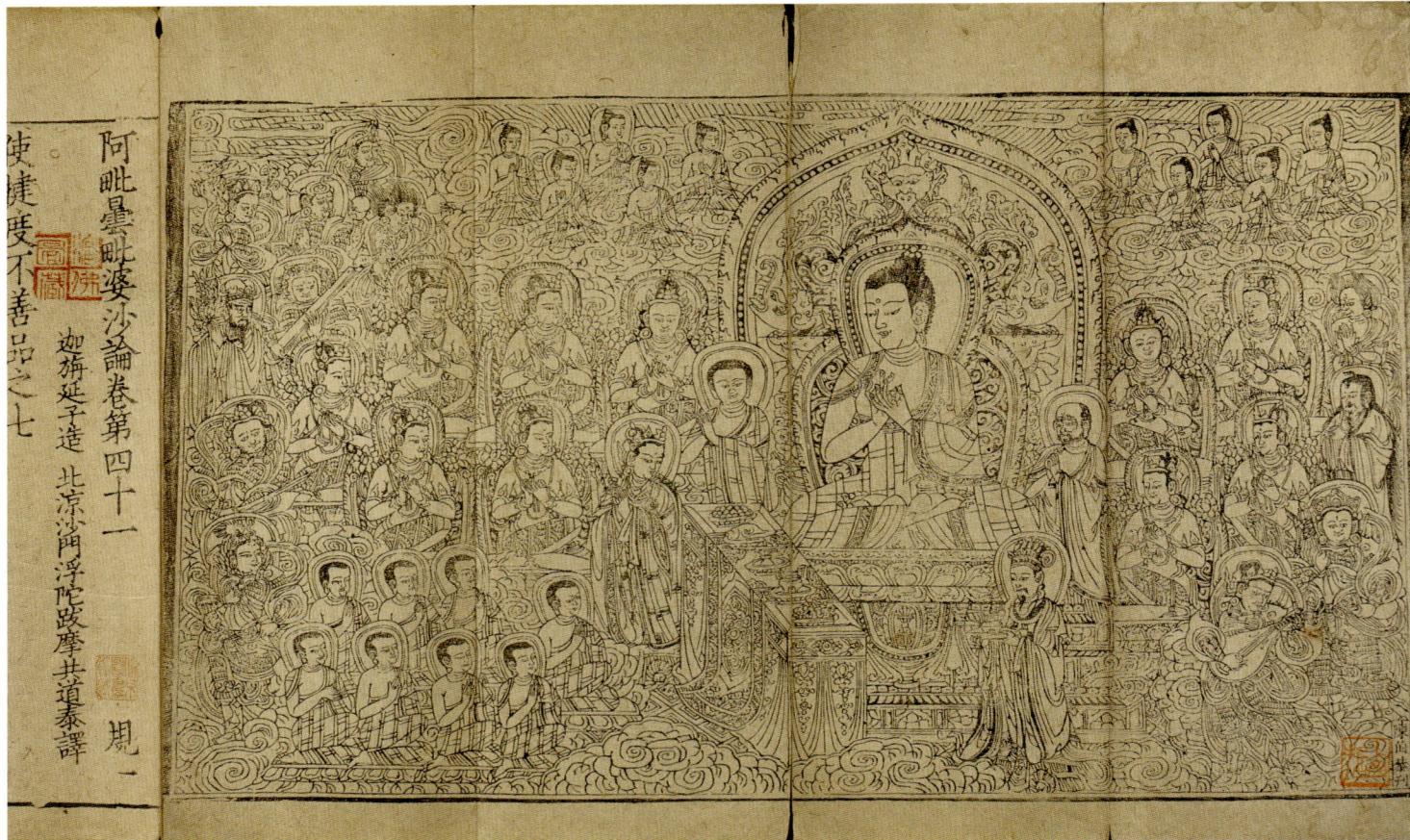

图6-18　释迦牟尼说法图，《碛砂藏》扉画之四，元，纸本，经折装，
高24.1厘米，宽44.4厘米，中国国家图书馆藏

　　这幅扉画的主尊亦呈四分之三侧面，正在说法。两侧刊刻出众多弟子、
菩萨和护法，上方两侧云端列小化佛。佛前有斜向供桌，其上陈列着法螺、
灯、香炉等物，供桌两侧各有一身供养人像，右侧男像戴通天冠、汉装，双
手托盘。画幅右下角刊刻"陈伯恭刊"四字。该扉画另有一版本，图像完全
相同，只是题记内容有别，其右下角刊刻"杨德春"，左下角刻"杭州众安
桥北杨家印行"字样。

图 6-19 释迦牟尼为文殊师利说药师经,《碛砂藏》扉画之八, 元, 纸本, 经折装, 高 24.1 厘米, 宽 44.4 厘米, 中国国家图书馆藏

　　释迦牟尼居中偏右, 呈四分之三侧面, 形象与前两图酷似, 两侧同样围绕着众多弟子、菩萨、诸天和护法。据李之檀分析:"佛左侧有标识三足乌的日光菩萨, 佛右侧有标识玉兔桂树的月光菩萨, 此二尊为东方药师琉璃光佛的左右胁侍, 下方左右有药师佛的十二神将及药师八大菩萨。所以画面表现的应是释迦牟尼佛为文殊菩萨说《药师琉璃光七佛本愿功德经》的场面。"画幅左下角刊刻"陈升画", 右下角刻"陈宁刊"。

图 6-20　释迦牟尼为大白伞盖佛母说法，《碛砂藏》扉画之三，元，纸本，经折装，高 24.1 厘米，宽 44.4 厘米，纽约公共图书馆藏

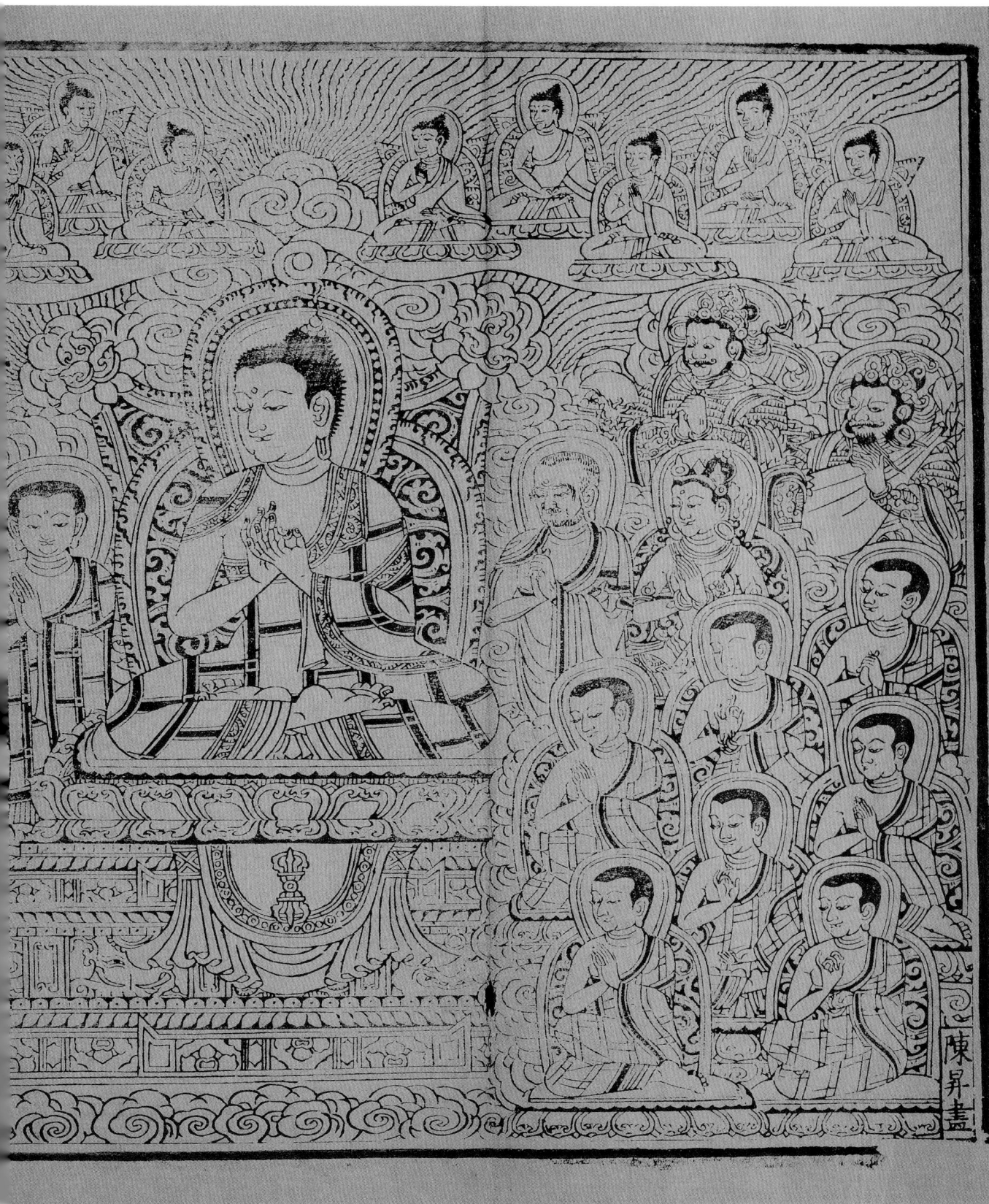

　　扉画中主尊释迦牟尼位于中部偏右，呈四分之三侧面，结跏趺坐，手施说法印，左侧为大白伞盖佛母坐像。释迦上方刊刻出十尊化佛，大白伞盖佛母上方有三尊大白伞盖佛母小像，下方刻出四位护法神像，画面其余部分为弟子、菩萨、诸天和供养人像。扉画右下角有"陈升画"字样。

图 6-21　释迦牟尼为菩萨说法，《碛砂藏》扉画之七，元，纸本，
经折装，高 24.1 厘米，宽 44.4 厘米，中国国家图书馆藏

　　主尊释迦牟尼同样处于中部偏右位置，呈四分之三侧面，其座前供桌上设五供。画面左侧有一尊体量较大的菩萨坐像，双手合十，构成画面的第二中心，其上方刻出一排耸立的峰峦。画面其余空隙刊刻弟子、菩萨、诸天、护法和供养人像，填满整幅扉画。有人称此幅扉画为"释迦牟尼与观世音菩萨"，但判断左边那尊菩萨为观世音，似乎证据不足。

图 6-22　释迦牟尼为八思巴说法，《碛砂藏》扉画之二，元，纸本，经折装，高 24.1 厘米，宽 44.4 厘米，纽约公共图书馆藏

　　释迦牟尼和高僧左右对坐，均以四分之三侧面角度加以表现，施说法印，结跏趺坐，高僧莲座前饰法轮，佛座前饰金刚。画面两侧各有两位胁侍，面向画面中心，其中右侧为阿难、迦叶，左侧则是两位藏族僧人。八思巴，圣者的意思，藏传佛教萨迦派第五代祖师，曾为藏传佛教在内地弘传以及汉藏文化交流做出杰出贡献。

图 6-23 释迦牟尼为萨迦班智达说法，《碛砂藏》扉画之五，元，纸本，经折装，高 24.1 厘米，宽 44.4 厘米，中国国家图书馆藏

　　扉画形式与第二幅扉画"释迦牟尼为八思巴说法"图像结构完全相同，区别在于，画面左侧的两位胁侍不再身着藏族僧服，另左侧高僧头戴一顶班智达帽或萨迦帽，因此被认为是印度班智达，或著名的西藏高僧萨迦班智达（1182—1251）。萨迦班智达，名萨班·贡噶坚赞（庆喜幢），"萨班"是萨迦班智达的简称，庆喜幢为"贡噶坚赞"的汉译，"班智达"是指精通五明的大学者。他是萨迦派第四代祖师，萨迦寺寺主，在西藏历史和藏人心中拥有极高的地位，其著作《萨迦格言》至今仍广为流传。

第三种类型，包括第二幅（图6-22）和第五幅（图6-23）两例，图像也有两个中心，大体呈对称式结构。画面右侧为释迦牟尼，身姿和样式与前两类说法图中的主尊相同；画面左侧为高僧像（第二幅可能为八思巴，第七幅可能为萨迦班智达），体量与佛陀大体相当，背光和宝座样式也基本相同。两像均呈四分之三侧面，面对画面中心，产生一种顾盼之美，推测图像主题为传法。熊文彬认为："在高僧和释迦牟尼佛对视说法图中，将两位人物构置于画幅的中心，并且两位人物均采用四分之三侧面造型，左右安排弟子，似乎旨在突出高僧与释迦牟尼佛之间的宗教传承关系。这种构图与萨迦寺现存八思巴会见忽必烈壁画的构图相同。"[①] 此外第三种类型扉画中"闻法众"的数量显著减少，每幅仅刻出四位弟子，均双手合十，各分前后侍立于两侧。

上述两幅扉画中的两位高僧身份，并没有如榜题等十足证据，是否就是萨迦班智达、八思巴这两代萨迦派祖师，还有进一步讨论的空间，但这种解读倒和元之际的历史背景非常吻合。

1244年，应成吉思汗之孙孛儿只斤·阔端（1206—1251）之邀，萨迦班智达携带两个年幼的侄子随往，其中一人就是八思巴。在历经两年的长途跋涉之后，到达凉州（今甘肃武威），与阔端进行会晤，最终成功达成藏地和平归顺中央王朝的协议。后来萨迦班智达致书，劝说藏人各地首领归附，此即著名的《萨迦班智达致蕃人书》，对全国统一做出了历史性功绩。

八思巴是萨迦班智达的侄子和衣钵继承人，同时他和忽必烈还是师徒关系，曾为忽必烈受戒、灌顶，被忽必烈尊为国师、帝师和"大宝法王"，掌管全国佛教及藏区政教事务，曾创制"八思巴文"，元代流行一时。1258年仲夏，年轻的八思巴奉忽必烈之命，参与了在元上都开平府举办的那场著名的佛道辩论会。在辩论中，八思巴显示出了超人的思辨能力和口才，最终使17位道士折服。道教落败后，一些道观改为佛寺，不少道士还俗，抑或转入佛门。在《碛砂藏》西藏风格扉画中多次刊刻出道士形象（图6-24），他们无一例外地出现在"闻法众"中。元以前，佛教扉画中描绘道士形象的做法极为罕见，作为刊刻于元代的佛藏版画，普宁藏本《大集譬喻王经》扉画，宁夏灵武所出西夏文《悲华经》卷九、《说一切有部阿毗达磨顺正理论》卷五和《经律异相》卷十五扉画，以及《碛砂藏》西藏风格扉画中反复出现道士像，或许可以在上述佛道辩论的历史背景下加以解读。

---

① 谢继胜主编：《藏传佛教艺术发展史》上册，上海书画出版社，2010年，第357页。此段由熊文彬执笔。

图6-24 《碛砂藏》
扉画中的道士形象
（从左向右，分别出
自第一、四、七、
八幅）

根据匠师的题名，可知《碛砂藏》的西藏风格扉画，都是由陈、孙、袁、杨等姓的汉人画师和刻工合作完成的。前面列举的《碛砂藏》藏风版画，绝大多数主尊都以四分之三侧面加以描绘，特别是画面只有一个中心的那三幅扉画（第一幅、第四幅、第八幅），这应该就是"汉化"的结果。因为，尽管《碛砂藏》雕版扉画以西藏风格为主，但毕竟这是一部汉文大藏经，元代补刻扉画时，必须要考虑到汉文的阅读习惯和审美心理，从而进行某种调适。就像第一章中反复强调的那样，古代汉籍遵循从右向左的阅读习惯，故而汉文佛经扉画的主尊往往朝向画面左侧，这样后面经文就仿佛是佛陀亲口宣讲出的一般。同理，《碛砂藏》扉画主尊放弃了正面角度，像是要力图表达，世尊正在向菩萨、天部、高僧，乃至刚刚弃道教入释门的弟子们传法，而扉画后面的文字就是他所宣讲的内容。从这个意义上讲，同普宁藏本《大集譬喻王经》及宁夏灵武所出的西夏文佛籍插图相比，《碛砂藏》扉画在"汉藏合璧"方面体现得愈加突出。

中国
佛教美学
典藏

第七章

经塔考略

引　言　一种特殊的写经形式

以上各章所讨论的佛画，都与佛经文字相分离，图像位于经文或前、或中、或后的位置。此外还有一种特殊的经卷佛画品类——塔形写经，它是图像与经文的交集，既属于写经，也可算作佛画。

在某年台北故宫博物院举办的名为"笔有千秋业"书法展中，有一件引人瞩目的展品，即元人书写的《金刚经塔》轴。这件写经作品形式特殊，把《金刚经》书写成佛塔的形式。该展览对此件作品的介绍如下：

> 绿界格画楼阁八角宝塔七层，以蝇头小楷朱书禅宗重要经典金刚经。塔基绘双层莲瓣纹，每层以一大龛配伍诸小龛形式，彩绘诸佛菩萨、宝塔、罗汉及天王护法，塔身以小楷书写金刚经全文，自第一层中央大龛佛顶伞盖左缘起，先由左至右书写经名《金刚般若波罗蜜经》，再顺着势如盘肠的界格抄经，因此时而或见经文由下转上逆向书写，绕塔一周后仍于原处结束，为书写经文的特殊形式。

此件元代《金刚经塔》轴形制特殊、样式精美，从而成为该展览的招贴用图（图 7-1）。然而对这种"书写经文的特殊形式"的产生，以及其演变和传播过程等问题，至今学界很少讨论。

根据笔者的考察，塔形写经这种形式古称"经塔"，它肇始于唐代，迄今可见最早的作品发现于敦煌藏经洞，其将 260

图 7-1 《金刚经塔》轴，佚名，元（台北故宫博物院"笔有千秋业"书法展招贴）

字的《心经》写成佛塔形状，经毕塔成，文字与图像浑然相合。敦煌藏经洞共发现四件唐代塔形《心经》，可惜均流失海外。此后这种形式历代不绝，入宋以后，相继出现了塔形《金刚经》《阿弥陀经》《药师经》《法华经》《楞严经》等，乃至 60 万字的八十卷《华严经》经塔巨制，此外还发展出刺绣、缂丝工艺的经塔。元、明、清三朝，诸如赵孟頫、文徵明（1470—1559）、康熙帝、乾隆帝等文化或政治精英也参与其中。据清内府档案《秘殿珠林》记载，康熙皇帝一生至少书写过塔形写经 17 轴。以下将对古代塔形写经的产生、发展与传播历史加以介绍。

第一节

敦煌的塔形《心经》

目前可见最早的塔形写经作品，出自敦煌藏经洞。在藏经洞出土佛教经卷中，有一种特殊的品类，是将《般若波罗蜜多心经》书写成佛塔的形式，可称之为塔形《心经》。这既是一种与众不同的写经形式，同时也是一种特殊的图像——由文字组成的佛塔图。

藏经洞所出塔形《心经》共四件，1907、1908 年，斯坦因（Marc Aurel Stein，1862—1943）与伯希和（Paul Pelliot，1878—1945）先后来到莫高窟，各获得其中的两件。这批特殊的敦煌写经卷子，现分藏于伦敦的大英图书馆（The British Library）与巴黎的法国国家图书馆（La Bibliothèque Nationale de France）中，它们分别是：

1. 编号 S.4289 塔形《心经》，[1] 纸本，高 47 厘米，宽 22 厘米，大英图书馆藏（图 7-2）。

2. 编号 S.5410 塔形《心经》，[2] 纸本，尺寸未详，大英图书馆藏。

3. 编号 P.2168 塔形《心经》，[3] 纸本，高 74.9 厘米，宽 29.9—30.1 厘米，法国国家图书馆藏（图 7-3）。

4. 编号 P.2731 塔形《心经》，[4] 纸本，高 99.1 厘米，宽 29.4—30.2 厘米，法国国家图书馆藏（图 7-4）。

---

[1] 黄永武主编：《敦煌宝藏》第 35 册，台北新文丰出版公司，1986 年，第 187 页。
[2] 黄永武主编：《敦煌宝藏》第 42 册，台北新文丰出版公司，1986 年，第 410 页。
[3] 上海古籍出版社、法国国家图书馆编：《法国国家图书馆藏敦煌西域文献》第 7 册，上海古籍出版社，1998 年，彩图七、第 339 页。
[4] 上海古籍出版社、法国国家图书馆编：《法国国家图书馆藏敦煌西域文献》第 18 册，上海古籍出版社，2001 年，第 7 页。

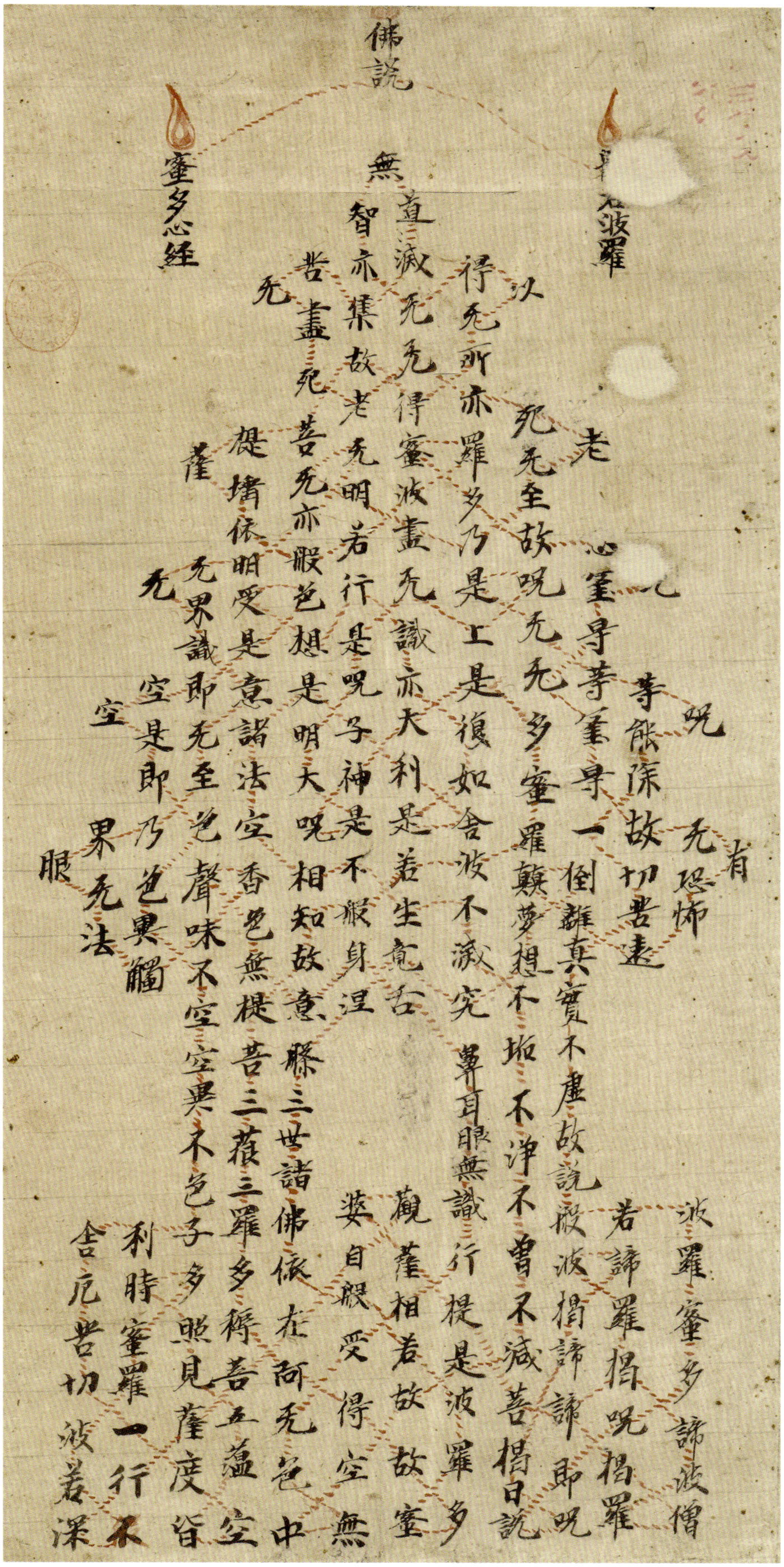

图 7-2　塔形《心经》（编号 S.4289），晚唐，纸本，高 47 厘米，宽 22 厘米，敦煌藏经洞出土，大英图书馆藏

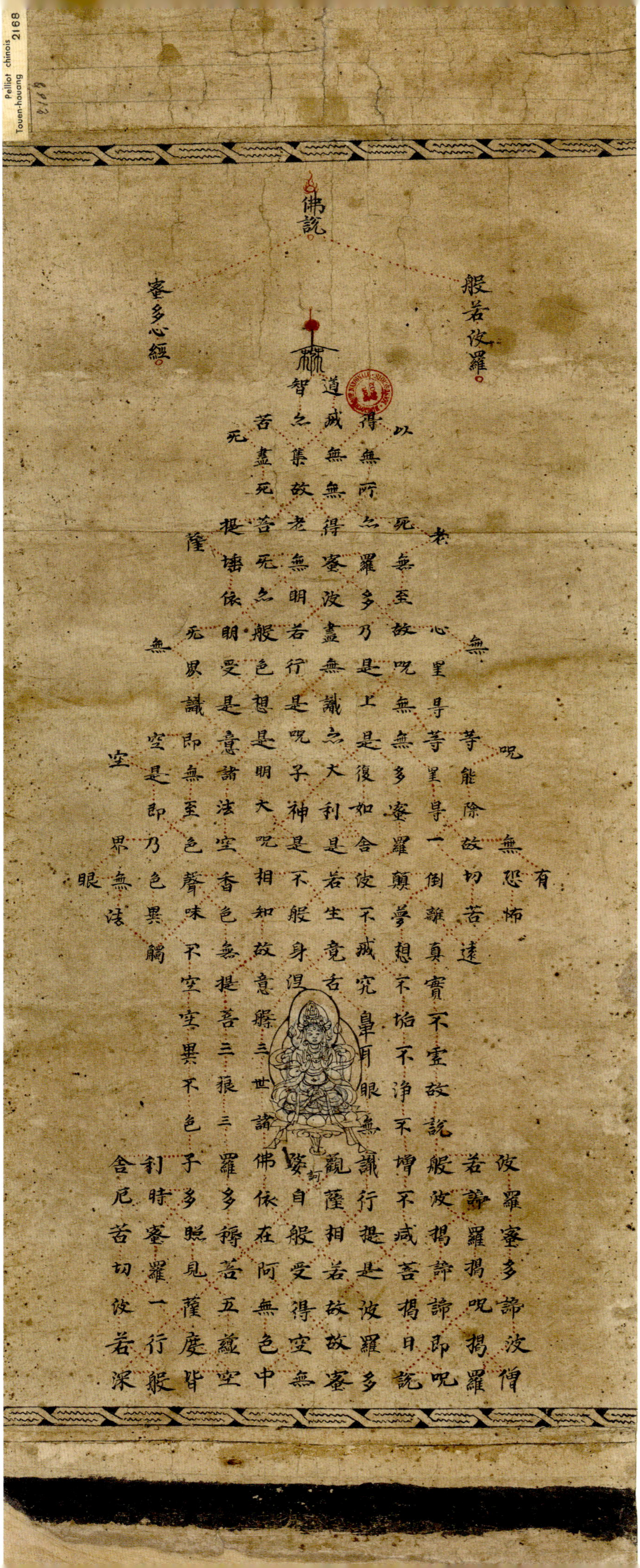

佛說

般若波羅

蜜多心經

图7-3 塔形《心经》(编号
P.2168),晚唐,纸本,高74.9
厘米,宽29.9—30.1厘米,敦
煌藏经洞出土,法国国家图
书馆藏

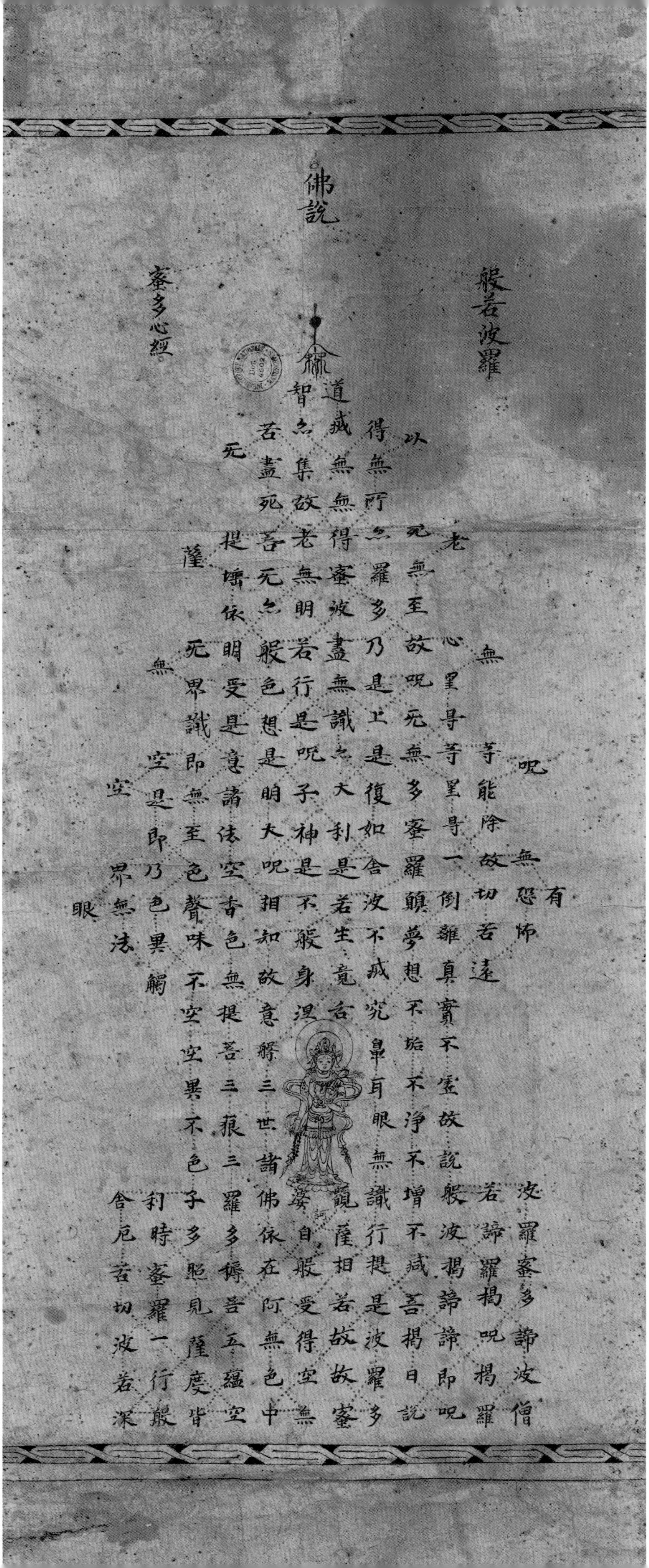

佛說

般若波羅蜜多心經

図7-4 塔形《心经》（编号 P.2731），晚唐，纸本，高99.1 厘米，宽29.4—30.2厘米，敦煌藏经洞出土，法国国家图书馆藏

　　据说伯希和拣选敦煌文书时，订立过几个标准，其中对于佛教经卷，要选择那些带有写经题记的、估计未入佛藏的，或者非汉文的经卷。[①]而上述几件塔形《心经》均没有发愿文等题记信息，并且显然也不符合伯希和所定的另外两个标准，但他仍将所见到的两件塔形《心经》尽收囊中，想来是被它的特殊形式所吸引。

　　这四件塔形《心经》形式大致相同，自上而下分顶部宝盖、塔身和塔基三部分。顶部的宝盖部分由经题构成，与塔身拉开一定距离。顶端中间为"佛说"二字，右侧写"般若波罗"，左侧写"蜜多心经"，均自上而下书写，三部分文字间以朱红色虚线相连。这些作品所书写的《心经》为玄奘（约600—664）译本（649），经题为"般若波罗蜜多心经"，并无"佛说"二字。现存的另外5个唐译本，以及已佚的鸠摩罗什译本，经题亦无"佛说"[②]。只有北宋施护（？—1017）重译时，才在经题中增加了这两个字，名《佛说圣佛母般若波罗蜜多心经》。因此，塔形《心经》经题"佛说"二字为衍文无疑。实则，《心经》并非佛（释迦）亲口宣说，而是观自在菩萨"蒙佛听许"所说，多个具有"序分"的《心经》汉译本及藏译本都可证明此点。衍文"佛说"二字处于佛塔最顶端，在视觉上起到了统领整部经文的作用。有人认为，顶部经题所模拟的是塔顶，但是它宽于临近的两层塔檐，而且与塔身明显相分离，因此笔者认为它更像宝盖。宝盖为"庄严具"的一种，绘制在画面顶部，强调供养者对塔形《心经》的供养行为，就像《法华经·方便品》所说："若人于塔庙，宝像及画像，以华香幡盖，敬心而供养。"[③]

　　玄奘译本《心经》共260字，这些文字构成了塔身和塔基。底部7行经文，每行12字，形成了高大的矩形塔基。塔身五层，底层较高，由5行文字构成，下面4行左右各3字，中空无字，代表塔门。首层塔檐最高大，共4行文字。二至五层塔檐均由2行文字构成，而塔身则仅有1行。因此，整座塔更像是密檐式佛塔。此外塔檐和塔身宽度逐层变窄，从而形成了塔体的收分。比如二层塔身共由10个字构成，以上各层逐层减少2个字，最终到五层减至仅4字。塔顶上有"智""道"及"无"3字，形式犹若塔刹。这四件塔形《心经》的塔身（含塔刹）各由175字构成。

① 荣新江：《敦煌学十八讲》，北京大学出版社，2001年，第72页。
② 鸠摩罗什译本名《摩诃般若波罗蜜神咒》，又名《摩诃般若波罗蜜大明咒经》。玄奘译本以外的几个唐译本分别是：法月译《普遍智藏般若波罗蜜多心经》，般若、利言等译《般若波罗蜜多心经》，智慧轮译《般若波罗蜜多心经》，法成译《般若波罗蜜多心经》以及敦煌发现唐译本（译者失载）《唐梵翻对字音般若波罗蜜多心经》，以上译本均收入《大正藏》第8卷。
③ 《大正藏》第9卷，第9页上。

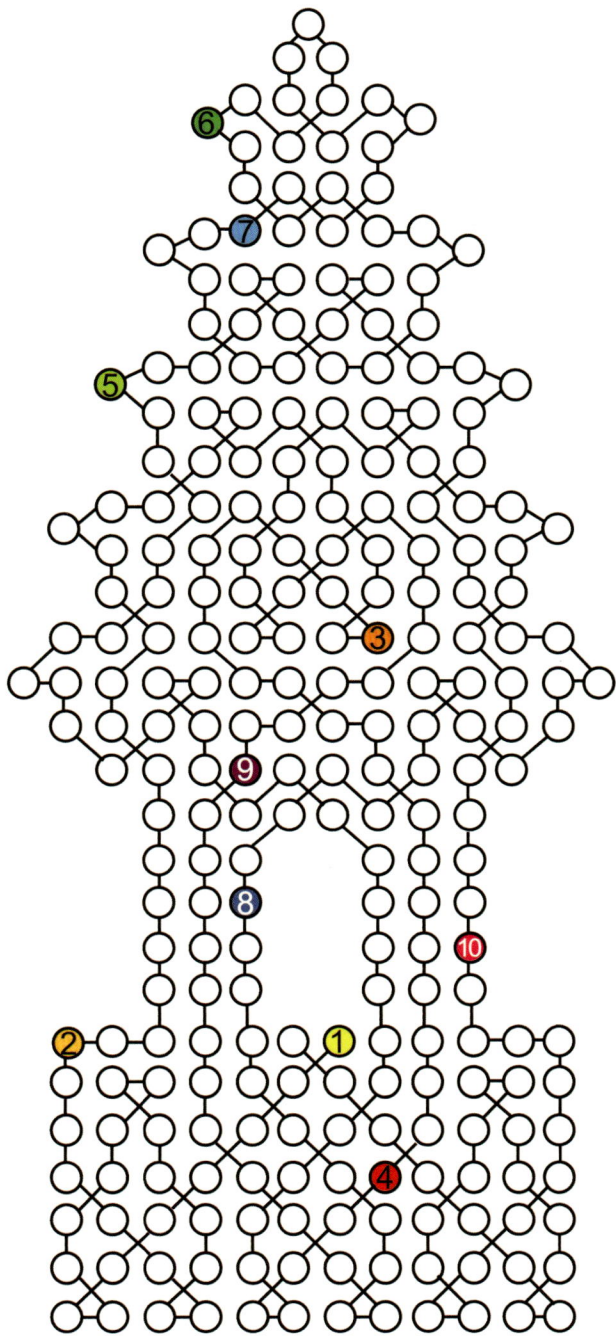

图 7-5　塔形《心经》示意图（数字为经文句序编号）

塔形《心经》的一大特征是文字走向纵横交错，变化颇多，因而有论者将其称为"宝塔形回文佛说般若波罗蜜多心经"[①]。经文首字"观"为塔基最上行右起第 6 字，然后向左下方依次写出"自在菩萨行深"，每字之间用朱笔点出虚线，这时已写到塔基左下角，尔后右转写出"般"字，再折向左上方写"若"字，继而垂直向上写出"波"字，再折向右上方写"罗"字，复转向上方写"蜜"字，再折向右上方写"多"字，最后左转写出"时"字。首句的 14 个字，共转变了 7 次方向（图 7-5）。仔细分析其文字走向，将此件写经描述为"回文"，甚为不妥。因为其文字的走向，大多是直向（水平或垂直两个方向）与四种角度的斜向之间进行转换，绝少水平向直接转换为垂直向，或是相反，文字走向并不像"回"字的形态。

转向如此频繁，然而整部塔形《心经》自始至终字字相连，没有出现一处中断，可见其构思之精审。经文从塔门下方开始，大致沿顺时针方向前行，从塔基左下方开始，然后从塔门左侧向上写到塔身上半部，再逐步向下，从塔门右侧位置回归塔基部位，继而再向上而行，如此经过三次，从塔基到塔身及塔刹部位，上下交替反复，最终经文填满整座佛塔，仍结束到塔门下方的位置（英藏品省去了"诃"字），即实现了首、尾相连，令人不得不称叹其巧妙匠心。

① 上海古籍出版社、法国国家图书馆编：《法国国家图书馆藏敦煌西域文献》第 7 册，上海古籍出版社，1998 年，彩图 7，第 339 页。

更有甚者，经文中的 260 个字，除去两个字外，其余 258 字都呈左右对称形式，如果把这些文字按照其出现顺序标出相应的数字，任何两个处在左右对称位置的字号相加，总和均为 260。不在此例的是第 130 个字——位于塔刹的"无"字，以及最后第 260 个字"诃"。这两个字的处理方式，英法藏品间有所差异，后文再述。此外塔形《心经》中所有相连的文字间，都用朱红色虚线加以连接，使观者诵读起来顺畅无碍。补充说一句，S.4289 塔形《心经》背后留有未完成的少量字迹（图 7-6），虽不完整，但可以帮助我们了解塔形《心经》是如何被书写出来的。据此推知写经者很可能另有一份样稿，他模仿样稿按照自上而下、分列沿垂直的方向抄写，而不是像经文阅读顺序那样需要频繁转向。

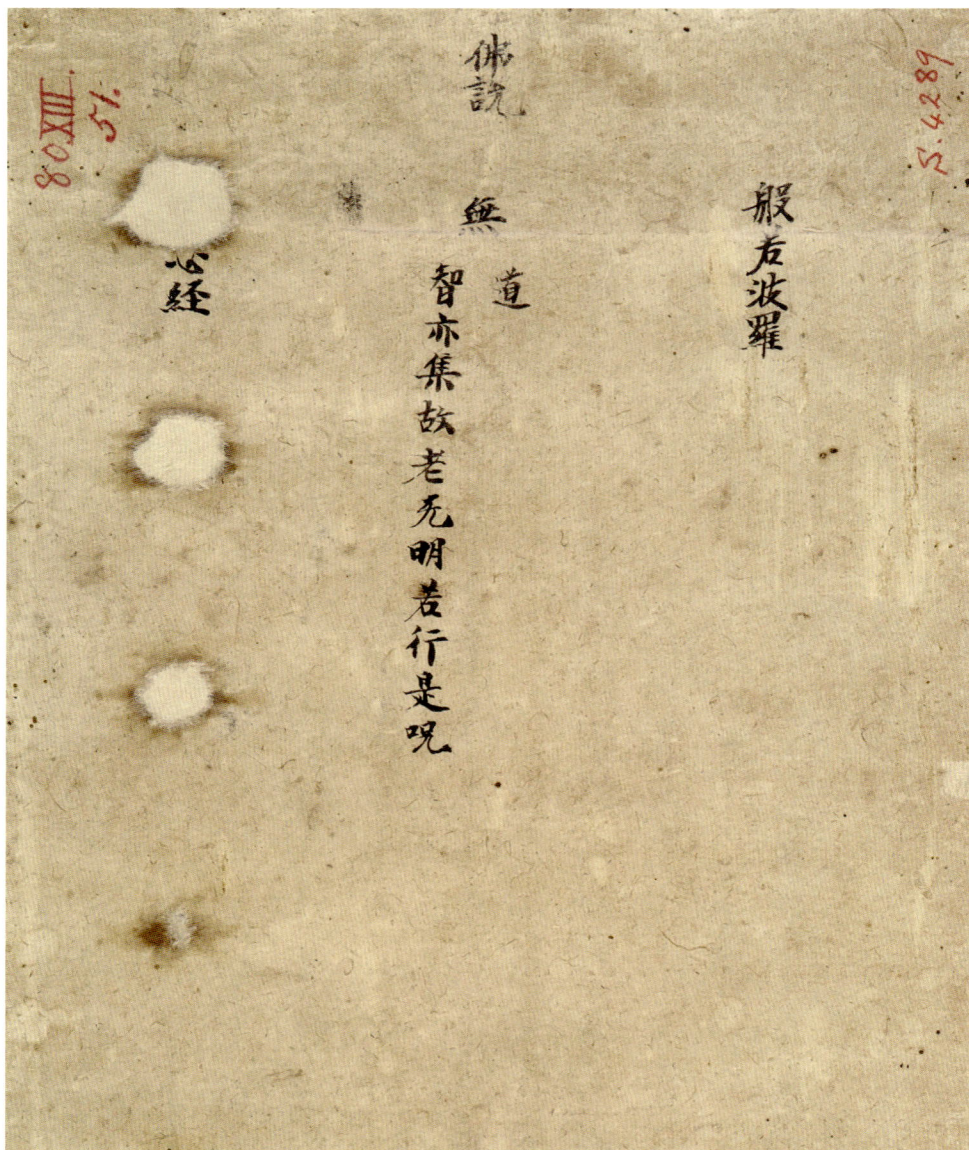

图 7-6　塔形《心经》
（编号 S.4289）背面

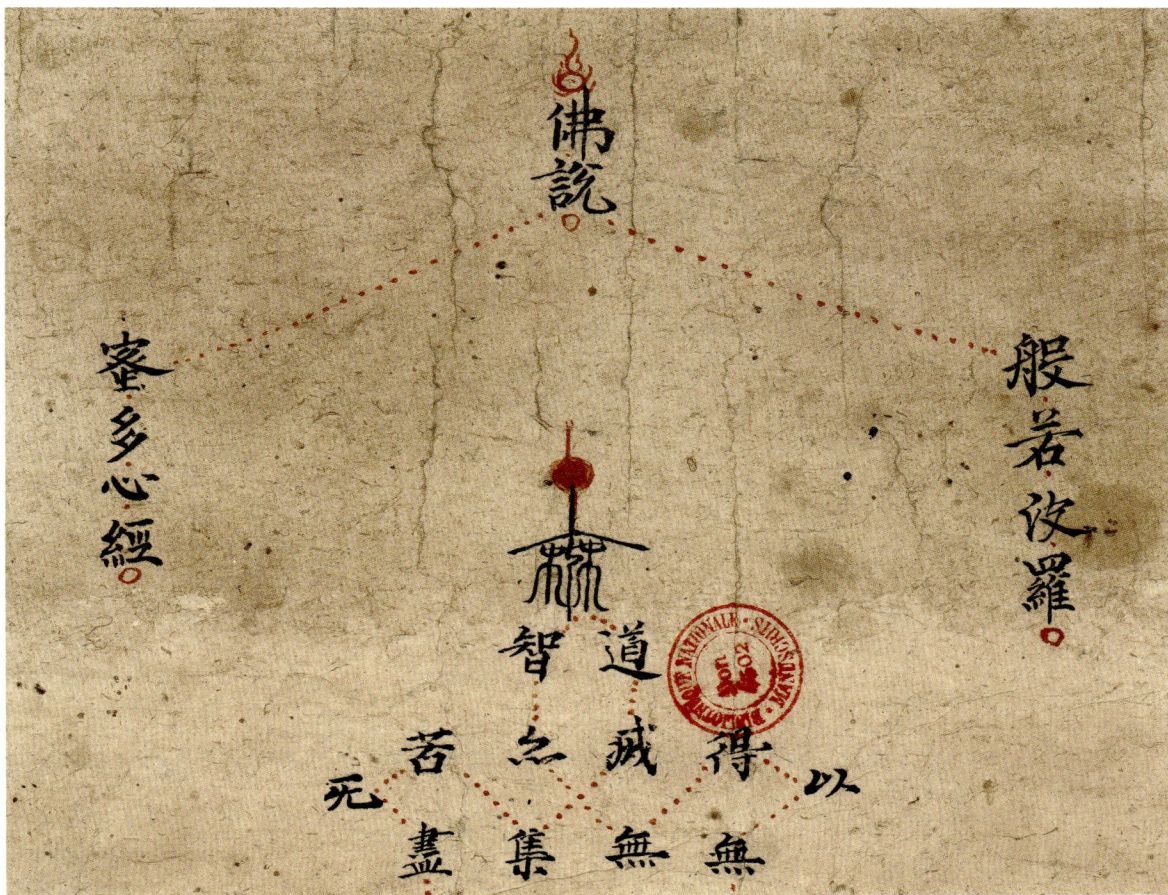

图 7-7　塔形《心经》（编号 P.2168）顶部

　　以上所述为敦煌四件塔形《心经》的形式共性，倘进一步考察，则可发现它们之间也存在着细微差异。可将这四件作品分为两组，大英图书馆藏品（S.4289、S.5410）和法国国家图书馆藏品（P.2168、P.2731）各为一组，两组作品间存在四个显著区别。

　　首先，法藏品完整抄录了玄奘本《心经》的 260 个字，而英藏品有 259 字，缺少经文结末尾"菩提萨婆诃"的"诃"字。前文已述，其塔身（含塔刹）部分由 175 字构成，塔基共有 7 行经文，每行 12 字，可写 84 字，经文最末一字没有位置可写。在法藏品中，写经者在塔基最上行中间"观"和"婆"两字下方写出一较小的"诃"字，保证了经文的完整性。

　　其次，两件法藏塔形《心经》塔刹顶部处理得非常别致（图 7-7），最顶端的"无"字取篆书写法，以模拟塔刹。在篆书中，"无"字左右对称，写经者格外拉长了顶上的横划，并使之向两侧斜向下垂，此外字上方还用朱红色绘出摩尼宝珠，形式更加肖似，虽是文字，更像图像。对比英藏品的塔刹部分，则无此特殊处理，"无"字仍以楷体书写。

复次，法藏品中的文字，较英国藏品有更多变化。两件法藏《心经》第三层塔檐左端"无无明"，以及第四层塔檐下行"亦无无明尽"两句中，都出现两个连续的"无"字，书写者特意运用两种不同写法，先正（"無"）后俗（"无"），以避免雷同，这一处理手法也是英藏品所不具备的。

最后，英藏的两件塔形《心经》塔门中空，而两件法藏品的塔门中则各绘出一身白描形式的观世音菩萨（观自在菩萨）像。P.2168绘观音坐像（图7-8），菩萨头部略向左倾，天冠中有坐佛，双手对称置于胸前，结跏趺坐于莲台上，后有头光及身光。P.2731则绘观音立像（图7-9），菩萨天冠中有化佛，背后有头光，左手置于胸前，持杨柳枝，右手下垂，跣足立于莲座上。比照莫高窟壁画以及藏经洞出土绢画，法藏塔形《心经》中的观音像，与敦煌晚唐壁画或绢画中的菩萨形象非常接近。

如上几点，法国国家图书馆的两件藏品经文完整、塔刹处理巧妙、文字避免雷同且图文相辅，较之大英图书馆的两件藏品更臻成熟。

此外通过上述比较研究，还可得出三个结论。

第一，关于写手。结合书法风格综合判断，法藏P.2168和P.2731两件写本应是同一位写经生所作，而英藏的S.4289与S.5410写本也可能同出一人。

第二，作品时代。根据经卷中的两尊菩萨像造型以及书法风格，推测法藏的两件塔形《心经》时代为晚唐。

第三，定名问题。此前学者对这几件特殊的作品缺乏统一定名，至少出现过"佛说般若波罗蜜多心经（书成佛塔形）""宝塔形回文佛说般若波罗蜜多心经"和"佛说般若波罗蜜多心经塔形抄本"三种称谓，均复杂且不准确。比如衍文"佛说"二字是否应该出现？再如"宝塔形回文"的表述很不恰当，因为藏经洞所出的这4件作品，经文并非如"回"字那样以水平或垂直走向为主，而是以斜向转折为主，只有到宋代之后，塔形写经才流行水平向与垂直向间相互转向（后详）。鉴于上述问题，本文不取此前的定名，而将这4件作品称为"塔形《心经》"。

図7-8（上）：
實不空故說般波揭
不垢不净不增不減
究鼻耳眼無識行提
涅 諸佛依 在
意 三世 般
觀 菩薩相
提菩三痕三羅多縛
空空異不色子多照
觀自在 菩薩 訶 婆

図7-9（下）：
實不空故說般波揭
不垢不净不增不減
究鼻耳眼無識行提
涅 諸佛依 在
意 三世 般
觀自 菩薩相
提菩三痕三羅多縛
空空異不色子多照
訶 婆

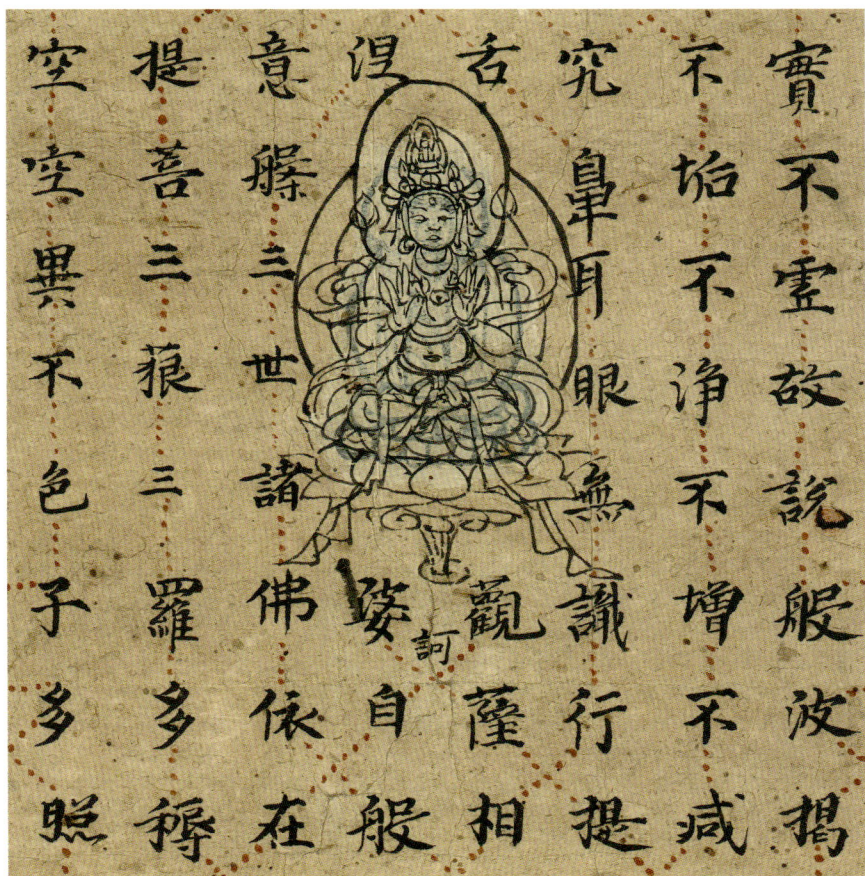

上：图7-8 塔形《心经》
（编号 P.2168）观音坐像

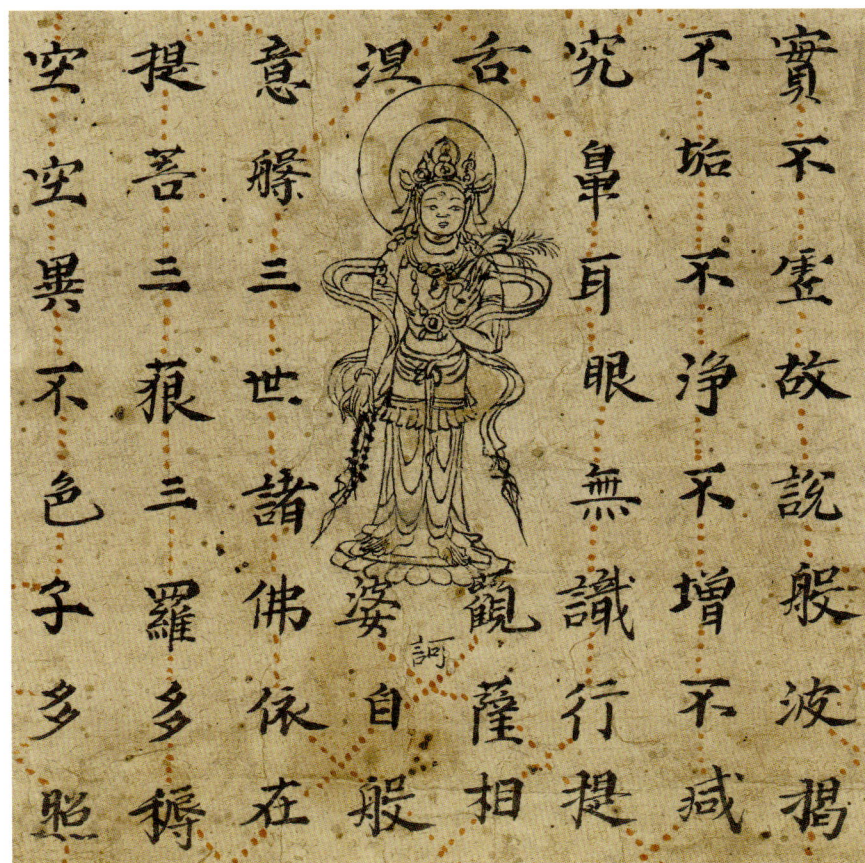

下：图7-9 塔形《心经》
（编号 P.2731）观音立像

第二节

宋以降塔形写经的发展

迄今为止，笔者还未见过对塔形写经进行的全面搜集、整理或专题研究，已公布的塔形写经作品又非常有限。搜检塔形写经的文献记录（表 7-1），最早记述塔形写经的文献是编纂于北宋末年的《宣和书谱》，而史料最丰富、翔实的是清内府收藏历代佛道书画的著录书《秘殿珠林》。《秘殿珠林》共 24 卷，由张照（1691—1745）、梁诗正（1697—1763）、励宗万（1705—1759）等人于乾隆八年（1743）十二月奉敕编纂，乾隆九年（1744）五月成书，收入《四库全书》子部艺术类"书画之属"。① 《秘殿珠林》是古代首部专门著录宗教题材书画的藏录，所著录作品分为上等、次等两类，对上等之作，均详细记录题材、形制、尺寸、款识和钤印等信息，具有很高的史料价值。本节尝试把历代文献著录与现存作品结合起来进行考察，以期略窥塔形写经的发展梗概。

---

① 关于《秘殿珠林》的版本，参阅谢巍：《中国画学著作考录》，上海书画出版社，1998 年，第 515、516 页；刘迪：《〈秘殿珠林石渠宝笈〉初续三编之编纂及版本情况考述》，《古籍整理研究学刊》，2009 年第 4 期，第 94—100 页。

表7-1　文献所见宋元明清塔形写经简表

朝代	书者	写经种类	作品描述	文献出处
宋	释法晖	《法华经》《楞严经》《维摩经》《圆觉经》《金刚经》《普贤行法经》《大悲经》《佛顶尊胜经》《延寿经》《仁王护国经》	作正书如半芝麻粒，写佛书十部……自塔顶起以至趺座，层级鳞鳞，不差毫末。更为出香器置其中间，而经字仅足。	首见于《宣和书谱》卷六；《书史会要》《清河书画舫》《佩文斋书画谱》《式古堂书画汇考》转载
	释惟祚	《法华经》	青绢本，蝇头小楷书。左方下款云"云间钓滩法忍比邱（丘）惟祚敬书"。	张照等《秘殿珠林》卷七
元	赵孟頫	《金刚经》	磁青笺本，泥金楷书。款识云"皇庆二年五月望日弟子赵孟頫熏沐谨书"。款前书明本题句一，亦孟頫笔。	同上
	管道升	《金刚经》	墨笺本，泥金蝇头小楷书。塔座下款识云"大德二年春管道升敬写"。	同上
明	顾仲鲤	《金刚经》	磁青笺本，泥金小楷书。左下方款识云"辛巳松陵尊儒弟子顾仲鲤设念创奇愿宝千秋"。笺高四尺二分，光一尺二寸二分。	同上
	李贞	《法华经》	素笺本，蝇头小楷书。左角下款识云"大明万历四十五年孟冬吉旦佛弟子新安李贞薰沐拜书"。	同上
	董其昌	《金刚经》（笔者案：疑伪）	素笺本，小楷书。款识云"崇祯癸未岁二月下浣前一日华亭董其昌焚香敬书"。（案：该作品有两处疑点：其一，目录谓"金刚经塔一轴"，正文谓"金刚经一轴"，是否为塔形写经，存疑；其二，"崇祯癸未岁"，董氏已辞世七年，作品或题款至少有一伪。）	同上
	李国宁	《阿弥陀经》	墨笺本，泥金小楷书。左角下款云"右《佛说阿弥陀经》宝塔于丙辰夏初吉薰沐拜书佛弟子李国宁"。	同上
	佚名	《法华经》	墨笺本，泥金小楷书	同上
	佚名	《金刚经》	磁青笺本，泥金小楷书。暗排"圣寿无疆"四字。	同上
	佚名	《金刚经》	磁青笺本，泥金小楷书	同上

朝代	书者	写经种类	作品描述	文献出处
明	佚名	《金刚经》	其塔一面，上下七层，经文总计五千六百字。……门内经文起结，偶然对并，天造地设。……起亦可讽，结亦可持，所谓首尾相应、本末贯通者矣。	钱希言《狯园》卷六
	佚名	《法华经》	金字法华塔七轴，每轴青绢金书，其塔一面，上下凡十三层。……而中间塔门，却以金绘释迦文佛一躯。	同上
	十三岁童子	《法华经》	以半幅高丽茧纸画作七级浮图，一级一卷。纸长四尺许，广可尺半，而经文六万余言尽在焉。……字如麻大，细密分明。	同上
清	康熙帝	《心经》塔14轴、《药师经》塔2轴、《金刚经》塔1轴	对材质、书写时间、尺寸等有详细记录（详后）	张照等《秘殿珠林》卷一
	乾隆帝	《心经》塔1轴、《金刚经》塔2轴	同上	同上

北宋末年，释法晖进献给宋徽宗（1082—1135）十部"细书经塔"一事尤为重要，《宣和书谱》卷六：

> 释法晖，政和二年（1112）天宁节以细书经塔来上，效封人祝万岁寿。作正书如半芝麻粒，写佛书十部，曰《妙法莲华经》，曰《楞严经》，曰《维摩经》，曰《圆觉经》，曰《金刚经》，曰《普贤行法经》，曰《大悲经》，曰《佛顶尊胜经》，曰《延寿经》，曰《仁王护国经》。自塔顶起以至趺座，层级鳞鳞，不差毫末。更为出香器置其中间，而经字仅足。开卷翚飞，照映眼睫，恍然如郁罗萧台，突兀碧落，孕育气象，亦奇观也。说者谓作此字时取窈密室，正当下笔处容光一点，明而不曜，故至细可书，复有了然眸子，方办兹事。然其字累数百万，不容脱落而始终如一，亦诚其心则有是耶？今御府所藏正书一：细书经塔。①

---

① 王伯敏等编：《书学集成：汉—宋》，河北美术出版社，2002 年，第 528 页。

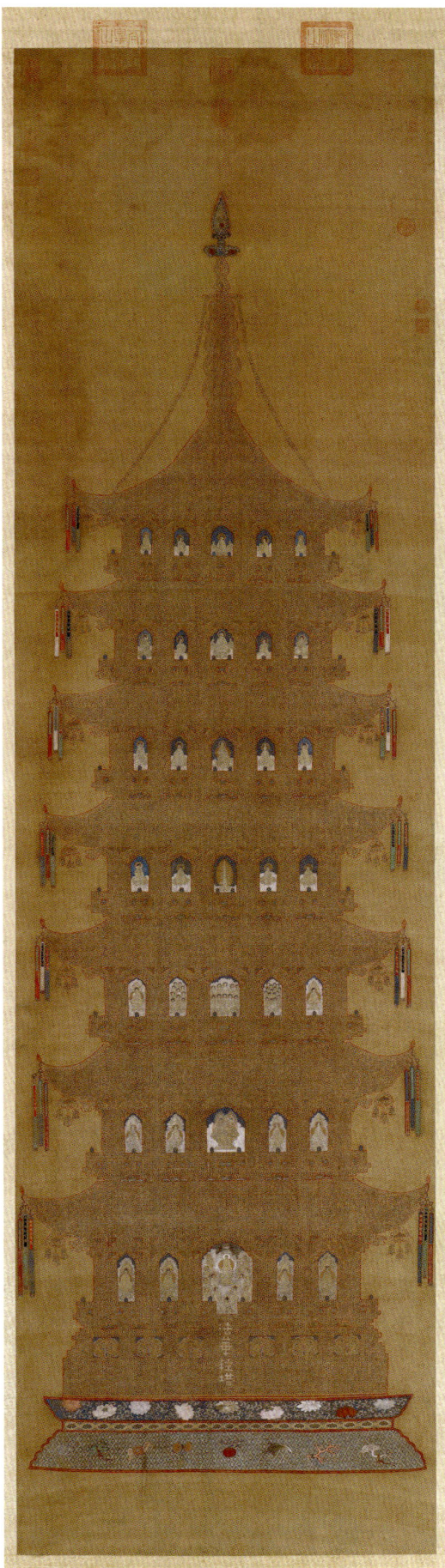

图 7-10 《法华经塔》轴，佚名，元，绢本设色，高 225 厘米，宽 63 厘米，台北故宫博物院藏

根据《宣和书谱》《秘殿珠林》等文献，笔者以为，宋代之后的塔形写经有四个问题值得注意。

首先，古人对塔形写经的称谓及分类。

《宣和书谱》对塔形写经的定名是"经塔"。明清也用同样的称谓，如明人李国宁在款题中云"佛说阿弥陀经宝塔"，清《秘殿珠林》则称"某经塔"，如"元赵孟頫书金刚经塔一轴"。

《秘殿珠林》的著录顺序是先书法后绘画，然后先佛后道，最后再依次按册、卷、轴顺序著录，塔形写经被归于书法中的"释氏经轴"一类。此外法晖进献经塔一事著录于《宣和书谱》，而非《宣和画谱》，说明宋人对其分类归属也秉承了同样的看法。

其次，写成塔形的佛经种类增多、部头明显增大。

唐代的塔形《心经》仅 260 字。而北宋法晖所书者，最长的是《楞严经》，共 10 卷；其次是《法华经》，7 卷；往下依次是《大悲经》5 卷、《维摩经》3 卷、《仁王护国经》(《仁王护国般若波罗蜜经》) 2 卷；短的如《圆觉经》《金刚经》《普贤行法经》(《观普贤菩萨行法经》)、《佛顶尊胜经》(《佛顶尊胜陀罗尼经》)，也有一卷。

宋、元、明三朝，再没有出现过塔形《心经》，至少没有材料公布，而较常见的是《金刚经》《阿弥陀经》《药师经》《法华经》《楞严经》这些篇幅偏长的法本，甚至 80 卷的《华严经》也被书写成塔的形式。其中，5000 余字的《金刚经》和 6 万余字的《法华经》最流行。台北故宫博物院公布过四件《法华经》塔轴，其中 1 件元代作品、3 件明代作品。元代的《法华经》塔轴（图 7-10）宽 63 厘米，高 225 厘米。[①] 塔基下层绘"杂八宝"，底层栏界围成"法华经塔"四字，塔高七层，每层开五龛，内饰佛像

---

① 葛婉章：《妙法莲华经图录》，台北故宫博物院，1995 年，第 102 页。

图 7-11 《法华经塔》轴局部，佚名，元

图 7-12 《法华经塔》轴，佚名，明，纸本设色，高 214.3 厘米、宽 69.8 厘米，台北故宫博物院藏

（图 7-11），与各品经文内容相对应。塔体其余部分书写经文，檐角垂幡，书写诸佛名号。

其三，塔形写经的形式嬗变。

随着经文字数的显著增加，塔形写经的形式也必然有所变化。形式上的演变主要体现在两方面。首先是随着经塔的体量增大，经文的字体随之变小，如"作正书如半芝麻粒"（《宣和书谱》卷六）或"字如麻大"（钱希言《狯园》卷六"写塔童子"条），出现"蝇头小楷书"（《秘殿珠林》卷七）等。其次是不再流行如敦煌塔形《心经》那样文字沿斜向书写并频繁转向的经文写法，目前已公布图像的宋以后塔形写经，无论文字走向如何变化丰富，几乎都是按水平、垂直的方向书写的。

台北故宫博物院收藏一件明代塔形《法华经》轴，高 214.3 厘米，宽 69.8 厘米。《法华经》6 万余字转化为一座楼阁式塔（图 7-12），八角七层，塔身高大庄严，塔檐高挑。每层当心绘大龛，两侧各有两小龛，龛中彩绘佛、菩萨等。底层中央龛绘释迦说法图；第二层绘两座佛像，内各有一佛，当为释迦和多宝；第四层当心龛内绘一楼阁式塔，形成"塔中塔"。《法华经》以小楷书写，始自底层中龛佛顶部右侧，经文周旋全塔，最终结束于底层中龛经首之左，[①] 经毕塔成，浑然相合。这种沿水平、垂直方向书写的方式，是宋以后塔形写经与敦煌塔形《心经》的一大区别所在，只有在塔刹（图 7-13）、各层檐下的风铃，以及少量建筑装饰部件（图 7-14）等处，才随形就势地按照物象形态排布文字，以求象形。

---

① 葛婉章：《妙法莲华经图录》，台北故宫博物院，1995 年，第 102 页。

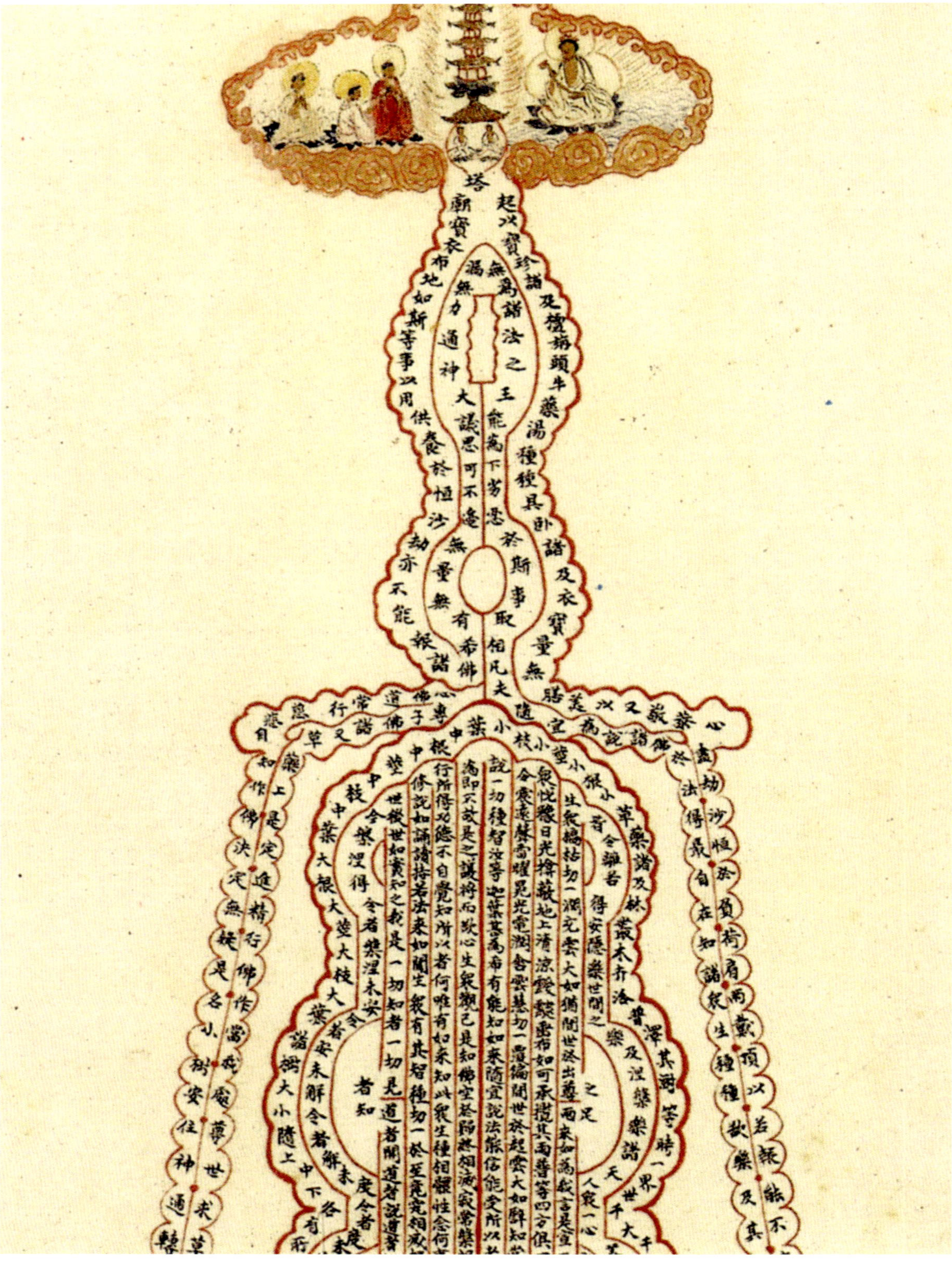

图 7-13 《法华经塔》轴"塔刹"部分，佚名，明

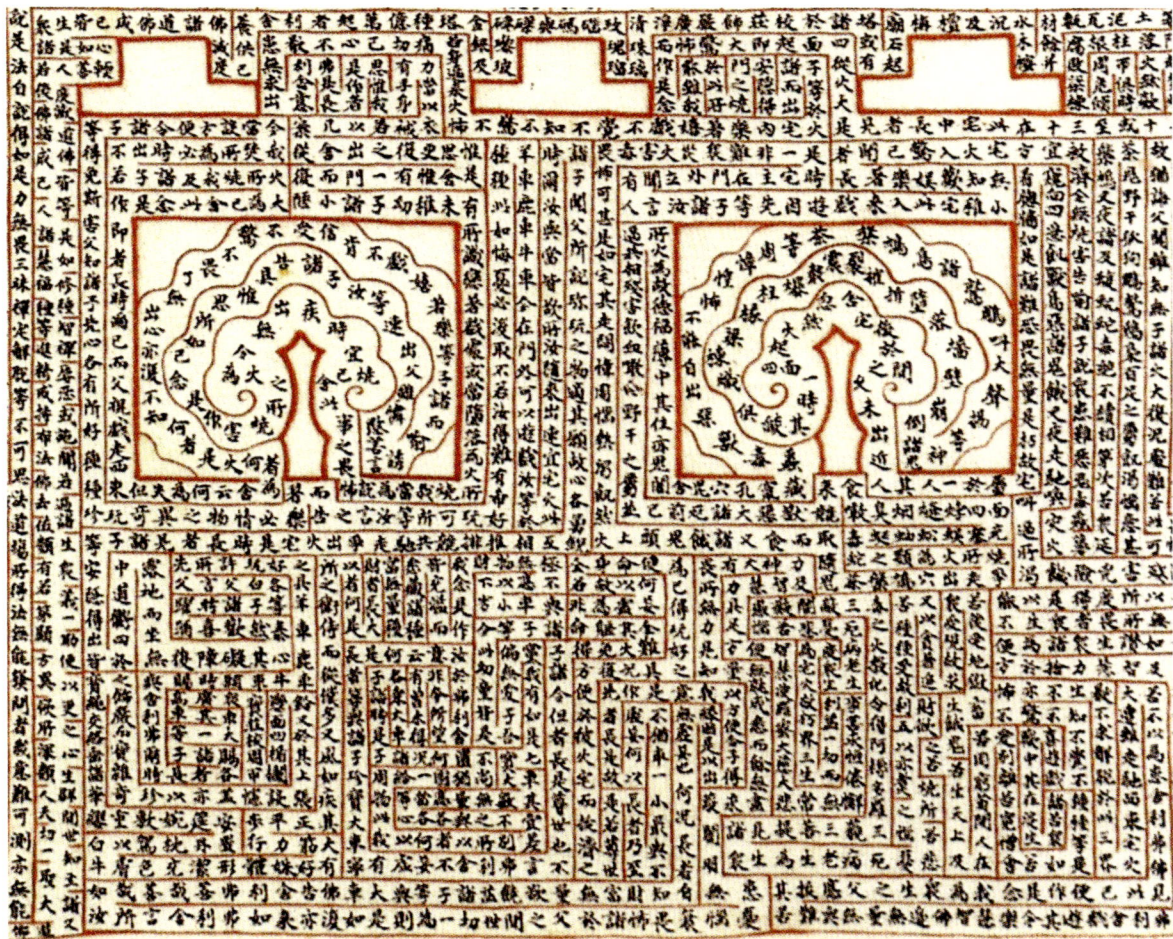

图7-14　《法华经塔》轴局部，佚名，明

　　唯一的例外，是台北故宫博物院藏明人所书的一件《法华经》塔轴。绢本，高160厘米，宽55.5厘米[1]，为清宫旧藏，钤有乾隆帝、嘉庆帝和宣统帝的玺印。这件《法华经》塔轴形式特殊，打破了宋以后流行的以"回"字形为主的经塔书写方式，而是更接近于绘画，以小楷文字组成各种象形的线条，从而构成塔图（图7-15）。此外本幅作品中的佛、菩萨像，也明显较同题材作品多，比如塔首层两侧云端上有乘狮、象的文殊、普贤菩萨像，是所有塔形《法华经》中仅见的一例。

　　最令人叹为观止的塔形写经，当属五台山碧山寺旧藏《华严经》塔，现藏显通寺佛国珍藏楼。该经塔宽约2米，高约6米，书写在绫上，佛塔八角七层，每层各开三龛，内饰佛像，塔身书80卷《华严经》，共600 043字，字如蝇头，末署康熙庚午年（1690）"虞山弟子许德心、成和氏敬书，程峨眉山氏绘像"[2]。总之与敦煌塔形《心经》相比，晚出的《金刚经》《法华经》《华严经》等塔轴显然更为繁复庄严，佛塔的写实程度也更高。

① 葛婉章：《妙法莲华经图录》，台北故宫博物院，1995年，第102页。
② 崔正森主编：《五台山一百零八寺》，山西科学技术出版社，2004年，第16、53页。

图 7-15 《法华经塔》轴局部，佚名，明，绢本，台北故宫博物院藏

　　如果结合实物考察，后期的塔形写经还有制作工艺上的变化，除书写出来的经塔外，还出现了石刻或以刺绣、缂丝工艺制作出来的经塔（图 7-16），[①] 在一定程度上体现出该形式的传播与接受度。

　　最后一点是写经者的身份转变。推测敦煌塔形《心经》出自职业的"经生"之手，而宋代之后，僧侣（如释法晖、惟祚）、文人书画家（如赵孟頫、管道升、文徵明、董其昌），[②] 甚至皇帝，都参与到了书写经塔的行列之中。

---

① 　单国强主编：《故宫博物院藏文物珍品大系·织绣书画》，上海科学技术出版社，2005 年，第 23 页。
② 　台北故宫博物院收藏一件文徵明书写的塔形《法华经》。

图 7-16 《金刚经塔》，顾绣，清乾隆年间，高 213 厘米，宽 69 厘米，故宫博物院藏

第三节 钟爱塔形《心经》的康熙帝

在《秘殿珠林》卷一中，著录了清内府所藏顺治帝、康熙帝、雍正帝和乾隆帝这四位清帝的"宸翰目录"，其中康熙帝（1654—1722）书写的塔形写经共 17 件（表 7-2），乾隆帝 3 件，可知康熙帝对这种特殊的写经样式，可谓情有独钟。

根据《秘殿珠林》的著录进行统计，康熙帝所书的塔形写经中，《心经》塔 14 轴[①]、《药师经》塔 2 轴、《金刚经》塔 1 轴，总共 3 种题材，17 件作品。《秘殿珠林》著录的康熙帝书写所有佛教经典，共 6 种题材 43 件作品，包括《心经》30 件、《药师经》3 件、《金刚经》6 件、《普门品》1 件、《陀罗尼经》2 件、《仁王经》1 件。两者对比，可见塔形写经在康熙帝所书的所有佛教经典中所占比例之高。在晚年相当长的一段时间里，康熙皇帝几乎每年都要书写塔形《心经》，甚至有时一年间多次书写。写经的日期基本固定在四月初八浴佛日和三月十八日康熙帝的生日，体现出他的信仰之虔诚以及对塔形写经的钟爱。

遗憾的是，目前已出版的关于清代宫廷写经的书籍，如《心清闻妙香——清宫善本写经》（紫禁城出版社，2009 年）、《皇帝写经》（故宫出版社，2012 年）、《故宫博物院藏品大系：御笔写经》（故宫出版社，2014）等，均未收录清帝的塔形写经作品，因此对其经塔之形式，尤其是塔形《心经》究竟是沿袭了敦煌的斜向书写模式，还是承续宋以后的横向与纵向书写模式，尚无从判断。

---

① 《秘殿珠林》卷一"圣祖仁皇帝宸翰目录"中，"释氏经轴"条下著录"心经塔十五轴"，然其正文著录的《心经》塔轴 14 件，估计是目录误把其中的"圣祖仁皇帝书《心经》题观音像一轴"计入所致。

表7-2　《秘殿珠林》著录康熙帝所书塔形写经简表

作品名称	编号	材质	书写时间	作品描述	页码
《心经》塔	1号	素绢本，墨书	康熙癸未（1703）春南巡驻跸苏州	高三尺八寸，广二尺三寸有奇。塔顶有贝叶文。	487b
	2号	磁青笺本，泥金书	康熙甲申（1704）四月浴佛日	高三尺九寸，广三尺四寸。	487b
	3号	素绢本，墨书	康熙四十五年（1706）岁次丙戌	高三尺九寸，广二尺二寸。	487b
	4号	磁青笺本，泥金书	康熙庚寅（1710）四月初八日浴佛日	高四尺八寸，广二尺五寸。	488a
	5号	墨笺本，泥金书	康熙辛卯（1711）四月浴佛日	高四尺六寸，广二尺五寸。	488a
	6号	墨笺本，泥金书	康熙壬辰（1712）三月十八日	高四尺七寸，广二尺五寸。	488a
	7号	墨笺本，泥金书	康熙壬辰（1712）四月初八日	高四尺七寸，广二尺五寸。	488a
	8号	墨笺本，泥金书	康熙癸巳（1713）四月初八日	高四尺七寸，广二尺五寸。	488a
	9号	墨笺本，泥金书	康熙甲午（1714）三月十八日	高四尺六寸，广二尺五寸。	488b
	10号	墨笺本，泥金书	康熙甲午（1714）四月初八日	高四尺七寸，广二尺五寸。	488b
	11号	墨笺本，泥金书	康熙乙未（1715）四月初八日	高四尺七寸，广二尺五寸。	488b
	12号	墨笺本，泥金书	康熙丙申（1716）三月十八日	高四尺七寸，广二尺五寸。	488b
	13号	墨笺本，泥金书	康熙丁酉（1717）三月十八日	高四尺七寸，广二尺五寸。以上塔顶俱有贝叶文。	489a
	14号	素绢本，墨书		高三尺八寸有奇，广二尺三寸有奇。塔顶有贝叶文。	489a
《药师经》塔	1号	墨笺本，泥金书	康熙丙申（1716）六十三岁，书三月起至四月成	高一丈一尺四寸，广七尺。	489a
	2号	墨笺本，泥金书	康熙丙申（1716）六十三岁，书三月起至四月成	高一丈一尺四寸，广七尺。	489a
《金刚经》塔		墨笺本，泥金书	康熙癸巳（1713）六十岁，书正月起至三月成	高九尺九寸，广五尺一寸。以上塔顶俱写经名。	489a

尽管如此，从《秘殿珠林》的文字记录来看，仍可以引发两点思考。

首先，康熙帝首次书写塔形《心经》，是在"康熙癸未春南巡驻跸苏州"时，是否这位皇帝在江南见到了塔形写经这种别致的写经样式后，从而将其引入宫廷中呢？分析更早的史料，可知元、明两朝书写经塔者多为江南人，如赵孟頫和管道升是浙江湖州人、顾仲鲤是江苏苏州人（松陵）、李贞和李国宁是安徽歙县人[1]、董其昌是上海松江人（华亭），前面提及的五台山藏康熙年间所书《华严经》塔巨制，写经者为苏州人（虞山为江苏常熟）。浙江嘉兴项氏家族墓中还出土过明万历二十七年（1599）《金刚经塔》拓片（图 7-17），墓主人很可能是项元汴（1525—1590）的妻室[2]，浙江金华博物馆也收藏了一件万历二十七年《金刚经塔》拓片[3]，此外江苏苏州司徒庙还存有明代《金刚经塔》原石，佛塔样式与经文位置都和嘉兴项氏墓出土拓本高度相似。以上实例充分说明了塔形写经在太湖附近地区的流行。

其次，从文献中能看出康熙帝书写塔形《心经》的十余年间，在书写材质和经塔的尺寸比例两方面的演变过程。康熙帝所书的塔形《心经》，尺寸明显大于敦煌遗珍，更没有出现蝇头小楷字体，体现出御笔写经的某些特质。康熙帝之后，乾隆帝仅在其 34 岁时书写过一件塔形《心经》，材质和尺寸与定型后的康熙帝作品相同，[4]很可能为模仿之作。然而，无论是康熙帝还是乾隆帝，这两位笃信佛教且深深眷顾汉文化的皇帝一定未曾想到，这种佛经与图像完美结合的艺术形式，最初可能是唐代敦煌经生的创造。

---

[1] 李贞自称新安人，明代的新安不止一处，推测安徽歙县的可能性较大。参阅戴均良：《中国古今地名大词典》，上海辞书出版社，2005 年，第 3043、3060—1063 页。

[2] 陆耀华：《浙江嘉兴明项氏墓》，《文物》，1982 年第 8 期，第 37—41 页；扬之水：《定名与相知：博物馆参观记》，广西师范大学出版社，2018 年，第 277—295 页。

[3] 浙江省博物馆编：《越中佛传：东南佛教盛事胜迹圣物》，中国书店，2017 年，图版 103。

[4] 《秘殿珠林》卷一："御书《心经》塔一轴。墨笺本，泥金楷书。款识云：'乾隆九年（1744）甲子元日敬书。'下有'惟精惟一''乾隆御笔'泥金二玺。高四尺七寸五分，广二尺五寸二分，背有贝叶文。"

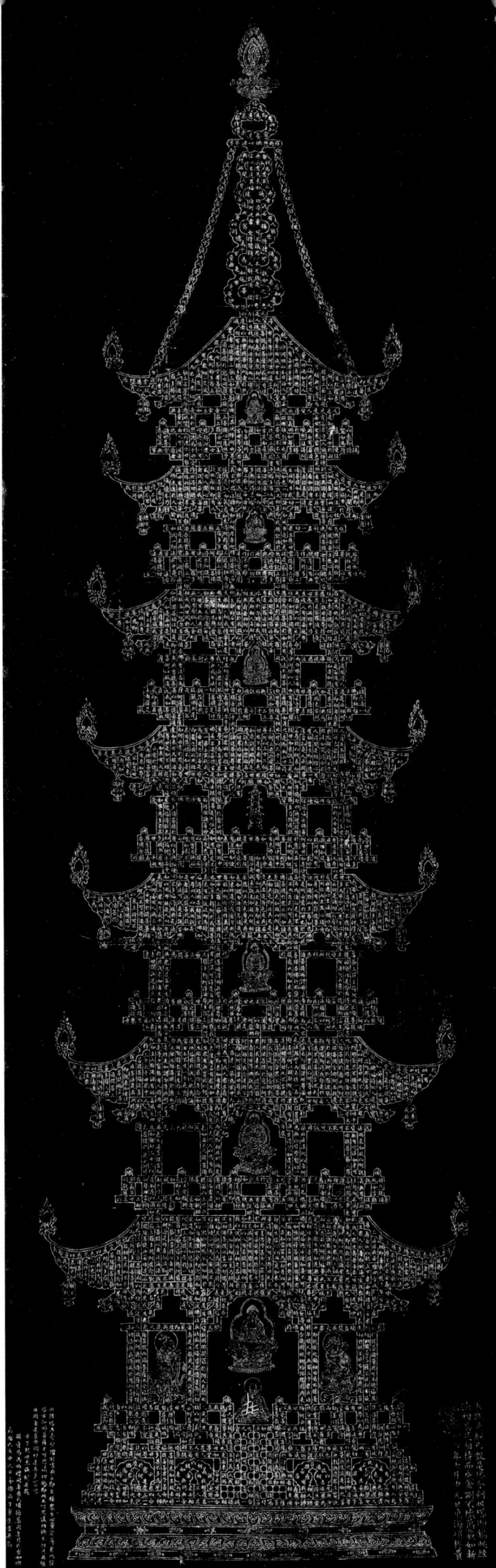

图7-17 《金刚经塔》拓片，明万历二十七年（1599），高184.5厘米，宽58厘米，浙江嘉兴明项氏墓出土，嘉兴博物馆藏

参考文献

一、中文资料

1. 古籍

《大正藏》，大正一切经刊行会，1924—1932 年。

《二十四史》，中华书局点校本。

［汉］许慎撰，［清］段玉裁注：《说文解字注》，浙江古籍出版社，1998 年。

［唐］玄奘、辩机原著，季羡林等校注：《大唐西域记校注》，中华书局，2000 年。

［宋］郑樵撰，王树民点校：《通志二十略》，中华书局，1995 年。

［宋］周密撰，朱菊如等校注：《齐东野语校注》，华东师范大学出版社，1987 年。

［清］吴任臣：《十国春秋》，中华书局，1983 年。

［清］邹一桂著，王其和点校、纂注：《小山画谱》，山东画报出版社，2009 年。

［清］张照、梁诗正等：《秘殿珠林》，《景印文渊阁四库全书》，台湾商务印书馆，1986 年。

卢辅圣主编：《中国书画全书》，上海书画出版社，1993 年。

王伯敏、任道斌、胡小伟主编：《书学集成：汉—宋》，河北美术出版社，2002 年。

2. 图录、资料汇编等

北京图书馆：《中国印本书籍展览目录》，中央人民政府文化部社会文化事业管理局，1952 年。

北京文博交流馆编：《智化寺藏元明清佛经版画赏析》，北京燕山出版社，2007 年。

范邦瑾：《美国国会图书馆藏中文善本书续录》，上海古籍出版社，2011 年。

葛婉章：《妙法莲华经图录》，台北故宫博物院，1995 年。

国家图书馆古籍馆：《西谛藏书善本图录》，中华书局，2008 年。

何传馨等：《千禧年宋代文物大展》，台北故宫博物院，2000 年。

贺世哲主编：《敦煌石窟全集·法华经画卷》，上海人民出版社，2000 年。

黄永武主编：《敦煌宝藏》，台北新文丰出版公司，1986 年。

黄征、王雪梅：《陕西神德寺塔出土文献》，凤凰出版社，2012 年。

黎毓馨：《吴越胜览——唐宋之间的东南乐国》，中国书店，2011 年。

李之檀：《中国版画全集·佛教版画》，紫禁城出版社，2008 年。

林柏亭主编：《大观：宋版图书特展》，台北故宫博物院，2011 年。

刘正成主编：《中国书法全集·元代编·赵孟頫》，荣宝斋出版社，2002 年。

任继愈主编：《中国国家图书馆古籍珍品图录》，北京图书馆出版社，1999 年。

山西省文物局、中国历史博物馆主编：《应县木塔辽代秘藏》，文物出版社，1991年。

单国强主编：《故宫博物院藏文物珍品大系·织绣书画》，上海科学技术出版社，2005年。

上海古籍出版社、法国国家图书馆：《法国国家图书馆藏敦煌西域文献》，上海古籍出版社，1998年。

上海图书馆、上海古籍出版社编：《上海图书馆藏敦煌吐鲁番文献》，上海古籍出版社，1999年。

上海图书馆编：《缥缃流彩：上海图书馆藏中国古代书籍装潢艺术》，上海书画出版社，2018年。

石守谦、葛婉章主编：《大汗的世纪：蒙元时代的多元文化与艺术》，台北故宫博物院，2001年。

翁连溪、李洪波主编：《中国佛教版画全集》，中国书店，2014年。

浙江省博物馆编：《越中佛传：东南佛教盛事胜迹圣物》，中国书店，2017年。

赵丰主编：《敦煌丝绸艺术全集·英藏卷》，东华大学出版社，2007年。

赵丰主编：《敦煌丝绸艺术全集·法藏卷》，东华大学出版社，2010年。

郑振铎：《中国版画史图录》，中国书店，2012年。

中国国家图书馆、中国国家古籍保护中心编：《第一批国家珍贵古籍名录图录》，北京图书馆出版社，2008年。

中国国家图书馆、中国国家古籍保护中心编：《第三批国家珍贵古籍名录图录》，国家图书馆出版社，2012年。

周心慧：《中国古代佛教版画集》，学苑出版社，1998年。

3. 中文著作

陈葆真：《〈洛神赋图〉与中国古代故事画》，浙江大学出版社，2012年。

陈庆英：《帝师八思巴传》，中国藏学出版社，2007年。

方广锠：《敦煌学佛教学论丛》，香港中国佛教文化出版有限公司，1998年。

潘吉星：《中国科学技术史·造纸与印刷卷》，科学出版社，1998年。

钱存训：《钱存训文集》，国家图书馆出版社，2012年。

钱存训：《中国纸和印刷文化史》，广西师范大学出版社，2004年。

荣新江：《敦煌学十八讲》，北京大学出版社，2001年。

谢继胜主编：《藏传佛教艺术发展史》，上海书画出版社，2010年。

谢巍：《中国画学著作考录》，上海书画出版社，1998年。

宿白：《唐宋时期的雕版印刷》，文物出版社，1999年。

徐铮：《美国费城艺术博物馆藏丝绸经面研究》，东华大学出版社，2019年。

扬之水：《定名与相知：博物馆参观记》，广西师范大学出版社，2018年。

张建宇：《汉唐美术空间表现研究：以敦煌壁画为中心》，中国人民大学出版社，2018年。

张秀民著，韩琦增订：《中国印刷史（插图珍藏增订版）》，浙江古籍出版社，2006年。

钟侃、吴峰云、李范文：《西夏简史》（修订本），宁夏人民出版社，2005年。

4. 外文译著

［法］海瑟·噶尔美：《早期汉藏艺术》，熊文彬译，河北教育出版社，2001年。

［韩］李成美：《高丽初雕大藏经的〈御制秘藏诠〉版画——高丽初期山水画的一研究》，裴英姬、李在娟译，《考古美术》第169、170卷，韩国美术史协会，1986年。

［美］方闻：《超越再现：8世纪至14世纪中国书画》，李维琨译，浙江大学出版社，2011年。

［美］方闻：《心印：中国书画风格与结构分析研究》，李维琨译，陕西人民美术出版社，2004年。

［美］黄士珊：《唐宋时期佛教版画中所见的媒介转化与子模设计》，颜娟英、石守谦主编：《艺术史中的汉晋与唐宋之变》，台北石头出版股份有限公司，2014年。

［美］卡特：《中国印刷术的发明和它的西传》，吴泽炎译，商务印书馆，1957年。

［美］牟复礼、朱鸿林：《书法与古籍》，毕斐译，中国美术学院出版社，2010年。

［意］图齐：《梵天佛地》，魏正中（Vignato Giuseppe）、萨尔吉主编，上海古籍出版社，2009年。

［英］李约瑟：《中国科学技术史·纸和印刷》（钱存训执笔），刘祖慰译，科学出版社、上海古籍出版社，1990年。

5. 论文

陈昱全：《北宋〈御制秘藏诠〉版画研究》，台湾师范大学硕士论文，2009 年。

崔巍：《山东省莘县宋塔出土北宋佛经》，《文物》，1982 年第 12 期。

何梅、魏文星：《元代〈普宁藏〉雕印考》，《佛教研究》，1999 年第 8 期。

贺世哲：《敦煌壁画中的金刚经变研究》，《敦煌研究》，2006 年第 6 期。

贺世哲：《敦煌壁画中的金刚经变研究（续）》，《敦煌研究》，2007 年第 4 期。

胡进彬：《西夏文刊本〈金光明最胜王经〉的两幅扉画》，《法光学坛》，2002 年第 6 期。

黄春和、闫国藩：《元代刺绣妙法莲华经》，《收藏家》，2000 年第 6 期。

黄征、王雪梅：《陕西神德寺塔出土文献编号简目》，《敦煌研究》，2012 年第 1 期。

蒋唯心：《金藏雕印始末考》，原刊《国风》第 5 卷 12 号（1934 年 12 月），南京支那内学院单独发行，1935 年。

赖天兵：《江南抑或西夏——金刚上师胆八与白云宗主道安题款〈普宁藏〉扉画的年代、内容与图本》，《西夏学》，2013 年第 9 辑。

李翎：《南宋刊〈法华经〉卷首印画研究》，《中国国家博物馆馆刊》，2014 年第 6 期。

李铸晋：《评罗樾〈中国 10 世纪所刻〈御制秘藏诠〉之木刻山水画〉》，《香港中文大学文化研究所学报》第 6 卷，1973 年第 1 期。

刘迪：《〈秘殿珠林石渠宝笈〉初续三编之编纂及版本情况考述》，《古籍整理研究学刊》，2009 年第 4 期。

刘仁庆：《论瓷青纸——兼羊脑笺——古纸研究之十七》，《纸和造纸》，2012 年第 2 期。

陆耀华：《浙江嘉兴明项氏墓》，《文物》，1982 年第 8 期。

邱忠鸣：《浙藏插图本〈佛说阿弥陀经〉写本年代初考——兼论传世写本的真伪与年代问题》，《敦煌学辑刊》，2014 年第 3 期。

桑德：《西藏梵文〈法华经〉写本及〈法华经〉汉藏文译本》，《中国藏学》，2010 年第 3 期。

苏州市文管会、苏州博物馆：《苏州市瑞光寺塔发现一批五代北宋文物》，《文物》，1979 年第 11 期。

苏州博物馆、江阴县文化馆：《江阴北宋"瑞昌县君"孙四娘子墓》，《文物》，1982 年第 12 期。

孙博：《〈御制秘藏诠〉版画再考察》，中山大学艺术史研究中心编：《艺术史研究》第 18 辑，中山大学出版社，2016 年。

王国财、王益真、苏裕昌：《磁青蜡笺与羊脑笺之研制》，《台湾林业科学》第 18 本第 2 分，2003 年。

王灵光：《名家与国宝〈妙法莲华经〉》，《文物鉴定与鉴赏》，2011 年第 11 期。

宿白：《赵城金藏和弘法藏》，《现代佛学》，1964 年第 2 期。

宿白：《元代杭州的藏传密教及其有关遗址》，《文物》，1990 年第 10 期。

许鸣岐：《瑞光寺塔古经纸的研究》，《文物》，1979 年第 11 期。

张建宇：《江阴出土北宋端拱元年〈金光明经〉变相研究》，《南京艺术学院学报（美术与设计版）》，2014 年第 5 期。

张建宇：《克利夫兰藏金书〈法华经〉扉画研究》，《故宫博物院院刊》，2017 年第 2 期。

张云：《论吐蕃文化对西夏的影响》，《中国藏学》，1989 年第 2 期。

庄恒：《元代刺绣〈妙法莲华经〉卷》，《文物》，1992 年第 1 期。

二、外文资料

1. 图录、资料汇编

[日]龟田孜编:《新修日本绘卷物全集·绘因果经》,東京:角川書店,1977年。

[日]菊竹淳一、吉田宏志编集:《高麗仏画》,東京:朝日新聞社,1981年。

[英]韦陀监修:《西域美術:大英博物館スタイン·コレクション》,講談社,1982年。

町田市立国际版画美术馆:《中国古代版画展——中国版画二千年展》,町田市立国际版画美术馆,1988年。

[日]秋山光和监修:《西域美術:ギメ美術館》,講談社,1995年。

神奈川县立金沢文库:《写经と摺经》,神奈川县立金沢文库,1995年。

东京国立博物館:《シルクロード大美術展》,读卖新闻社,1996年。

奈良国立博物館:《聖地寧波:日本仏教1300年の源流》,奈良国立博物館,2009年。

Marsha Weidner, ed., *Latter Days of the Law: Images of Chinese Buddhism, 850-1850*, University of Hawaii Press, 1994.

2. 专著

[韩]千慧凤:《韩国典籍印刷史》,汎友社,1990年。

[日]坪井みどり:《绘因果经の研究》,東京:山川出版社,2004年。

[日]須藤弘敏:《法華経写経とその莊嚴》,東京:中央公论美术出版,2015年。

Max Loehr, *Chinese Landscape Woodcuts from an Imperial Commentary to the Tenth-Century Printed Edition of the Buddhist Canon*, Cambridge, Massachusetts: Belknap Press of Harvard University Press, 1968.

Richard M. Barnhart, *Li Kung-lin's Classic of Filial Piety*, New York: The Metropolitan Museum of Art, 1993.

Thomas Francis Carter, *The Invention of Printing in China and its Spread Westward*, New York: Columbia University Press, 1931.

Wen C. Fong, *Images of the Mind: Selections from the Edward L. Elliott Family and John B. Elliott Collections of Chinese Painting and Calligraphy at The Art Museum, Princeton University.* Princeton, N.J.: The Art Museum, Princeton University, 1984.

3. 论文

Pak Youngsook, "The Korean Art Collection in The Metropolitan Museum of Art", in Judith Smith ed., *Arts of Korea*, The Metropolitan Museum of Art, 1999.

Anne Saliceti-Collins, *Xi Xia Buddhist Woodblock Prints Excavated in Khara Khoto: A Case Study of Transculturation in East Asia, Eleventh-thirteenth Centuries*, MA thesis, University of Washington, 2007.

Shih-shan Susan Huang, "Reassessing Printed Buddhist Frontispieces from Xi Xia", 浙江大学艺术与考古研究中心编:《浙江大学艺术与考古》第1辑,浙江大学出版社,2014年。